对外汉语本科系列教材
语言技能类（三年级）

报 刊 阅 读 教 程

上 册

王世巽　刘谦功　彭瑞情　编

北京语言文化大学出版社

（京）新登字 157 号

图书在版编目（CIP）数据

报刊阅读教程上册/王世巽等编.-北京：北京语言文化大学出版社，1999。
ISBN 7-5619-0663-3

Ⅰ.报…

Ⅱ.王…

Ⅲ.对外汉语教学—教材

Ⅳ.H195.4

中国版本图书馆 CIP 数据核字(98)第 25475 号

责任印制：汪学发

出版发行：北京语言文化大学出版社
（北京海淀区学院路 15 号　邮政编码 100083）

印　　刷：北京北商印刷厂

经　　销：全国新华书店

版　　次：1999 年 1 月第 1 版　1999 年 9 月第 2 次印刷

开　　本：787 毫米×1092 毫米　1/16　印张：19.5

字　　数：398 千字　印数：3001—7000

书　　号：ISBN 7-5619-0663-3/H9828

定　　价：39.00 元

序

李 扬

　　教材是教育思想和教学原则、要求、方法的物化,是教师将知识传授给学生,培养学生能力的重要中介物。它不仅是学生学习的依据,也体现了对教师进行教学工作的基本规范。一部优秀的教材往往凝结着几代人的教学经验及理论探索。认真编写教材,不断创新,一直是我们北京语言文化大学的一项重点工作。对外汉语本科教育,从 1975 年在北京语言学院(北京语言文化大学的前身)试办现代汉语专业(今汉语言专业)算起,走过了二十多年历程。如今教学规模扩大,课程设置、学科建设都有了明显发展。在总体设计下,编一套包括四个年级几十门课程的系列教材的条件业已成熟。进入 90 年代,我们开始了这套教材的基本建设。

　　北京语言文化大学留学生本科教育,分为汉语言专业(包括该专业的经贸方向)和中国语言文化专业。教学总目标是培养留学生熟练运用汉语的能力,具备扎实的汉语基础知识、一定的专业理论与基本的中国人文知识,造就熟悉中国国情及文化背景的应用型汉语人才。为了实现这个目标,学生从汉语零起点开始到大学毕业,要经过四年八个学期近 3000 学时的学习,要修几十门课程。这些课程大体上分为语言课,即汉语言技能(语言能力、语言交际能力)课、汉语言知识课,以及其他中国人文知识课(另外适当开设体育课、计算机课、第二外语课)。为留学生开设的汉语课属于第二语言教学性质,它在整个课程体系中处于核心地位。教学经验证明,专项技能训练容易使某个方面的能力迅速得到强化;而由于语言运用的多样性、综合性的要求,必须进行综合性的训练才能培养具有实际意义的语言能力。因此在语言技能课中,我们走的是综合课与专项技能课相结合的路子。作为必修课的综合课从一年级开到四年级。专项技能课每学年均分别开设,并注意衔接和加深。同时,根据汉语基本要素及应用规律,系统开设汉语言本体理论知识课程。根据中国其他人文学科如政治、经济、历史、文化、文学、哲学等基础知识,从基本要求出发,逐步开设文化理论知识课程。专业及专业方向从三年级开始划分。其课程体系大致是:

　　一年级

　　　　汉 语 综 合 课:初级汉语
　　　　汉语专项技能课:听力课、读写课、口语课、视听课、写作课

Ⅰ

二年级

　　汉 语 综 合 课 :中级汉语

　　汉语专项技能课:听力口语、阅读、写作、翻译、报刊语言基础、新闻
　　　　　　　　　　听力

　　汉 语 知 识 课 :现代汉语语音、汉字

　　文 化 知 识 课 :中国地理、中国近现代史

三年级

　　汉 语 综 合 课 :高级汉语(汉语言专业)
　　　　　　　　　　中国社会概览(中国语言文化专业)

　　汉语专项技能课:高级口语、写作、翻译、报刊阅读、古代汉语;经贸
　　　　　　　　　　口语、经贸写作(经贸方向)

　　汉 语 知 识 课 :现代汉语词汇

　　文 化 知 识 课 :中国文化史、中国哲学史、中国古代史、中国现代
　　　　　　　　　　文学史;中国国情、中国民俗、中国艺术史(中国语
　　　　　　　　　　言文化专业);当代中国经济(经贸方向)

四年级

　　汉 语 综 合 课 :高级汉语(汉语言专业)
　　　　　　　　　　中国社会概览(中国语言文化专业)

　　汉语专项技能课:当代中国话题、汉语古籍选读、翻译;高级商贸口
　　　　　　　　　　语(经贸方向)

　　汉 语 知 识 课 :现代汉语语法、修辞

　　文 化 知 识 课 :中国古代文学史;中国对外经济贸易、中国涉外经
　　　　　　　　　　济法规(经贸方向);儒道佛研究、中国戏曲、中国
　　　　　　　　　　古代小说史、中外文化交流(中国语言文化专业)

　　这套总数为50余部的系列教材完全是为上述课程设置而配备的,除两部高
级汉语教材是由原教材修订并入本系列外,绝大部分都是新编写的。

　　这是一套跨世纪的新教材,它的真正价值属于21世纪。其特点是:

　　1.系统性强。对外汉语本科专业、年级、课程、教材之间是一个具有严密科
学性的系统,如图:

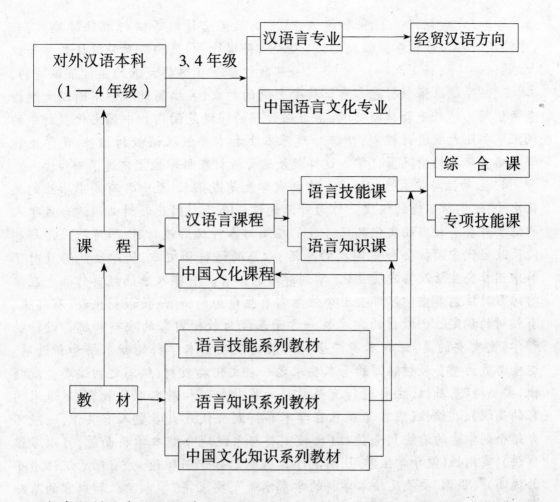

　　整套教材是在系统教学设计的指导下完成的,每部教材都有其准确的定性与定位。除了学院和系总体设计之外,为子系统目标的实现,一年级的汉语教科书(10部)和二、三、四年级的中国文化教科书(18部)均设有专门的专家编委会,负责制定本系列教材的编写原则、方法,并为每一部教材的质量负责。

　　2.有新意。一部教材是否有新意、有突破,关键在于它对本学科理论和本课程教学有无深入的甚至是独到的见解。这次编写的整套教材,对几个大的子系列和每一部教材都进行了反复论证。从教学实际出发,对原有教材的优点和缺点从理论上进行总结分析,根据国内外语言学、语言教学和语言习得理论以及中国文化诸学科研究的新成果,提出新思路,制定新框架。这样就使每一个子系列内部的所有编写者在知识与能力、语言与文化、实用性与学术性等主要问题上取得共识。重新编写的几十部教材,均有所进步,其中不少已成为具有换代意义的新教材。

　　3.有明确的量化标准。在这套教材编写前和进行过程中,初、中、高对外汉语教学的语音、词汇、语法、功能、测试大纲及语言技能等级标准陆续编成,如《中高级对外汉语教学等级大纲》(1995年,孙瑞珍等)、《初级对外汉语教学等级大纲》(1997年,杨寄洲等)。一年级全部教材都是在这些大纲的监控下编写的,二、三、四年级汉语教材也都自觉接受大纲的约束,在编写过程中不断以大纲检查所使用的语料是否符合标准,是否在合理的浮动范围内。中国文化教材中的词汇也参照大纲进行控制,语言难度基本上和本年级汉语教材相当,使学生能够在略查辞典的情况下自学。这样就使这套教材在科学性上前进了一步。

4. 生动性与学术性相结合。本科留学生是成年人,至少具有高中毕业的文化水平,他们所不懂的仅仅是作为外语的汉语而已。因此教材必须适合成年人的需要并具有相当的文化品位。我们在编写各种汉语教材时,尽可能采用那些能反映当代中国社会和中国人的生活、心态的语料和文章,使学生能够及时了解中国社会生活及其发展变化,学到鲜活的语言。一些入选的经典作品也在编排练习时注意着重学习那些至今依然富有生命力的语言,使教材生动、有趣味、有相对的稳定性。教材的学术性一方面表现为教材内容的准确和编排设计的科学,更重要的是,课程本身应当能够及时反映出本学科的新水平和新进展。这些都成为整套教材编写的基本要求之一。文化类教材,编写之初编委会就提出,要坚持"基础性(主要进行有关学科的基础知识和基本理论教育,不追求内容的高深)、共识性(内容与观点在学术界得到公认或大多数人有共识,一般不介绍个别学者的看法)、全貌性(比较完整与系统地介绍本学科面貌,可以多编少讲)、实用性(便于学生学习,有利于掌握基本知识与理论,并有助于汉语水平的提高)",强调"要能反映本学科的学术水平",要求将"学术品位和内容的基础性、语言的通俗性结合起来"。作者在编写过程中遵循了这些原则,每部教材都能在共同描绘的蓝图里创造独特的光彩。

为了方便起见,整套教材分为一、二、三、四年级汉语语言教材、汉语理论与知识教材、中国文化教材、经贸汉语教材四个系列陆续出版。这套系列教材由于课程覆盖面大,层次感强,其他类型的教学如汉语短期教学、进修教学、预备教学可在相近的程度、相同的课型中选用本教材。自学汉语的学生亦可根据自己的需要,选择不同门类的教材使用。

教材的科学更新与发展,是不断强化教学机制、提高教学质量的根本。北京语言文化大学汉语学院集近百位教师的经验、智慧与汗水,编就这套新的大型系列教材。相信它问世以后,将会在教学实践中多方面地接受教师与学生的检验,并会不断地融进使用者的新思路,使之更臻完善。

前　言

　　《报刊阅读教程》是汉语言专业本科教育系列教材之一。全书分上下两册，每册 17 课，供三年级报刊语言课全年教学之用(每周 4 学时)，亦可作为具有同等汉语水平的外国人自学使用。本教材与北京语言文化大学汉语学院编写的《报刊语言教程》(二年级用)和《当代中国话题》(四年级用)前后衔接。

　　本教材把提高外国留学生阅读中国报刊的能力作为根本任务，在内容和体例上力求避免与其他教材雷同，着意突出报刊阅读训练的特点。教材编写时依据汉语言专业教学大纲和教学规范，力求体现对外报刊语言教学的"三结合"原则，即语言与文化相结合、固定教材与临时选用新的补充教材相结合、精读训练与泛读训练相结合。

　　本教材是语言教材，强调字、词、句、语段、篇章的严格训练。但语言与社会背景是分不开的，学习报刊语言最终还是为了获取信息，了解中国。因此，围绕语言教学介绍中国文化，特别是介绍当代中国社会是编写本教材的重要目的之一。本教材按专题编写，每课自成一个专题。每课有课文一篇，阅读课文 2—3 篇，共计 110 篇。与前代教材相比，本教材除了原有的一些专题如就业、婚姻、旅游、经济特区、民族、港台、卫生等又有全新的内容外，还增加了青年思想转型、反贫困、农村城市化、道路、禁毒斗争、电子计算机、中西部发展、星火计划、广告、税收、联合国等一批新专题。全书广泛、深入地反映了世纪之交的当代中国在建立社会主义市场经济体制这个转型时期社会各主要领域的基本情况。

　　编写和使用固定教材可以使报刊语言教学的科学性、系统性和稳定性大大增强，也给教师和学生的教与学提供了依据和方便。本书中所有文章均选自中国主要报刊杂志，观点极具代表性，语言规范、通俗，能适用于较长一段时间。但固定教材属于"旧闻"，时效性较差，是其一个弱点，因此，教学中教师还需随时选用一些新的报刊文章与本教材配合使用。新选用的教材除了可以使学生获得新信息外，还可以对固定教材的内容起到复习、印证、巩固和扩展运用等作用。两种教材配合使用，取长补短，可以收到较为理想的教学效果。

　　对文章理解的正确率和阅读速度是衡量阅读能力高低的两个主要标准。因此，精读训练和泛读训练相结合是编写本教材又一重要原则。本教材中每课的课文为精读训练的内容，阅读课文、练习中的快速阅读短文以及教师新选用的补充教材为泛读训练的内容。我们希望通过多种阅读技巧的训练，使学生阅读报刊的理解能力和阅读速度得到较快的提高。

为方便教学使用,下列几个问题我们再具体说明一下:

1. 全书入选文章均直接选自当代中国主要报刊,各篇均注明出处。为了适应教学要求,在不改变原意的前提下,对个别词语和段落小有删改。

2. 全书共列生词 1500 个,主要是《中级汉语》和《报刊语言基础》课未学过的,汉语水平词汇大纲中的丁级词汇和反映新事物的新生词语,其中相当一部分是超纲词。但这些词已经相当稳定,并汇入日常语流,具有报刊词语特色和鲜明的时代色彩。每个生词后边除了注明词性、拼音外,还有汉语解释和英文翻译,以便让学生在两种解释的对照中,提高自我扫除文字障碍的能力。

3. 全书共列"报刊词语、句式示例"126 个,包含了报刊常用句式中的重要部分,每个词语或句式均有语义、语用说明和例句。目的是为了让学生进一步了解和熟悉报刊常用句式、关联词语、插入语等在报刊文章中使用的情况以及一些复句套用的情况。

4. 教材中有关文化难点和背景材料的注释 98 条,文字力求简单明了,深入浅出,希望对学生理解课文的内容能有所帮助。

5. 本书练习突出报刊阅读特点,采用"判断正误"、"选择答案"等多种方式,重点练习、检查对报刊词语、句、段和全文的理解。同时采取"根据课文内容填空"、"回答问题"等形式,加强从篇章结构方面来把握文章内容的练习。考虑到与 HSK 的衔接,使学生较易适应 HSK 测试,本教材一些练习形式参照了 HSK 的题型。

6. 为丰富教材内容,活跃课堂气氛,本书共收入"快速阅读"短文 34 篇,每课一篇,内容新颖,生动有趣,可读性强。

本教材力求总结 20 年来对外报刊语言教学的宝贵经验,吸收当代国内外同类教材的优秀成果,体现语言教学的新思路。我们衷心希望使用本教材可以更有针对性、更有效地提高学生的阅读报刊能力。

由于时间、条件和水平所限,书中不妥之处在所难免,谨请专家、读者指正。

本教材在编写过程中,得到北京语言文化大学各级有关领导、有关专家、同事和出版社同志的关心和帮助,在此特致诚挚的谢意。

编　者

1998 年 4 月

目　录

第1课

课 文

莫断子孙路

——谈可持续发展

李 三 练

在党的十四届五中全会上,江泽民同志曾严肃地指出,在现代化建设中,必须把实现可持续发展作为一个重大战略。他强调,决不能吃祖宗饭,断子孙路。

不吃祖宗饭,不断子孙路,反映了中国共产党人的气魄和远见。这里,重点谈谈"莫断子孙路"的问题。

众所周知,资源和环境是人类赖以生存发展的基本条件。当今世界出现的资源危机和环境危机却向人类提出了严峻挑战:

——目前全世界已有50多亿人口,到2000年有可能达到70亿,21世纪中叶有可能达到160亿。而科学家们的警告是:地球最多能养活的人口只有80亿。

——现在全球每年消耗煤炭、石油等资源约70亿吨。专家们测算,煤炭只能开采200年,石油只能开采100多年。

——目前全球约有一半以上的地区、20亿人口面临淡水不足。今后三四十年将有40至60亿人面临缺水危机。

——环境污染和生态破坏对人类和动植物构成的威胁就更严重。

人类正在反思:我们在谋求生存和发展的同时,是否也在毁灭地球、毁灭家园、毁灭自己? 如何运用人类文明,避免这一切,创造更加光辉灿烂的前途?

中国作为世界上人口最多的发展中国家,也未能避免资源危机和环境危机的困扰。从资源总量上看我们是大国,但从人均占有量上看则是小国,从资源利用率上看又是相对的弱国。而且由于人口基数大、增量大,经济发展迅速,自然资源已处于过耗状态。环境方面也不容乐观。尽管经过多年努力,局部地区环境质量有所改善,但从整体上看,环境仍在恶化,生态问题突出,形势日趋严重,前景令人担忧。这样的国情决定了我们既不能置十几亿人要

1

求提高物质文化生活水平的愿望于不顾而排斥发展,走"纯自然主义"的发展道路,也不能置子孙后代要求生存和发展的愿望于不顾,以牺牲资源和环境为代价,走"先污染后治理"的发展道路。唯一正确的选择就是走出一条可持续发展的道路。

可持续发展是"既满足当代人的需要,又不对后代人满足其需要的能力构成危害的发展",也就是不耗竭自然资源,不破坏生态环境,能给子孙后代留出生路的发展。只有实现这样的发展,我们才无愧于祖先,无愧于子孙。

实现可持续发展,就必须处理好经济与人口、资源、环境的关系。

从经济上说,在经济发展过程中,不仅要考虑到人们提高物质文化生活水平的需要,同时也必须考虑到资源的永续利用和生态环境的保护。其中最为重要的就是要彻底摈弃那种以牺牲资源和环境为代价的粗放型增长方式,实现由粗放型增长向集约型增长的根本性转变。

从人口上说,必须长期贯彻计划生育的政策,严格控制人口增长,努力提高人口素质。同时,要根据资源承载力和环境容量,合理布局人口和生产力,提倡节约型生产消费方式,杜绝人为的资源浪费。

从资源上说,必须坚持开发与保护并重的原则,十分珍惜、合理开发、科学利用有限的自然资源,杜绝滥采、毁坏、浪费资源的行为。

从环境上说,必须像计划生育那样,在环境污染上实行总量控制。坚持经济建设、城乡建设和环境建设同步规划、同步实施、同步发展,千方百计治理老污染源,控制新污染源,逐步实现全过程控制和清洁生产。

只有这样,我们才能既无愧于祖先,也无愧于子孙。

选自《人民日报》1996 年 6 月 14 日(副标题是编者所加)

生　词

1. 战略	(名)	zhànlüè	决定全局的策略,指导战争全局的计划和策略。 strategy
2. 气魄	(名)	qìpò	做事的魄力,处置事情所具有的胆识和果断的作风。 boldness of vision
3. 众所周知	(成)	zhòng suǒ zhōu zhī	大家都知道。 as everyone knows
4. 资源	(名)	zīyuán	生产资料或生活资料的天然来源。 resources
5. 环境	(名)	huánjìng	周围的地方,周围的情况和条件。 environment
6. 赖以	(动)	làiyǐ	依赖,依靠。 rely on

7. 危机	（名）	wēijī	严重困难的关头,生死存亡的紧要关头。
			crisis
8. 消耗	（动）	xiāohào	因使用而日渐减少。
			consume; use up
9. 测算	（动）	cèsuàn	推算,根据已有的数字计算出有关的数值。
			measure and calculate
10. 生态	（名）	shēngtài	生物之间及生物与生存环境之间的关系和状态。
			ecology
11. 反思	（动）	fǎnsī	回顾,反省,对过去事情的重新认识。
			engage in introspection, self-examination or soul-searching
12. 毁灭	（动）	huǐmiè	摧毁消灭。
			destroy
13. 乐观	（形）	lèguān	对事物的发展充满信心(与"悲观"相对)。
			optimistic
14. 日趋	（副）	rìqū	一天一天地走向。
			day by day
15. 排斥	（动）	páichì	使别人或事物离开自己这方面。
			repel; reject
16. 无愧	（动）	wúkuì	没有什么可惭愧的地方。
			feel no qualms
17. 摈弃	（动）	bìnqì	抛弃,去掉不要。
			abandon; cast away
18. 粗放	（形）	cūfàng	指经济活动中靠扩大规模来增加产出量的较落后的生产经营方式(与"集约"相对)。
			extensive
19. 集约	（动）	jíyuē	指经济活动中靠改进技术、降低消耗、提高劳动生产率来增加产出量的较先进的生产经营方式(与"粗放"相对)。
			intensive
20. 承载力	（名）	chéngzàilì	承受重量的能力。
			bearing capacity
21. 容量	（名）	róngliàng	容纳的数量。
			capacity
22. 污染源	（名）	wūrǎnyuán	污染的来源,产生污染的地方。
			pollution source

注　释

党的十四届五中全会

即中国共产党第十四届中央委员会第五次全体会议。会议于 1995 年 9 月 25 日至 28 日在北京举行。全会审议并通过了《中共中央关于制定国民经济和社会发展"九五"计划和 2010 年远景目标的建议》。

报刊词语、句式示例

一、众所周知,资源和环境是人类赖以生存发展的基本条件。

"众所周知",书面语,在句首引入话题,后接所叙述的内容。也可放在名词前作定语。例如:

1. 众所周知,通过和谈实现祖国统一是我们多年来的一贯主张。

2. 众所周知,由于生活、医疗条件日益改善,我国人均寿命延长了许多。

3. 由于众所周知的原因,我们在发表这篇文章时隐去了她的真实姓名。

二、尽管经过多年努力,局部地区环境质量有所改善,但从整体上看,环境仍在恶化,前景令人担忧。

连词"尽管"表示让步,多用于前一小句。后一小句用"但"、"但是"、"可"、"可是"、"然而"、"还是"等呼应。例如:

1. 尽管所有与会者都称赞这部影片,但各人的侧重点不尽相同。

2. 尽管我国在资源综合利用方面取得了很大成绩,但与发达国家相比还有不小差距。

3. 尽管专家一再提醒,股市交易存在极大风险,然而人们在新股上市第一天,还是蜂拥而至,排长队争购新股。

三、我们既不能置十几亿人要求提高物质文化生活水平的愿望于不顾而排斥发展,走"纯自然主义"的发展道路,也不能置子孙后代要求生存和发展的愿望于不顾,以牺牲资源和环境为代价,走"先污染后治理"的发展道路。

"既……也……"连接两个结构相同的小句或词语,后一部分为补充说明。例如:

1. 从实际情况看,要求全国各地区同时富裕,既不现实,也不可能。

2. 孩子的志趣是由个人确定的,既有可能受家庭熏陶而与父母志趣相投,形成子继父业的;也有可能受社会某些影响而另有别趣的,做父母的不能强求。

3. 清华的女大学生提出"既要事业,也要生活"的口号,反映了现今大多数中国妇女的自我选择趋向。

四、在经济发展过程中,不仅要考虑到人们提高物质文化生活水平的需要,同时也必须考虑到资源的永续利用和生态环境的保护。

"不仅……也……"连接并列词语或两个并列小句,表示除前句所述外,还有进一层的意思。例如:

1. 这不仅是你个人的事,也是我们大家的事。
2. 鲁迅先生不仅是一位著名的文学家,也是一位伟大的革命者。
3. 乡镇企业的发展不仅改变了农村经济的单一结构,也改变了传统农民的生活方式和精神面貌。

练 习

一、选择恰当的字填空:

1. 在党的十四____五中全会上,江泽民同志曾严肃地指出,在现代化建设中,必须____实现可持续发展作为一个重大战____。他强调,决不能吃祖宗饭,断子孙路。这反____了中国共产党人的气魄和远见。

2. 目前我国自然资源已____于过耗状态。环境方面也不容乐____。尽管经过多年努力,局部地区环境质量有所改善,但从整体上看,环境仍在恶化,形势____趋严重,前景令____担忧。

3. 在经济发展过程中,必须考虑到资源的永续利用和生____环境的保护。其中最为重要的就是要彻底摈____那种以牺牲资源和环境为代价的粗____型增长方式,实现向集____型增长的根本性转变。

二、解释句中划线的词语:

1. 在现代化建设中,必须把实现可持续发展作为一个重大战略。决不能<u>吃祖宗饭</u>,<u>断子孙路</u>。

2. 当今世界出现的资源危机和环境危机向人类提出了<u>严峻挑战</u>。

3. 从资源总量上看我们是<u>大国</u>,但从人均占有量上看则是<u>小国</u>,从资源利用率上看又是相对的<u>弱国</u>。

4. 我们不能置十几亿人要求提高物质文化生活水平的愿望于不顾而排斥发展,走"<u>纯自然主义</u>"的发展道路。

5. 最为重要的就是要彻底摈弃那种以牺牲资源和环境为代价的粗放型增长方式,实现<u>由粗放型增长向集约型增长</u>的根本性转变。

三、根据课文判断正误:

1. 人类赖以生存的基本条件是环境与资源,这个观点是正确的。( )

2. 科学家们测算,到21世纪中叶,世界人口最多不会超过80亿。( )

3. 作者认为,人类在谋求生存和发展的同时,已经犯下了毁坏地球的错误。( )

4. 要发展经济,提高人们的物质文化生活,就得付出牺牲资源和环境的代价。作者肯定了这一观点。( )

5. 中国作为发展中国家,自然资源的开发和利用尚不存在什么严重问题。( )

6. 经过多年努力,中国整体的环境质量有所改善。( )

7. 可持续发展的宗旨是既能满足当代人的需要,又不对后代人的发展构成危害。( )

8. 依照中国的计划生育政策,当前最重要的是减少人口数量,提高人口素质。( )

9. "同步规划、同步实施、同步发展"强调了计划生育与环境保护的关系。( )

10. 《莫断子孙路》主要阐述了可持续发展这一重大战略。( )

四、选择正确答案:

1. "现在全球每年消耗煤炭、石油等资源约 70 亿吨。专家们测算,煤炭只能开采 200 年,石油只能开采 100 多年。"这段话主要说明什么问题?

   A. 全球资源丰富

   B. 开采能力不足

   C. 自然资源有限

   D. 专家测算科学

2. 实现可持续发展主要应处理好经济同哪些方面的关系?

   A. 增长方式、生产方式、消费方式

   B. 人口、资源、环境

   C. 人口数量、人口素质、人口布局

   D. 文化建设、城乡建设、环境建设

3. 可持续发展说的是哪一条道路?

   A. "纯自然主义"的发展道路

   B. "先污染后治理"的发展道路

   C. 既满足物质生活需要,又满足文化生活需要的道路

   D. 在保护资源和环境条件下,既满足当代人的需要,又能满足后代人发展需要的道路。

4. "杜绝人为的资源浪费",与此直接相关的是什么?

   A. 提倡节约型生产消费方式

   B. 合理布局人口和生产力

   C. 严格控制人口数量增长

   D. 努力提高人的身体素质

5. 这篇文章的主题是什么?

   A. 在党的十四届五中全会上,江泽民提出了中国建设的可持续发展战略

   B. 当今世界出现的资源危机和环境危机向全人类提出了挑战

   C. 中国现代化建设中,必须处理好经济发展与人口、资源、环境的关系,走可持续发

D. 实现可持续发展是一个重大战略问题,决不能吃祖宗饭,断子孙路,这反映了中国共产党人的远见。

五、根据课文内容填空:

1. 当今世界,人类面临着资源与环境危机的严峻挑战,主要表现在:

(1)_____;

(2)_____;

(3)_____;

(4)_____。

2. 中国在人口、资源、环境方面的国情是:

(1)_____;

(2)_____;

(3)_____。

3. 为实现可持续发展,中国必须处理好四个方面的问题,即:

(1)_____;

(2)_____;

(3)_____;

(4)_____。

六、快速阅读:(限3分钟)

德国军营兼作学生宿舍

晓 里

德国政府近日宣布,从 1996 年 10 月份开始,德全国范围内将有 150 座军营对广大已服过兵役的大学生开放,届时,学生们有机会去重新体验一下军人的滋味。

这项计划是不久前由德国防部长沃克尔·鲁提出来的,目的是利用闲置的营房来增加军队的收入。近年来,由于冷战结束,东西方关系相对缓和,军队的地位和作用都有不同程度的下降,很多德国人不愿去当兵,德政府招收新兵的数量越来越少,致使许多军营出现"空房"现象。鲁认为,与其让营房空着,还不如对外开放,一来能增进军民间的了解,提高军队的形象,二来还可获得一笔小收入。

开放后的军营为学生提供的住房条件比较简单,月租金为 160 马克(约合 107 美元)。如果有学生嫌条件艰苦,还可租到舒适的套房,但价格要高得多,一般是 400 至 800 马克不等。

进入军营的学生与军人虽然一起生活,但有些军规可以不必执行。例如对正规的军

7

人要求,晚上必须在 11 点之前归队,否则第二天将被罚站岗。而学生可以在凌晨 3 点之前返回军营,唯一的要求是回房时不准大声喧闹。另外,许多学生都可以独自住一间房,并可以根据自己的爱好装点房间,而普通军人则必须住在自己的营房里。对学生要求最严格的一条就是,不准留异性在房间过夜。

鲁还强调指出,从学生的角度出发,让大学生进军营还有很多益处。这样做不仅能使他们认识到和平的可贵,而且可以提高学生独立生活和参加社会活动的能力。

选自《中国青年报》 1996 年 9 月 17 日

问题:

德国开放军营作学生宿舍的目的是什么?

对进入军营的大学生有什么要求?

选自《人民日报》漫画增刊 1997 年 5 月 20 日

阅读（一）

可持续发展：
21 世纪中国之路

周长城

近几年来,中国经济的发展,令世界瞩目。然而,中国如何面对 21 世纪的挑战,选择何种发展方式?

一、发展中的人口、资源与环境问题

人口问题一直是制约我国经济发展最重要的因素,现在 12 亿人口已超过所有发达国家人口的总和(11.7 亿)。发达国家人口已基本趋于稳定,到 2050 年也不过 12.07 亿,而我国届时则达 15~16 亿。但是,就我国国内生产总值、国家财富、基础设施、社会服务设施、生产能力和各种自然资源而论,我国与所有发达国家总和相比,差距就太大。其中最为严重的还是人均耕地减少,人口的增多,使粮食供给发生问题。

我国不仅人口压力大,而且可耕地面积减少,资源相当贫乏。大部分陆地为干旱不毛之地,而产粮区在东部、南部约占 1/3,且与工业发展争夺土地资源。由于种种原因,近年来,我国每年损失的农田约100万公顷,占 1%。我国受沙漠化影响的土地约为国土面积的 34%,每年有 2200 平方公里的耕地被沙漠化。其他资源人均占有量也处于很低水平。

据估算,我国每年因环境污染、生态破坏造成的经济损失高达 2000 亿元,相当于 20 个唐山地震造成的经济损失。随着我国经济建设步伐的加快,能源消耗将上升。

二、可持续发展是中国发展的唯一选择

在处理环境与发展关系上,关键在于发展模式的选择。在处理环境与发展关系上有三种模式,一是发达国家曾经走过的"先污染,后治理"的发展模式,即以牺牲环境为代价追求发展。实践证明这是一条不符合当今发展中国家国情的发展道路;二是"纯自然主义"的发展模式,一味强调"保护",排斥经济发展,这条路违背了社会发展的规律,更是行不通;三是走经济与环境协调发展的道路,在发展中解决环境问题,实行可持续发展。可持续发展是既满足当代人的需要,又不损害后代人满足其需要的能力的发展。可持续发展这一日益获得全球共识的观念转变,是人类几千年文明史上的一个伟大的里程碑,是人类与自然关系史上的一个重要的转折点。中国作为一个人口 12 亿,并每年净增约 1500 万人口的发展中国家,一方面,要发展经济,摆脱贫困,提高人民生活水平,改善生活质量;另一方面,我们也面对一系列的问题和困难,庞大的人口基数,相对短缺的自然资源,

仍在恶化的生态环境等问题……中国欲在21世纪达到既定的战略目标，要让中国人永远繁衍在这块土地上，既不能走"纯自然主义"的发展道路，也不能走"先污染，后治理"以牺牲环境为代价而追求发展的道路，这是因为按照上述两种模式，在人口多，资源有限，技术水平低和经济基础薄弱的条件下，是难以实现我们的战略目标的。我们现在也已丧失了发达国家工业化过程中拥有的资源优势和环境容量，不可能走第一条道，只能走可持续发展的第三条发展道路，即在保持经济高速增长的前提下，实现资源的综合和持续利用，环境质量的不断改善，使我们这一代人不但能够从大自然赐予人类的宝贵财富中获取我们之所需，而且也为我们的后代满足其需求留下可持续利用的资源和生态环境。

三、可持续发展战略之我见

1992年，在巴西召开的世界环境与发展大会上，发达国家与发展中国家达成共识，经济的发展和社会的繁荣如果以牺牲环境为代价，那么这种发展和繁荣将是不能持久的。会议通过的《里约环境与发展宣言》和《21世纪议程》为人类社会的持续发展指明了道路。1994年，中国政府汇集近百名社会科学家与自然科学家，历经一年半周密、严谨准备的《中国21世纪议程》也正式出台。《中国21世纪议程》的诞生不仅是中国政府对1992年世界环发首脑会议决议极其认真、主动的响应，中国对人类共同前途这一国际义务的庄严承诺，而且为中国21世纪的可持续发展指明了道路。

可持续发展是"科学技术能力，政府调控行为，社会公众参与"三位一体的复杂系统工程。除科学技术外，应该逐步将人口、资源、环境与可持续发展的观念贯穿于全民意识和各项政策法规之中，大力开展生态文明教育，走一条具有中国特色的可持续发展道路。

建立环境与发展问题的新思维，提高各级领导者的素质

在对待人与自然的关系，利用资源与保护环境等问题上，必须建立一种环境与发展的新观点新主张。这种思维方式基于以下观点：第一，自然生存权的观点，即不仅人类，而且生物、生态系统、自然景观等也具有生存的权利，不容随便否定；第二，世代间伦理的观点，即当今世代对于未来世代的生存可能性负有不可推卸的责任；第三，地球整体主义的观点，整体主义主张整体利益高于个人利益。因为个人的自由必须有不给他人带来危害的前提作保证。这也就是环境道德观。这种环境道德观应在我们当代中国人中树立起来，尤其要在各级决策者、领导者中树立起来。

探讨符合我国国情的消费模式，重塑生活质量标准

无论谈及何种发展模式，从根本上讲，最终都将是人的发展。换句话说，推动社会生产发展的动力是人的需要。一般来说，人的需要如果长期停留在物质享受层次上，就会产生恶性消费和恶性开发，从而破坏自然环境，也摧毁人自身。要实现持续发展仅仅从经济技术方面采取措施显然不能立竿见影。仅仅从顾及后代利益的角度出发进行呼吁也是不够有力的。只有在满足基本需要的前提下，转变人的价值观念，追求人的全面发展，才能从根本上遏制恶性消费和恶性开发。基本需要必须考虑自然环境的承受能力和人的心理、生理健康。换言之，基本需要是消费方式如何确定、生活质量标准如何界定的问题。我们必须从我国环境人口资源等基本国情出发，重新认识重新确立我国未来公众的生活质量的基本参照标准和规范，应该摒弃将西方奢侈生活标准视为我国未来广大公众幸福生活象征和目标模式的种种公开的和隐含的意识引导和影响。我们应该清醒地认识到发达国家的消费方式也并非理想的方式。西方发达国家的消费方式是建立在大力吞噬资源

的基础上的,严格地说,西方国家的幸福已在"危险的边缘上"。显然发达国家和新型工业化国家的这种代价太沉重的高消费生活质量标准对我国既不现实,也不理想。现在人们已经认识到洁净而充裕的水源、清新的空气、未受污染的土壤、茂盛的森林,既是我们赖以生存的基本条件,也成为高层次的物质享受。因此,未来的生活质量标准,在物质方面,应以丰富而不奢华的适度消费为宜,同时,建立优良的精神文化环境陶冶性格,引导人们通过对创造性的追求来获得高度满足。

利用经济手段,促进持续发展

对公众进行宣传教育,提高民众的可持续发展意识,树立环境道德观,是可持续发展的重要方面,在社会主义市场经济体制下利用经济手段促进持续发展也占有十分重要的地位。所谓利用经济手段促进持续发展,即主要利用各种制度来保证任何持续战略的实现。按照环境资源有偿使用原则,通过市场机制,将环境成本纳入各级经济分析等决策过程,促进污染破坏环境资源者从自身利益出发选择更有利于环境的生产经营方式,同时也可以筹集资金,政府根据需要加以支配,以支持清洁工艺技术的研究开发、区域环境的综合整治以及重点污染源的治理等,从而改变过去无偿使用环境资源,将环境成本转让给社会的做法,最大限度地实现环境、经济与社会的持续发展。

节选自《中国青年报》1996 年 6 月 11 日

生 词

1. 沙漠化 （动） shāmòhuà 变成沙漠。
   desert encroachment

2. 繁衍 （动） fányǎn 逐渐增多。
   multiply

3. 赐予 （动） cìyǔ 赏给,给予。
   grant; bestow

4. 承诺 （动） chéngnuò 对某事答应照办。
   promise to undertake

5. 脆弱 （形） cuìruò 经不起挫折,易受损害。
   fragile; frail

6. 伦理 （名） lúnlǐ 人与人之间的各种道德准则。
   ethics

7. 立竿见影 （成） lì gān jiàn yǐng 竹竿树立在阳光下,立刻可以看到影子,比喻功效迅速。
   set up a pole and you see its shadow —— produce instant results

8. 奢侈 （形） shēchǐ 花费大量钱物追求过分享受。
   luxurious; wasteful

9. 吞噬	（动）	tūnshì	吞食,喻指消耗掉。
			swallow; gobble up
10. 陶冶	（动）	táoyě	烧制陶器和冶炼金属。比喻给人以有益的影响。
			① make pottery and smelt metal ② exert a favourable influence (on a person's character, etc.)

练 习

选择正确答案:

1. 作者认为,随着中国人口的增加,中国面临最严重的问题是什么?
   - A:人均国民生产总值降低
   - B:国民经济基础设施不足
   - C:人均耕地减少,粮食供给紧张
   - D:与发达国家相比差距加大

2. 中国不可能走发达国家曾经走过的经济发展模式,其中一个重要因素是什么?
   - A:污染了环境,不得不先污染后治理
   - B:过度浪费了有限资源
   - C:丧失了以前的资源优势和环境容量
   - D:经济基础薄弱,技术水平低

3. 文中提到可持续发展是"三位一体"的复杂系统工程。"三位"指的是什么?
   - A:科学技术能力、政府调控行为、社会公众参与
   - B:人口、资源、环境
   - C:工业和农业、城市和乡村、能源和资源
   - D:自然科学、人文科学、社会科学

4. 在对待人与自然的关系上,"自然生存权"的基本观点是什么?
   - A:当代对于未来世代生存负有不可推卸的责任
   - B:整体利益高于个人利益
   - C:环境污染与破坏首先发源于决策思想
   - D:生物、生态系统、自然景观也具有生存权利

5. 作者认为,为促进可持续发展的实施,应采取什么最有效的办法?
   - A:对公众进行宣传教育
   - B:利用经济手段,有偿使用环境资源
   - C:重新认识和确立未来公众的生活质量的基本标准和规范
   - D:提高各级领导人的决策水平

阅 读（二）

〰〰〰〰〰〰〰〰〰〰〰〰〰〰〰〰〰〰〰〰〰〰

确定跨世纪发展战略

——评述"两会"的历史方位

本报记者　艾　丰

八届全国人大四次会议和全国政协八届四次会议，主要议程是审议、讨论并批准我国第九个五年计划和 2010 年远景目标纲要。这就是说，今年的"两会"是确定我国跨世纪发展战略的重要会议。正像江泽民同志在党的十四届五中全会上指出的，这关系到我国将以什么样的姿态跨入 21 世纪，关系到我国在新世纪的世界格局中所处地位，关系到我们党、国家、民族的前途和命运。

两个世纪之交的比较

两个世纪之交的中国，形成天壤的对照。

上个世纪之交：1894 年，甲午战争；1895 年，签订《马关条约》；1898 年，"百日维新"失败；1900 年，义和团兴起和八国联军打进北京；1901 年，清政府被迫签订《辛丑条约》；1911 年，辛亥革命推翻清政府。

这个世纪之交：1995 年，胜利完成"八五"计划，提前五年实现"翻两番"战略目标；江泽民主席以安理会常任理事国国家元首身份参加了联合国成立 50 周年大会；1997 年和 1999 年，我国将分别在香港、澳门恢复行使国家主权……

上个世纪之交历史记载的是列强如何瓜分中国的争斗，这个世纪之交关于中国何时成为世界经济大国的预测成了新的话题。

近代中国两大主题：翻身和富强。当 1949 年新中国建立的时候，翻身的问题宣告解决。从那时起，中国人开始了走向富强的新长征。

我们制定的跨世纪战略，就是中国继续走向富强的战略。

跨世纪思考的纵横坐标

本世纪初，有人说过，"地中海是昔日的海洋，大西洋是今日的海洋，太平洋则是未来的海洋"。近年又有人断言，"19 世纪是英国的世纪，20 世纪是美国的世纪，21 世纪是中国的世纪"。

对此，邓小平同志在 1988 年会见印度总理拉吉夫·甘地时曾做如下阐述："近几年有一种议论，说下个世纪是亚洲太平洋世纪，好像这样的世纪就要到来。我不同意这个看法。亚太地区如果不算美国，就是日本、'四小龙'和澳大利亚、新西兰比较发达，人口顶多两亿，即使把苏联的远东地区、美国的西部地区和加拿大包括进去，人口也只有三亿左右，而我们两国人口加起来就有 18 亿。中印两国不发展起来就不是亚洲世纪。真正的亚太世纪或亚洲世纪，是要等到中国、印度和其他一些邻国发展起来，才算到来。"

今天，制定跨世纪战略的时候，我们思维的纵坐标，需要跨越过去、现在、未来三个世纪；思维的横坐标，则要俯瞰世界发达、新兴、发展三种类型国家。我们的跨世纪发展战略，实质上是赶超式发展战略。

上世纪赶超成功的大国是美国。1840 年，美国在世界各大国中，工业产值占第 5 位。1881 年，爱迪生建立了世界第一个电站。1893 年，福特利用欧洲人的发明制成了自己设计的汽车。1894 年，美国的工业产值占到了世界第一位。

本世纪赶超成功的大国是日本。1950 年，日本的国民生产总值是美国的 1/20；1985 年为 1/3；1989 年则为 65%；1987 年，在人均国民生产总值上超过美国。

还有一些所谓新兴工业国家或地区的赶超。它们成功的经验可以简单地概括为"机遇加拼搏"。但赶超是相当不容易的。在未来的世纪内，面对着世界经济国际化、一体化、区域集团化的趋势，作为一个经济仍相对落后的大国，中国如何实现赶超式的发展，这是我国跨世纪发展战略必须包括的历史内涵。

希望掌握在自己手上

中国经济的快速发展已是不争的事实。国民经济增长率，1953—1977 年间为 6% 左右，1978—1990 年间为 9% 左右，1991—1995 年间为 11% 左右。经济总规模已经上升到世界第 6 位。现在的问题是：我国经济持续、快速、健康发展的势头能否一直稳定地保持下去？

所以，我国的跨世纪发展战略，必须是可持续发展的战略。

这决不是一件轻而易举的事情。

中国的国情，一个是"大反差"：卫星上天，但还有 7000 万人没有解决温饱问题；"总量"和"人均"形成悬殊对比。一个是"后发展"：后发展的优势可以利用，而后发展的劣势压力巨大。我国企业和外国企业的竞争，往往是新手和"拳王"的交锋。

党的十四届五中全会，全面总结了我们的经验，站在面向世界、面向未来的高度，已经从根本上回答和解决了这些问题。必须坚持的"三个基本"——基本理论、基本路线、基本方针，世纪之交将要实现的"两个翻番"，经济体制和增长方式的"两个转变"，要着力抓好的"两个重点"——农业、国有企业，必须紧密结合的"两个文明建设"等等，组成了一整套的战略和策略的体系。正因为如此，国外有人把五中全会的《建议》称为我党第三代领导核心的施政纲领。

根据《建议》的精神，补充和完善它的内容，研究落实它的措施，并通过国家最高权力机关确定我国的跨世纪发展战略，把党的主张变为国家和人民的意志，自然就成了本次人大以及政协会议的历史性议程。本次"两会"必将以顺利地确定我国跨世纪战略而载入史册。一个继续走向富裕的战略,一个实现赶超式发展的战略,一个保证可持续发展的战略,将指导中国人民奋勇前进。

选自《人民日报》1996 年 3 月 3 日

〰〰〰〰〰〰〰〰〰〰〰〰〰〰〰〰〰〰〰〰〰〰〰

生　词

1. 列强	(名)	lièqiáng	指历史上同一时期的各资本主义强国。the Great Powers
2. 瓜分	(动)	guāfēn	像切瓜一样地分割或分配。cut up a melon —— carve up; dismember
3. 阐述	(动)	chǎnshù	论述、说明。expound; set forth
4. 坐标	(名)	zuòbiāo	确定平面上或空间中一个点的位置的有次序的一组数。coordinate
5. 俯瞰	(动)	fǔkàn	俯视,从高处往下看。look down at
6. 拼搏	(动)	pīnbó	拼力搏斗,奋力争取。struggle hard
7. 轻而易举	(成)	qīng ér yì jǔ	形容事情容易做,办起来毫不费力。easy to do
8. 反差	(名)	fǎnchā	二者对比的差异。contrast
9. 膨胀	(动)	péngzhàng	事物的扩大与增长。expand
10. 衔接	(动)	xiánjiē	事物相连接。link up; join

注　释

1. 甲午战争

1894 年(光绪二十年,甲午年)由日本挑衅发生的中日战争。1894 年日本趁朝鲜东学党起义,出兵侵朝并于 7 月对中国海陆军发动突然袭击。8 月 1 日双方正式宣战。9 月中国军队在平壤战役和黄海海战中受挫。10 月日军分陆海两路进攻中国东北,先后占领丹东、大

15

连等地。次年 2 月日军攻占威海军港,清朝北洋舰队全军覆没。最后清政府和日本订立了《马关条约》。

2. 百日维新

1898 年(光绪二十四年,戊戌年)6 月 11 日清光绪帝采纳维新派康有为、梁启超等人的主张,下诏书定国是,接连发出数十道改革命令,除旧布新。至 9 月 21 日慈禧太后发动政变为止,历时 103 天。亦称"戊戌变法"。

3. 义和团

1900 年以农民为主体的中国人民反帝爱国团体,原名义和拳。最初流行于山东、河南,以设拳厂、练拳术方式组织群众,"扶清灭洋",其活动逐步扩展到华北、东北、京津一带,声势浩大,斗争英勇,但在八国联军的残酷镇压下义和团运动终遭失败。

4. 八国联军

1900 年英、美、德、法、俄、日、意、奥八个帝国主义国家为扑灭中国义和团反帝运动、阴谋瓜分中国而组成的侵华联军。八国联军攻陷天津、北京后,于 1901 年强迫清政府签订了丧权辱国的《辛丑条约》。

5. 安理会

联合国安全理事会的简称。联合国的主要机构之一,由五个常任理事国(中、俄、美、英、法)和十个非常任理事国组成。根据联合国宪章规定,安理会是联合国唯一有权采取行动来维持国际和平及安全的机构。

6. 两会

指中华人民共和国全国人民代表大会和中国人民政治协商会议全国委员会全体会议。简称"人大"和"政协"。这两个会议一般在每年二月底至三月中旬举行。

练 习

回答问题:

1. 为什么说"两个世纪之交的中国,形成天壤的对照"?

2. 有人说"21 世纪是亚太世纪",你的意见如何?

3. 作者认为应该怎样看待赶超式发展战略?

4. 中国实行赶超式发展战略中面临哪些问题?

5. 简要评述中国的可持续发展战略。

第 2 课

课 文

~~~~~~

3 与 300 的选择

——关于话题"公交优先"

<div align="center">陆 雯</div>

关于公交优先,法国的一组宣传画无言地向世人讲述着一个真理。

第一幅,300 位市民需要出行,立于街头。第二幅,300 人一人一车,车辆首尾相连,绵延数里,街道片隙不存。第三幅,3 辆公共汽车载着 300 人,鱼贯而行,疏疏落落。

两种出行方式,孰利孰弊,孰取孰舍,不言自明。

这就是公交优先的出发点,权衡 3 与 300 之后的选择。

四轮子追不上两条腿

这不是危言耸听,如果不及时对社会机动车辆实行总量控制,今天的泰国曼谷就是明天的北京、上海。

在曼谷,警察执勤要戴防毒面具。由于汽车一堵 3 小时不挪窝是家常便饭,曼谷的公共汽车上设有专门桌椅以供学生做家庭作业。

在北京的西直门至官园桥路段,公共汽车车速据测算只有 4.22 公里/小时,接近步行速度 4 公里/小时,而在下午 5 时至 6 时,甚至还不如步行,只有 2.86 公里/小时。

这不是北京局部的问题。据统计,北京市区交通拥堵每月已达千次以上,每日的交通高峰已由 1990 年前的早晚两次,演变为目前长达 11 小时的持续高峰。这也不是北京独有的问题,上海、武汉、广州等类似的拥堵比比皆是,且呈愈演愈烈之势。

城市固有的人多地少、车多路少的矛盾,必然导致交通需求大于道路通行能力,对人口众多的中国来说,这种不平衡的趋势更为严峻。可以说,能否构建起一个合理的交通框架,关系着中国城市的前途和命运。

17

不容置疑的疏堵之策

公共交通相较于私人小客车,一是占地面积小,道路使用效率高,二是污染小,能耗低。

据有关部门统计,一个红绿灯间隔的 50 秒内,一个路口共通过 57 辆小型客车,车内仅坐 116 人,占用道路长度近 300 米,而如果他们都换乘公共汽车,只用一辆就够了,占用道路长度不超过 17 米。至于每人每公里消耗的能源和带来的污染,公共交通无疑也处于优越的地位。

公共交通作为一种高效率、低能耗、低污染的运行方式,理应得到足够的重视和优先发展。事实上,"城市公共交通优先"作为一项成功的交通政策,近年来已为国内外许多城市认可和采纳。

北京市公交总公司的一项调查显示,北京公交的运营效率逐年下降:运营速度已由 1990 年的 16.7 公里/小时下降到 1996 年的 9.2 公里/小时,下降了 45%,按 1990 年的 4000 辆计相当于损失了 1800 辆运力,同时平均增加乘客在途时间每人 22 分钟;正点率由 1990 年的 70% 下降为 1996 年的 8.4%,车次平均晚点 13 分钟,因堵车日平均减少 1000 多个车次,相当于少运送乘客 20 多万人次。

由于公共汽电车运营效率大为降低,缺乏对乘客的吸引力,一部分乘客便选择其他运输工具,而这又加剧了道路交通拥堵。1995 年前后,风起云涌的私人购车热,更是给公交事业带来前所未有的冲击。

路堵——公交不便——市民转向自行车、私人小客车——路更堵——公交更不便。在如此的恶性循环中,如不施以良策,公交事业将步入一个万劫不复的怪圈。

1997 年 1 月,北京市公交总公司正式向市政府提出"关于实行公共交通优先的建议"。建议提出,在长安街和朝内、崇外、阜外大街,开辟公共交通专用道。

公共交通形式多样,从长远看,快速、大运量、不占城市地面空间的地下铁道系统是最佳选择。但修 1 公里地铁约需投资 6 亿元,这是目前财力难以承担的。因此在可预见的中长期内,中国仍是主要以地面公交为主,即公共汽电车。

推和拉的学问

公交优先,不是简单意义上的优先通行,而是一个复杂的系统工程。它至少包括以下几个方面:

——财政上的优惠、扶持政策。美国《城市公共交通法》规定,联邦政府和地方政府对城市交通的投资比率分别为 75% 和 25%。对公交运营亏损,联邦、地方各补贴 50%。法国《城市交通法》规定,国家每年从国民收入总额中提取 1.5% 作为城市交通建设基金,并开征燃料税和公共交通税,作为政府对公交投资和补贴的来源。

——城市规划中优先保证公交用地。欧美等国大城市对交通用地十分重视,并尽可能按交通系统的布局要求予以优先满足。这不仅表现在城市规划法中对交通用地有明确的比例要求,还体现在城市规划对交通规划的依赖上,如按道路和交通网配置反推城市用地布局。

——道路使用与交通管理上对公交的优先。首先,开辟公交专用车道,即在车道上全天或部分时间禁止其他车辆使用,只允许公交车辆行驶。其次,公交车辆优先通过路口,使公交车辆接近路口时,通过技术手段控制信号灯变化,或在路口划定公交专用待灯车道。巴黎采取此措施后,平均每个路口停车次数减少50%,停车时间减少65%。

上述措施被形象地喻为"推",即通过硬性限制,制造小汽车交通不便,使公众舍小汽车而转向公交。除此而外还有一种"拉"的做法,即提高公交服务质量,改善其舒适度和便捷性,并千方百计方便小汽车与公交间的换乘,缓解市区的交通压力。

值得一提的是,我国一些城市已开始试行公交优先了。上海市1990年将公交优先作为"上海市公共交通综合治理的模式"课题的一个子课题进行了可行性研究,提出了大、中、小三阶段循序渐进,最终形成三条南北向、三条东西向公交专用道的公交优先方案。

不是题外

在经济快速发展时期,私人小客车潜在的增长趋势是巨大的。私人小客车以其方便快捷吸引更多的使用者,与此同时造成更为拥挤的交通,使得公共交通难以做到令人满意。

不幸的是,私人小客车总是被视为合乎现代生活节奏的需要而获得某种优惠,如厂家得到税收优惠。与之相反,对公共交通的投资和财政扶持却给人的感觉总是处于一种资金紧缺难以为继的边缘。

在轿车进入中国家庭的前夜,如何处理好汽车产业政策与公交优先发展的关系?

同是在一个起跑线上起步,新加坡在582平方公里的范围内不断更新道路和地铁等交通设施,使200万居民逐步形成选用公交方式出行的习惯,其交通模式堪称典范。而曼谷200多万辆小汽车占满路网,高峰时车速仅有三四公里,城市交通几近瘫痪,成为他国可资借鉴之反例。

尽管少数城市已开始行动,但坦白地说,在中国,公交优先还没有得到应有的广泛的认同。然而,并不是每个教训都要以亲身经历为代价去获得,西方国家的过去几十年里走过的弯路,中国不必一一重复。从他人身上找出捷径,才是聪明的做法。

众多国家的经验告诉我们,为公交立法,置其于法律的保护之下,才能保持公交事业正常稳定的持续发展。

选自《人民日报》(海外版)1997年3月15日

生　词

1. 公交	(名)	gōngjiāo	公共交通。
			public traffic
2. 优先	(形)	yōuxiān	在待遇上占先,如:优先录取有特长的学生。
			have priority; take precedence

19

3. 绵延	（形）	miányán	延续不断,如:高山绵延数百里。
			stretch long and unbroken
4. 片隙不存		piàn xì bù cún	一点点空隙都没有。
			all the space is taken; no space is left
5. 鱼贯	（形）	yúguàn	像游鱼一样一个接一个。
			one following the other; in single file
6. 疏疏落落	（形）	shūshūluòluò	宽松,不拥挤,且排列有序。
			sparse; scattered
7. 孰	（疑）	shú	哪个。
			who; which
8. 利弊	（名）	lìbì	好处或害处。
			advantages and disadvantages
9. 取舍	（动）	qǔshě	要或不要。
			accept or reject
10. 权衡	（动）	quánhéng	衡量、考虑、比较。
			weigh; balance
11. 危言耸听	（成）	wēi yán sǒng tīng	故意说吓人的话,使人听后吃惊。
			exaggerate just to scare people
12. 执勤		zhí qín	执行勤务,指士兵、警察等站岗执行各种公务。
			(of armymen, policemen, etc.) be on duty
13. 挪窝		nuó wōr	离开原来的地方。
			move to another place
14. 呈	（动）	chéng	显示出、露出。
			show; display
15. 愈演愈烈		yù yǎn yù liè	(事情、情况)变得越来越严重。
			grow in intensity
16. 构建	（动）	gòujiàn	设计、建立。
			design and build
17. 框架	（名）	kuàngjià	事物的组织、结构。
			frame; framework
18. 不容置疑	（成）	bù róng zhì yí	不允许有什么怀疑,指真实可信。
			allow of no doubt
19. 疏堵		shū dǔ	疏导交通堵塞。
			relieve traffic congestion
20. 认可	（动）	rènkě	承认、肯定、许可。
			approve
21. 风起云涌	（成）	fēng qǐ yún yǒng	大风刮起,乌云涌来,比喻事物发展迅

20

猛,声势浩大。

winds rising and clouds scudding; rolling on with full force

22. 良策	(名)	liángcè	好的政策,好主意。用于书面语。

good plan

23. 万劫不复	(成)	wàn jié bù fù	表示永远不能恢复和摆脱。万劫,佛语中万世的意思。

lost forever

24. 怪圈	(名)	guàiquān	反复出现的怪现象,文章指的是恶性循环现象。

something quite unusual

25. 便捷	(形)	biànjié	方便快捷。

convenient and quick; nimble

26. 循序渐进	(成)	xún xù jiàn jìn	按照步骤、顺序,逐步前进。

follow in order and advance step by step

27. 趋势	(名)	qūshì	事物发展的动向。

trend, tendeney

28. 难以为继		nán yǐ wéi jì	很难继续维持下去。

hard to carry on or keep up

29. 反推	(动)	fǎntuī	从相反方向进行推算。

infer adversely

30. 瘫痪	(动、名)	tānhuàn	因神经机能障碍而使身体的一部分失去运动能力,比喻机构涣散,失去正常工作能力。

①paralysis; palsy

②(of transportation, etc.) be paralysed; bread down

31. 可资借鉴		kě zī jiè jiàn	可以作为借鉴和参考。

one can use for reference

32. 反例	(名)	fǎnlì	反面的例子。

adverse example

专　名

1. 曼谷	Màn gǔ	城市名。	Bangkok, name of a city
2. 朝内	Cháo nèi	街道名。	name of a street
3. 崇外	Chóng wài	街道名。	name of a street
4. 阜外	Fù wài	街道名。	name of a street

注　释

公交优先

指在发展城市交通方面优先发展公共交通。公交优先的提法起源于法国。第二次世界大战结束后,法国政府迫于汽车工业集团的压力,采取鼓励发展私人交通的政策。至 70 年代初,因私人汽车过多而使城市交通陷入瘫痪。为了拯救城市交通,法国政府不得不实施"公交优先"政策,大力发展公共交通,加大财政补贴,对小汽车发展实行限制,并在市中心开辟公共汽车专用道路,以确保公共车辆优先通行。近年来,此项政策已为世界上许多城市认可和采纳。

报刊词语、句式示例

一、乘私人轿车或公共汽车,两种出行方式孰利孰弊,孰取孰舍,不言自明。

在"孰……孰……"这一格式中,"孰"是疑问代词,"哪一个"的意思。在两个"孰"字后面常加上两个意义相反的词语以表示选择。例如:

1. 发达国家一个农业劳动者一年所生产的粮食,相当于发展中国家几十个农民一年的劳动成果,集约经营和粗放经营两种方式的效率,孰高孰低,一目了然。

2. 两种不同的工作方法获得了两种完全不同的效果,孰优孰劣,显而易见。

二、城市交通拥堵,并非北京独有,上海、武汉、广州等类似的拥堵比比皆是,且呈愈演愈烈之势。

"呈……之势"这一格式,是"显示出某种形势或势头"的意思,也说"呈……的趋势"。例如:

1. 随着城市经济体制改革的深入发展,经济犯罪的发案率已居主导地位,且呈上升之势。

2. 随着经济建设规模的日益扩大,水土流失状况也呈日益加剧的趋势。

3. 特别值得重视的是,近些年来,青少年犯罪率呈不断上升之势。

三、私人小客车总是被视为合乎现代生活节奏的需要而获得某种优惠。与之相反,对公共交通的投资和财政扶持却给人的感觉总是处于一种资金紧缺难以为继的边缘。

在"与之相反……却……"这一格式中,"之"为代词,指上面所说的情况,整个意思为"同上述这个情况相反……却……"。这一格式用于后一个句子的开头,强调后面句子所表示的是完全不同的情况。例如:

1. 具有丰富理论知识的青年大学生们往往缺少社会实际经验。与之相反的是,积累了丰富实际经验的农村干部和乡镇企业的一些领导者却常常缺乏理论知识。

2. 新加坡注重发展城市公共交通,使200万居民逐步选用公交作为主要出行方式,堪称典范。与之相反,另一个国家的首都却让200万辆私人汽车占满路面,城市交通几乎瘫痪,成为我们可资借鉴的反例。

四、众多国家的经验告诉我们,为公交立法,置其于法律的保护之下,才能保持公交事业正常稳定的持续发展。

"置……于……之下"的意思是"把……放置在……的下面"。用这一格式所表达的内容显得特别严肃和庄重。例如:

1. 国家公务员并不是特殊公民,置其言行于法律的监督之下,是以法治国的基本要求。

2. 香港回归之后,成为中华人民共和国的一个特别行政区,置其于中央人民政府的统一管辖之下。

3. 毕业考试的纪律必须非常严格,置考生一举一动于主考和监考人员的监督之下是每场考试的起码要求。

练　习

一、选择一个恰当的汉字填空:

1. 公共交通效率高、能_____低、污染少,理应得到足够的重视和优先发展。

2. "公交优先"的政策,近几年来已为国内外许多城市认可和采_____。

3. 因修地铁的资金不足,因此,在可预见的中长期内,中国城市还是以地面公交为主_____以公共汽车、电车为主。

4. 对公共交通的投资和财政支持给人的感觉总是处于一种资金紧缺难以为_____的边缘。

5. 别人走过的弯路,我们不必一一重复,从他人身上找出_____径,才是聪明的做法。

二、请解释下列句中划线部分的词语:

1. 300人一人一车,车辆首尾相连,绵延数里,街道片隙不存。

2. 两种出行方式,孰利孰弊,孰取孰舍,不言自明。

3. 这就是公交优先的出发点,权衡3与300之后的选择。

4. 在如此恶性循环中,如不施以良策,公交事业将步入一个万劫不复的怪圈。

5. 为公交立法,置其于法律的保护之下,才能保持公交事业正常稳定的持续发展。

三、请选择正确答案:

1. 作者认为,法国的一组宣传画向人们讲述了一个什么真理?

A. 城市交通应该公交优先

B. 私人汽车多一点很热闹

C. 公共汽车太少有点冷落

D. 乘公共汽车比乘私人汽车舒服

2. 文中提到,现在在多大的范围内已经出现"四轮子追不上两条腿"的现象?

A. 泰国首都曼谷

B. 曼谷、北京

C. 泰国曼谷和中国主要城市

D. 泰国曼谷和中国各地

3. 作者认为,现在"不容置疑的疏堵之策"应该是什么?

A. 发展公共汽车、电车和地铁

B. 发展公共汽车、电车

C. 发展地铁

D. 发展私人汽车

4. 说"公交优先"是一个复杂的系统工程,其原因主要是——

A. 要解决中央政府和地方政府的投资比例问题

B. 城市规划中要解决公交用地问题

C. 要解决道路的使用和管理问题

D. 要解决好"推"和"拉"的问题

5. 当前,中国要保持公交事业正常稳定的持续发展,应采取的根本措施是什么?

A. 学习外国经验

B. 为公交立法

C. 解决思想认识问题

D. 解决发展公交的资金问题

四、根据课文判断正误:

1. 课文题目中的"3 与 300"是指 3 辆公共汽车和 300 个乘车人的意思。（　）

2. 法国那组宣传画告诉人们这样一个真理:"公交优先"是解决城市交通问题的最佳选择。（　）

3. 在泰国曼谷和中国许多大城市里,人的步行速度常常超过汽车的速度。（　）

4. 泰国曼谷的住房紧张,孩子放学后常在汽车里做家庭作业。（　）

5. 公共交通的优点是:能耗低、污染少、运输效率高、经济效益好。（　）

6. 公交优先政策已为中外所有城市所采纳。（　）

7. 一个城市的命运与前途同交通状况密切相关。（　）

8. 在今后一段时间里,中国不可能修建很多地铁以满足居民的需要。（　　）

9. 欧美等国大城市进行城市规划时,首先考虑城市用地布局,然后再根据需要配置道路和交通网。（　　）

10. 课文中说的"推"和"拉"的学问,就是"公交优先"的基本内容。（　　）

11. 上海市现在已经建成了6条公交专用道。（　　）

12. 文章认为,私人小汽车无限制发展将会葬送城市交通。（　　）

五、简答问题:

1. 中国城市交通拥堵状况达到了什么程度?

2. 北京公交运营效率逐年下降的原因是什么?

3. "公交优先"中的"推"、"拉"学问主要有哪些方面?

4. 中国要真正实施"公交优先"政策,还需解决哪些问题?

六、请根据课文内容填空:

本文主要从以下4方面来说明城市"公交优先"这个问题的:

1. 公交优先的_____性;

2. 在较长时期内中国公交优先的_____;

3. 从"推"和"拉"两方面说明公交优先的_____性;

4. "公交优先"需要_____保护。

幽默的开场白是最好的"名片"

● 孙桂芝

幽默(yōumò)的开场白委婉风趣，笑中开场。一位母亲为孩子买了一件童衫，结果发现越洗越大，便去找商店老板评理。店老板满脸堆笑地说："我们店出售的童装，是能和孩子一起长大的，您若嫌孩子长得不快的话，可以退货。"店老板抓住了天下母亲的共同心理，又以"可以退货"作为承诺，用其幽默的话语，使这位母亲不知不觉中消除了心头的怒气，自然就不好意思再提退货之事了。

社交场合也有不少这样的例子。

在匈牙利召开的一次国防军事会议上，瑞典隆伯格斯·埃里克少将(shàojiàng)的开场白更是风趣诱人。他说："我们瑞典王国的祖先是海盗，在海上几乎和当时所有的国家都打过仗，一直打了 300 年，后来打累了上了岸，在斯堪的纳维亚半岛上找个地方建立了瑞典王国。记得我们只有一个国家没打过，那就是匈牙利(因为匈牙利不靠海)……"匈牙利军官们带头鼓起掌来，会场上响起了一片会意的笑声，在此情此景下无人去追究他是否"亵渎"(xièdú)了自己的祖国，也无人去考证他所说的是否是史实，人们被少将言辞的机智和友好所感染。在这里，幽默成为一个成熟军人睿智的象征，成为一种世界性的军营文化语言。在幽默的开场白中，军官们彼此情感的隔膜在消融，人际距离也大大缩短。

1996 年暑假，我冒雨到外地一个函授点上课，没想到第二天雨下得更大了。当我撑着雨伞，从招待所奔到授课地点时，一推教室的门，迎接我的是几十双清澈而明亮的眼睛，同学们对我的到来报以热烈的掌声。我好激动，没顾得上抖落头发上的水，便健步走上讲台，向同学们鞠了一躬，开始了讲课："感谢同学们对我的欢迎。我是讲《公共关系学》的，但和老天爷的关系没处理好。瞧，他的态度一点也不欢迎我……"同学们对我的开场白又报以热烈的掌声。从中我深切地感到，幽默的开场白是缩短人际距离的一条捷径，它的作用使听众在轻松愉快的气氛中自觉不自觉地进入角色。

幽默的开场白可以为人们消除紧张、减轻压力、解脱窘境。大家在交往中把握好、运用好幽默的开场白这张"名片"，为建立良好的自我形象，为获得交际的成功打下基础。

选自《青年文摘》1997 年第 5 期

问题：

1. 孩子的母亲最后退货了吗？为什么？
2. 瑞典隆伯格斯·埃里克少将是否亵渎了自己的祖国？他讲话的目的是什么？
3. 文中的"我"是个真正公共关系专家吗？为什么？
4. 本文的中心意思是什么？

阅读（一）

近来，"公交优先"几乎成了共识。如同"总量限制"一样，这也只是一种非根本性措施。那么，当务之急是什么？请看——

提高道路综合利用率

本报记者 程 远

解决城市交通拥堵，近来人们更多地把目光投向公共交通，有关部门还提出了"公交优先"的口号。

世界上似乎找不到没有公共交通的城市。发达国家特大城市在小轿车大量发展后，也回过头来提倡公共交通。公共交通的优势就摆在明面上：票价低、运量大、人均占有道路面积少等等。至于私人轿车的发展，完全基于它本身的魅力，无需宣传与提倡，只要没有歧视性限制就行。

发展公共交通，不需要、也不应该与发展小轿车对立起来。就说国人最为称道的新加坡交通，尽管它公共交通非常发达，但300万人口也保有60万辆小轿车。其人均拥有轿车数，比我国的人均汽车保有数高出20倍，比北京市的水平也高出1倍多。新加坡朋友介绍，如果没有这些小轿车，单纯的公交绝不会达到现在这样好的交通状况。因为公共交通的确也有不足之处，不能完全取代其他交通工具。如换乘不便、不能直达、不准时，不能应急，舒适性、安全性较差等，特别是其亏损性经营令人头疼。据悉，北京市对公交的补贴，1993年为6.6亿元。1994年是11.2亿元，1995年在公交全面调价的情况下，还达到16.5亿元。这是一项多么沉重的财政负担。

"公交优先"，首先要体现为领导思想重视，在投资、设施建设上优先安排。还要优化线路车站设置，方便换乘，守时准点。管理上，全社会车辆、包括领导乘车，都要为公交让行。不准拐弯的地方，公交车能行、能拐，使公共汽车比什么车都快。否则，仅仅开行一条专用线，不走公交时，道路闲置也是浪费。

交通离不开道路，解决拥堵的根本出路在修路。美国国土比我国小，却有660多万公里道路，是我们5倍多。德国国土仅为我国1/26，道路长度却是我们的一半。城市道路差距更大，北京情况在全国最好，城市道路占地率也仅为10.8%，而华盛顿是45%，伦敦是35%，东京是23%，汉城虽低也在18%。多修路，是我们唯一的选择。

修路也有讲究，对特大城市来说，最根本的解决办法是修地铁，全世界概莫能外。我国因资金问题进展缓慢。北京修了二环、三环，其他城市也纷纷大修内环、外环。这些

"环"，确实分流了相当一部分车辆。但这"环"又像一道道箍，把城市箍起来，车子常常是上不去，下不来。其实我国城市最缺乏放射性道路。据有关资料介绍，北京市区总出行量中，纯粹市内出行仅占 6.5%，而由城外进城内、由城内出城外的占 28%，起止点都在城外，需穿城而过的占 7%。如果有快速放射性道路，将后两种车辆分流，使之快速进出城市，是否会取得事半功倍的效果？

目前城市交通拥堵，除道路太少、设施不足这个根本原因外，管理上也大有潜力可挖。据了解，北京、上海、天津三市，目前每辆车平均拥有道路面积分别为 137、119 和 192 平米，相当于许多发达国家同类城市的 3 倍左右。就是说，我们城市道路尚未充分发挥作用，利用率较低。

城市道路利用率低的原因之一，是挤占马路，据有关部门介绍，北京市摊点、市场占路 270 万平米，相当于马路总面积的 10%。这个数字相当惊人，它几乎等于最近 3 年北京新建道路之和，而且造成交通秩序混乱，连带影响更大。

还有一个最令人头疼的混合交通问题。以自行车为城市主要交通工具，这既不安全，通行效率又低，而且很难管理。在交通事故中，由自行车引发的占一半。有资料介绍，80年代中期，城市建设道路投资，70% 为满足自行车需要。1 名骑车者所占面积是乘小轿车的 1/3，是乘公共交通的 10 倍。大面积自行车停放，也是城市的灾难。现在一些地方考虑机动车非机动车分流，在某些地段对自行车限行，是个正确思路。

很显然，要解决我国交通，尤其是特大城市交通拥挤问题的根本出路在于多修快修道路，最终形成现代化立体交通网络。然而，由于经济水平的限制，这不是一朝一夕所能解决的。

在现有的条件下充分挖潜，提高道路的综合利用率是完全可能的。公交优先也好，撤摊清路也好，加强自行车管理也好，错开上下班高峰也好，交通拥挤的现实迫使人们开拓新思路，找出新办法。

选自《经济日报》1997 年 5 月 22 日

〰〰〰〰〰〰〰〰〰〰〰〰〰〰〰〰〰〰〰〰〰〰〰〰〰〰〰〰

生　词

1. 明面	（名）	míngmiàn	明显的地方。
			surface
2. 称道	（动）	chēngdào	称赞。
			praise
3. 应急		yìng jí	应付紧急的需要。
			meet an urgent need
4. 闲置	（动）	xiánzhì	放在一边不用。
			leave unused
5. 概莫能外	（成）	gài mò néng wài	一概不能例外。
			admit of no exception whatsoever

6. 箍	(名、动)	gū	紧紧套在东西外面的圈,或用圈、带子捆紧。
			bind round; hoop
7. 纯粹	(形)	chúncuì	不搀杂其他成分的。
			pure
8. 摊点	(名)	tāndiǎn	一个一个的售货摊和售货点。
			vendor's stand; stall
9. 清路		qīng lù	清除道路上的障碍、杂物。
			remove obstacles
10. 错开	(动)	cuòkāi	(时间、位置)互相让开,以免冲突。
			stagger

练 习

根据课文判断正误:

1. 公交有明显的优势,私人轿车有自己的魅力,但两者相对立,不能同时发展。(　)
2. 新加坡的私人轿车比北京高出一倍多。(　)
3. 公共交通有许多不足之处,最令人头疼的是经营亏损。(　)
4. 路少、设施不足、道路利用率低是中国城市交通的三大问题。(　)
5. 售货摊点挤占马路和自行车过多是道路利用率低的主要原因。(　)
6. 多修快修道路,形成现代化立体交通网络是解决城市交通拥堵的当务之急。(　)
7. 作者认为,公交优先与提高道路综合利用率是矛盾的。(　)
8. 解决城市交通拥堵的根本办法是多修路,而当务之急是提高道路综合利用率。(　)

阅 读(二)

让京城"血脉"畅通

张 洁

北京的公共汽车运行时速目前约为10公里,在没有红绿灯的二环、三环也才30来公里。遇上早晚高峰,二环、三环也会出现堵车现象。

眼下,北京人出门办事,把路上堵车的时间计算在内已成习惯。因为堵车,不少人上班迟到被批评、扣奖金,赶火车、坐飞机、赴约会因堵车误点也屡见不鲜。一些有人情味的单位甚

29

至立了个不成文的规定，每周允许职工迟到两次。

目前，北京市经常堵车的路口从3年前的27个增加到55个；公共汽车平均运行速度从10年前的18公里/小时至20公里/小时下降到9公里/小时至13公里/小时。一份调查报告表明，1990年以来，北京客货车辆行驶速度分别下降15.8%和11.5%，照此推算，相当于日平均减少1000多个车次，少运送乘客20多万人次。

交通拥挤不仅降低了运输效率，同时也加重了城市大气和噪音污染，造成能源和资源的巨大浪费。

承担城市公共交通运输主要任务的北京市公交总公司，不仅因堵车行车速度减慢而招致市民不满，而且运输成本也在不断增大。堵车造成基层车队车次减少、公里计划和票款指标难以完成，直接影响了职工收入。公交公司为了维持原有客运能力，势必要扩大车队，增加司售人员，运输成本每年以30%的速度递增。加重市政府负担不说，多投入的车辆无形中又加重了路堵。

公交车出行不便，导致自行车与社会客运车辆激增，有限的道路交通面积被大量低效率的交通工具占用，反过来加剧了交通状况的恶化，形成恶性循环。

有限增加的道路和快速增加的车辆是北京交通拥堵的主要原因。如不采取措施，再过5年至10年，城区交通矛盾将更趋尖锐。

"高速持续增长的经济发展必然带来严重的交通问题"。北京市公安交通管理局副局长段里仁介绍说，北京交通拥堵的主要原因是车和路的矛盾，即道路增长慢而车辆增长快。1990年至1995年，北京城市道路从2718公里增加到2858公里，年增长率是1%，而车辆的年增长率却是25%，其中私人汽车年增长率达到30%。目前，北京市机动车总量已突破110万辆。去年初，为缓解交通拥堵，北京市曾实行单双号限制，但减少的7%的车流量在半年内即被

新增加的6.1万辆机动车抵消。段里仁预测，照此下去，再过5年至10年，北京的城市交通矛盾会更趋尖锐。

"潮水般涌过的自行车流"一度被我们引为骄傲。但进入90年代，这股潮水渐渐变成"洪水"，成为与机动车抢道、加剧交通拥堵的又一重要原因。北京拥有自行车840万辆，如果全部上路，专家测算它的占路面积相当于200万辆机动车，这对于本来就很紧张的车与路的矛盾，无疑是火上浇油。

有人呼吁政府对自行车加以限制，而专家们则认为，关键是要搞好公共汽车站和地铁站的自行车停放场所建设。段里仁说，公共交通再发达，也不可能开进胡同，开到家门口，而自行车正好是一个补充。

西四交通岗民警刘然对记者说，有的交通拥堵是违章或交通事故造成的，并且骑自行车的人越线、逆行、乱拐乱放，也会造成机动车行驶缓慢以至发生交通拥堵。最使公共电汽车司机头疼的，是出租车和小公共为"抢活儿"而随意、危险的急停猛拐。

去年8月，北京市公安交通管理局在堵塞严重的16个路口，进行"停车线前移、增加新车道，增加左转信号灯和引导线"等系列改革，使路口机动车排队长度减少30%至40%，路口通行能力增加了15%至20%，成效喜人。兼任北京交通工程科研所所长的段里仁十分感慨地说，传统的交通管理观念和模式，使我们的管理滞后。而现代化的国际都市却需要现代化的交通观念和管理手段。

借鉴国外经验，针对我国国情，建立地铁、公共电汽车、出租车组成的立体交叉网络，以适应经济发展和人民生活的需要。

交通专家们认为，一个城市最理想的公共交通结构，应该是以地铁为骨干，以公共电汽车、出租车为辅助形式的立体交叉网络。

目前全世界共有地铁5000公里，95%集中在发达国家，其中西方七国占75%。始建于

1965年的北京地铁，目前总长42公里，每天运送150万人次，占北京公交客运总量的12%，而国外交通发达的城市地铁的客运量占40%以上。

1992年，国务院批准了北京市地铁建设发展规划，这个有12条线路、300公里长的地铁网络如果实现，北京人出门将变得极为方便。但是，按每公里造价5亿元计，待建的260公里地铁将需要1300个亿，相当于三峡工程的总投资。

1987年，北京开始修建复兴门至八王坟共

非机动车的游击性　　　舌可

选自《人民日报》漫画增刊1997年4月5日

11.2公里长的复八线地铁，原定1997年完工，随着基建成本不断增加，当初24个亿的造价现已涨到60个亿。工程一度停工待料，等米下锅。北京市政府贷款20个亿，自筹20个亿，保证复八线在1997年国庆前投入使用，以解长安街地面交通之急。

地铁的高造价限制了地铁的发展，一些专家把目光转向地面公共交通。

"公交优先"的提法起源于法国，二次大战后，迫于汽车工业财团的压力，法国政府采取鼓励私人交通发展的政策，到70年代初，巴黎市区大街小巷被小汽车填满，城市交通陷入瘫痪。

为拯救城市交通危机，从70年代开始，法国政府被迫实施"公交优先"政策，大力发展公共交通，加大公交补贴，并对小汽车的发展实行限制，还在市中心开辟公共汽车专用道，保障公共汽车的优先通行权。经过多年努力，巴黎的交通状况得到了很大改善。

此后，"公交优先"成为发达国家和发展中国家解决城市交通拥堵的有效途径。一份对欧共体12个国家的调查表明，80%的市民拥护公交优先政策，就连拥有私人小汽车的人也有40%支持公交优先，认为它体现了社会的公平合理。

1995年，在北京召开的国际城市交通研讨会上，建设部副部长李振东说："中国政府在发展城市交通方面一项重要政策是优先发展城市公共交通，以此来缓解城市的交通紧张状况。在政府公布的产业政策中，也把城市公共交通列为重点扶持的产业。"

据悉，北京市"公交优先"的措施有望在今年出台，长安街将辟出首条公共汽车专用道。在市中心对机动车限制，是摆在市政府面前的又一紧迫课题。无论是"优先"还是"限制"，目的都是一个：改善北京的城市交通。这是目前城市可持续发展道路做出的选择。

选自《人民日报》1997年3月22日

31

生　　词

1. 血脉　　　　（名）　　xuèmài　　　　人体的血管和血液循环。

   blood vessels; blood circulation

2. 屡见不鲜　（成）　　lǚ jiàn bù xiān　经常看见,已经不觉得新奇了。

   common occurrence

3. 人情味　　（名）　　rénqíngwèir　　指人通常有的感情。

   human touch

4. 不成文　　（形）　　bùchéngwén　　没有明文规定的。

   unwritten law

5. 噪音　　　（名）　　zàoyīn　　　　生活环境中嘈杂、刺耳的声音。

   noise

6. 招致　　　（动）　　zhāozhì　　　　引起(后果)。

   bring about; lead to

7. 越线　　　　　　　yuè xiàn　　　　超出规定的界线。

   go beyond the scope (or bounds)

8. 逆行　　　（动）　　nìxíng　　　　向相反的方向行驶。

   (of vehicles) go in a direction not allowed by
   traffic regulations

9. 信号灯　　（名）　　xìnhàodēng　　利用灯光发出各种信号的灯,如路口的红、
   绿灯。

   signal lamp

专　　名

1. 段里仁　　　　　　Duàn Lǐrén　　　人名。

   name of a person

2. 复八线　　　　　　Fù-Bāxiàn　　　复兴门至八王坟的地铁路线路。

   name of an underground railway

注　　释

三峡工程　Sānxiá Gōngchéng

　　长江三峡工程。新中国成立以来,中国投资最多、规模最大的水利枢纽工程。该工程位于长江上游的长江三峡(瞿塘峡、巫峡和西陵峡),从 1992 年开始兴建,预计 2009 年竣工。

整个工程的投资约 2000 亿元人民币,约合 240 亿美元。该工程已于 1997 年 11 月 8 日实现大江截流。

(据 1997 年 11 月 6 日《人民日报》等有关资料)

练 习

回答问题:

    1. 目前,北京交通拥挤表现在哪些方面? 这对社会发展和居民生活有什么影响?

    2. 造成北京交通拥堵的原因有哪些?

    3. 作者认为应该如何解决北京的交通问题?

第 3 课

课　文

~~~~~~

青年转型

——对一个新概念的初步阐述

文献良

青年转型是指在社会变迁中青年群体所发生的思想观念、生活方式、行为模式类型的转化。

在每一社会大变革时期均会出现转型现象。本世纪内中国青年已经有过两次转型。第一次产生在辛亥革命前后，其基本特征是：在思想观念上从尊孔读经、尊儒反法，转向尊重科学民主，崇尚独立自由、平等、博爱；在生活方式上表现为剪辫子、穿中山装；在行为模式上从自然经济的顺天理、灭人欲，无所作为转向手工业社会的顺乎天理、合乎人情，即转向对自然与人际关系的双重依赖。第二次转型产生在1949年以后，此次转型明确地提出了消除封建思想意识、道德文化与生活方式，培养共产主义觉悟与道德文化、生活方式。

80年代以来的改革开放和社会主义建设进程，迎来了中国青年的第三次转型。如果说前两次转型产生的前提条件是政权更迭，具有浓厚的政治色彩。那么，这次转型则以经济变革为前提，具有浓厚的青年经济需求与社会经济色彩。它与前两次不同的显著特征，一是转型的动力主要不是社会政治文化激励，而是来自社会经济与物质生活条件的大变革；二是转变的方向是面向全球经济文化的发展，寻求与世界生活方式之接合，而非面向国内政治变革与被动地适应主流文化发展潮流；三是社会转型与青年转型同步发展。

那么，当代青年转型具有哪些特征表现呢？

第一，在生理上正从传统的瘦小晚熟型转向魁伟早熟型。本世纪四五十年代中国男青年平均身高不到160厘米。胸围、肩宽普遍较小。1985年全国抽样调查统计男青年平均身高已达164.78厘米，女子156.80厘米，比1979年增高1—2厘米。普遍的认识是，当代青年男子比父辈魁伟，女子比母辈高挑窈窕。

在生理发育上，1991年调查，男子首次遗精平均年

34

龄为 14.1 岁,女子初潮为 12.5 岁。性成熟平均提前了 2—3 年,与发达国家男女性成熟年龄已十分接近。

第二,在心理上正从被动反应型转向自觉认知适应型。中国传统文化中的青年教育主要是"从"与"顺"。从君、从父、从夫、从长辈;顺天、顺父母、顺服于师长。唯独不提倡独立自主。这种"从"、"顺"文化特质,一度曾表现为"三忠于"、"四无限"、"字字照办"、"句句照办"。据 1983 年调查,"在重大问题上依靠父母"的青年占 15%,而在 1994 年这一比例下降到 6%;而"完全靠自己独立思考解决问题"的青年从 1983 年的 20% 上升到 1994 年的 28.7%,60—80% 的青年在处理问题时已由传统的依靠父母、师长、领导,转向依靠自己与同辈、爱人、朋友。

第三,在劳动类型上,正从体力型转向智力型。改革开放以来,青年劳动者的素质提高很快。1982 年 15—34 岁年龄段中具有初中以上文化的青年占 51.2%,1990 年上升到 65.3%。从劳动形式上看,在农村,农机、农化、农技 80—90% 以上为 15—34 岁的青年掌握;城镇青年已是先进生产力的代表。青年的择业意识也开始转向重智力劳动。不少农村姑娘也不愿再当保姆,略有技术的城市或农村青年"炒"老板的鱿鱼,不断转换工作。一度是"老板挑劳工"的劳务市场,如今已出现了"劳工选老板"的现象。

第四,在社会角色类型转化上,一是社会劳动角色从计划经济时代的单一型转向多样型。计划经济把劳动者终身固定在一个劳动岗位上,角色很难流动;市场经济追求的是"效益优先"原则,由此,青年们职业角色流动较大,时农时工,时干(部)时商(人),还有第二职业角色等等。**二是角色意识已从血统型转向市场型。**在自然经济与计划经济的格局下,由于职业流动与人口区域流动较小,天然形成了一代代血统农民、血统工人和教育世家、医疗世家、祖传手工业等阶层。而市场经济扩大了竞争与交往,年轻一代的角色意识也从血统继承,转向追求市场效益。有调查表明,城市 90% 以上青年未继承父业。**三是角色评价已从政治**至上转向经济效益至上。中国人的社会等级观念较浓。反映在角色流动上是"能上不能下",顾名声,轻金钱。现在年轻一代已开始抛弃这一世俗观念,把角色评价上的权位第一变为经济效益第一,轻名重利、弃官经商、弃学经商、丢掉"铁饭碗"创业的主要是青年人。在角色选择中,他们摒弃了传统的"君子重义,小人重利"的价值观,树立了按劳分配、平等竞争、等价交换、效益至上等现代社会价值观。

第五,在生活方式上,消费生活、社会交往等正从封闭型转向开放型。据调查,1983 年城镇青年迫切要求改善吃穿的人数占 10—17%,而 1994 年下降了 3—4 个百分点;迫切要求改变住房的青年占 45%,而在 1994 年下降到 21—22%。有了钱后用于投资办厂、做生意、买股票的人则从 1983 年的 2—4% 上升到 30% 左右。在交往方式上,80 年代初的青年最喜欢在一起谈学习、谈小道新闻、谈工作、谈婚姻家庭;90 年代的青年在交往中多谈赚钱与发展人际关系,寻找互助。

选自《中国青年报》1996 年 9 月 28 日

35

生　词

1. 转型　　　　　　　　zhuǎn xíng　　　由一种类型转变到另一种类型。
　　　　　　　　　　　　　　　　　　　　change the type

2. 群体　　（名）　　　qúntǐ　　　　　　指有共同点的个体组成的整体。
　　　　　　　　　　　　　　　　　　　　groups

3. 特征　　（名）　　　tèzhēng　　　　　可以作为事物特点的征象和标志。
　　　　　　　　　　　　　　　　　　　　characteristic

4. 崇尚　　（动））　　chóngshàng　　　尊重，推崇。
　　　　　　　　　　　　　　　　　　　　uphold；advocate

5. 博爱　　（名）　　　bó'ài　　　　　　指对人类普遍的爱。
　　　　　　　　　　　　　　　　　　　　universal fraternity

6. 天理　　（名）　　　tiānlǐ　　　　　　天然的道理，自然的规律。宋代理学家认为封建伦理是客观存在的道德法则，称其为天理。
　　　　　　　　　　　　　　　　　　　　heavenly principles—feudal ethics as propounded by the Song Confucianists

7. 手工业　（名）　　　shǒugōngyè　　　依靠手工或简单工具从事生产的工业。
　　　　　　　　　　　　　　　　　　　　handicraft industry

8. 双重　　（形）　　　shuāngchóng　　两层，两方面(多用于抽象事物)。
　　　　　　　　　　　　　　　　　　　　double；twofold

9. 政权　　（名）　　　zhèngquán　　　　政治上的统治权。
　　　　　　　　　　　　　　　　　　　　political power

10. 更迭　　（动）　　　gēngdié　　　　　轮流更换。
　　　　　　　　　　　　　　　　　　　　alternate；change

11. 前提　　（名）　　　qiántí　　　　　　事物发生或发展的先决条件。
　　　　　　　　　　　　　　　　　　　　prerequisite

12. 激励　　（动）　　　jīlì　　　　　　　激发鼓励，刺激使振奋。
　　　　　　　　　　　　　　　　　　　　encourage

13. 接合　　（动）　　　jiēhé　　　　　　连接使合在一起。
　　　　　　　　　　　　　　　　　　　　join；link

14. 魁伟　　（形）　　　kuíwěi　　　　　　身体强壮高大。
　　　　　　　　　　　　　　　　　　　　big and tall

15. 窈窕　　（形）　　　yǎotiǎo　　　　　女子文静而美好。
　　　　　　　　　　　　　　　　　　　　(of a woman) gentle and graceful

16. 遗精　　　　　　　　yí jīng　　　　　　未经性交而在无意中流出精液。
　　　　　　　　　　　　　　　　　　　　(seminal) emission

17. 反应	(动)	fǎnyìng	有机体受到刺激而引起的相应的活动;因事情引起的意见、态度或行动。
			response; reaction
18. 初潮	(名)	chūcháo	指女子第一次来月经。
			first menses
19. 唯独	(副)	wéidú	单单,只。
			only
20. 保姆	(名)	bǎomǔ	受雇为人照管儿童或从事家务劳动的妇女。
			housemaid; (children's) nurse
21. 老板	(名)	lǎobǎn	私有工商业的财产所有者。现在有时也作为对公司企业负责人的称呼。
			boss
22. 炒鱿鱼		chǎo yóuyú	喻指解雇。
			give sb. the sack
23. 角色	(名)	juésè	戏剧、影视中演员扮演的剧中人物,比喻生活中某种类型的人物。
			role; part
24. 血统	(名)	xuètǒng	人类因生育而自然形成的关系,如父母与子女之间、兄弟姊妹之间的关系。
			blood relationship
25. 世家	(名)	shìjiā	指以某种特长世代相传的家族。
			an old and well-known family
26. 世俗	(名)	shìsú	流俗,一般的风俗习惯。
			common customs
27. 按劳分配		àn láo fēnpèi	一种分配原则,按照劳动者所提供的劳动数量和质量分配生活资料。
			distribution according to work
28. 百分点	(名)	bǎifēndiǎn	统计学上称百分之一为一个百分点。
			one per centage point
29. 股票	(名)	gǔpiào	用来表示股份的证券。
			stock

注　释

1. 辛亥革命

　　1911 年(农历辛亥年)孙中山领导的、推翻清朝封建统治的资产阶级民主革命。10 月 10 日湖北武昌起义爆发后,各省相继起义响应,形成了全国规模的革命运动,终于结束了中国两千多年的封建君主专制制度。1912 年 1 月 1 日在南京成立了中华民国临时政府。

2. 尊儒反法

两千多年来,中国历代封建王朝采取尊崇儒家、反对法家的做法。以孔子、孟子为代表的儒家主张礼治,提倡"中庸"之道,强调传统的伦理道德;以商鞅、韩非子为代表的法家反对礼治,主张法治,"因事而制礼,礼法以时而定"。两种学说的斗争绵延不断。

3. "顺天理、灭人欲":

天理指天然的道理,自然的法则。人欲指人的欲望。"天理"、"人欲"出于《礼记》。宋理学家把天理和人欲对立起来,要求人们放弃生活欲望,绝对遵守封建伦理的教条。

4. "三忠于、四无限、字字照办、句句照办":

"文化革命"期间林彪提出的口号。"三忠于"是"忠于毛主席、忠于毛泽东思想、忠于毛主席革命路线"。"四无限"指"对伟大领袖毛主席无限热爱、无限信仰、无限崇拜、无限忠诚"。"字字照办"、"句句照办"指对于毛主席的指示"必须坚决照办、句句照办、字字照办"。

报刊词语、句式示例

一、第三次转型的动力主要不是社会政治文化激励,而是来自社会经济与物质生活条件的大变革。

"不是……而是……"连接两个或两个以上的词组或小句,前后形成否定与肯定的对比,表示转折。例如:

1. 经理叫你去,不是要批评你,而是要表扬你。

2. 对于孩子的过失,有些家长不是启发教育,而是一味训斥,这样就会伤了孩子的自尊心,引起孩子的反感。

3. 当前青年的思想道德状况,总体上说来不是差了,今不如昔;而是好了,比过去有了很大进步。

二、青年转型在行为模式上从自然经济的顺天理、灭人欲转向手工业社会的顺乎天理、合乎人情,即转向对自然与人际关系的双重依赖。

动词"即","就是"的意思,在句中作插入语,解释或说明前面的部分。例如:

1. 我们一定要发扬党的优良传统和作风,即实事求是、走群众路线、批评和自我批评的传统和作风。

2. 我们的政策是"一国两制",即在中华人民共和国内,12亿人口的大陆实行社会主义制度,香港、澳门、台湾实行资本主义制度。

3. 厄尔尼诺现象,即南美太平洋海域海水异常增温并南移。它破坏了东太平洋沿岸的正常大气环流,导致了许多国家灾害发生。

三、在社会角色类型转化上,一是社会劳动角色从计划经济时代的单一型转向多样型;二是角色意识已从血统型转向市场型;三是角色评价已从政治至上转向经济效益至上。

"一是……二是……三是……"用于有次序地列举事物或理由。其数字可多可少。例如:

1. 第三次转型与前两次不同的特征,一是转型的动力主要不是社会政治文化激励,而是来自社会经济的大变革;二是转变的方向是面向全球经济文化的发展,而非面向国内政治变革;三是社会转型与青年转型同步发展。

2. 现阶段,我们对于个体经济的原则一是要发展,二是要加强管理。

3. 孟子在回来的路上走得慢了。一是力乏,二是脚痛,三是干粮已吃完了,难免肚子饿,四是事情已经办妥,不像来时匆匆忙忙。

四、据 1983 年调查,"在重大问题上依靠父母"的青年占 15%,而在 1994 年这一比例下降到 6%。

连词"而"有多项语法功能,其中报刊中常见的一项含有比较之意。即两种事物好像是并列的或承接的,但其间有一种对比关系。例如:

1. 旧的制度已经腐朽,而新的制度正如旭日东升。

2. 十二月的北方到处是灰蒙蒙的,而海南依旧青山绿水,郁郁葱葱。

3. 在自然经济与计划经济的格局下,由于职业流动与人口区域流动较小,形成了一代代血统农民、血统工人。而市场经济扩大了竞争与交往,城市 90% 以上青年未继承父业。

练　习

一、解释句中划线的词语:

1. 第一次转型在行为模式上从自然经济的顺天理、灭人欲,无所作为转向手工业社会的顺乎天理、合乎人情,即转向为对自然与人际关系的双重依赖。

2. 中国传统文化中的青年教育主要是"从"与"顺"。从君、从父、从夫、从长辈;顺天、顺父母、顺服师长。

3. 略有技术的城市或农村青年"炒"老板的鱿鱼,不断转换工作。

4. 角色意识已从血统型转向市场型。

5. 中国人的社会等级观念较浓。反映在角色流动上是"能上不能下",顾名声,轻金钱。

6. 轻名重利、弃官经商、弃学经商、丢掉"铁饭碗"创业的主要是青年人。

7. 在角色选择中,他们摒弃了传统的"君子重义,小人重利"的价值观,树立了按劳分配、平等竞争、等价交换、效益至上等现代社会价值观。

二、选词填空:

1. 青年转型是指在社会变迁中青年_____所发生的思想观念、生活方式、行为模式类型的转化。　　　　　　　　　　　　　　　　　　　　　　　　　　(集体　群体)

2. 第一次转型产生在辛亥革命前后,其基本特征是从尊儒读经转向尊重科学民主,_____独立自由、平等、博爱。　　　　　　　　　　　　　　　　　　　(崇尚　崇拜)

3. 第三次转型以经济变革为_____,具有浓厚的青年经济需求与社会经济色彩。
　　　　　　　　　　　　　　　　　　　　　　　　　　　　　　　　(前例　前提)

4. 这次转型的动力主要不是社会政治文化的_____,而是来自社会经济与物质生活

条件的大变革。 (激烈 激励)

5. 在行为模式上从顺天理、灭人欲转向顺乎天理、合乎人情,即转向对自然与人际关系的_____依赖。 (双重 双向)

6. 当代青年在心理上正从被动_____型转向自觉认知适应型。 (反映 反应)

7. "完全靠自己独立_____解决问题"的青年从 1983 年的 20% 上升到 1994 年的 28.7%。 (思考 思想)

8. 调查表明,90% 以上的城市青年并未_____父业。 (继任 继承)

9. 1983 年城镇青年迫切要求_____吃穿的人数占 17%。 (改善 改良)

10. 90 年代的青年在_____中多谈赚钱与发展人际关系,寻找互助。 (交流 交往)

三、选择正确答案填在横线上:

1. 本世纪中国青年第一次转型在思想观念上从尊孔读经转向——
   A. 尊重科学民主
   B. 尊儒反法
   C. 剪辫子、穿中山装
   D. 顺乎天理和人情

2. 中国青年的第二次转型产生在——
   A. 1911 年辛亥革命前后
   B. 1919 年五四运动以后
   C. 1949 年新中国成立后
   D. 1980 年改革开放以后

3. 中国青年的第三次转型的最大特点是——
   A. 政权更迭,具有浓厚的政治色彩
   B. 经济变革与浓厚的社会经济色彩
   C. 人类社会文化的共同发展
   D. 世界生活方式的外来影响

4. 现在大部分青年处理问题,由传统的依靠父母、师长转向依靠自己、爱人和朋友。这说明他们——
   A. 从晚熟型转向早熟型
   B. 从被动反应型转向自觉认知型
   C. 从体力型转向智力型
   D. 从单一型转向多样型

5. 一些有技术的青年炒老板的鱿鱼。说的是——
   A. 这些青年到私人饭店里做厨师工作

B. 这些青年被单位开除,丢掉了工作

C. 这些青年不断调换工作,最后当了老板

D. 这些青年不再受雇于原来的老板,离开了原来的工作

6. 中国青年的现代社会价值观主要体现为——

A. 顾名声,轻金钱,能上不能下

B. 君子重义,小人重利

C. 丢掉铁饭碗,弃官经商,弃学经商

D. 按劳分配,平等竞争,等价交换,效益至上

四、按正确的顺序排列句子:

1. A. 本世纪内中国青年已经有过两次转型

B. 第二次转型产生在 1949 年以后

C. 第一次转型产生在辛亥革命前后

D. 在每一社会大变革时期均会出现转型现象

(1)　(2)　(3)　(4)

2. A. 如果说前两次转型的前提是政权更迭

B. 而是来自社会经济与物质生活条件的大变革

C. 转型的动力主要不是社会政治文化激励

D. 那么这次转型以经济变革为前提,具有浓厚的社会经济色彩

(1)　(2)　(3)　(4)

3. A. 还有第二职业角色等等

B. 时农时工,时干(部)时商(人)

C. 由此,青年们职业角色流动较大

D. 市场经济追求效益优先的原则

(1)　(2)　(3)　(4)

4. A. 反映在角色流动上是"能上不能下"

B. 中国人的社会等级观念较浓

C. 把角色评价上的权位第一变为经济效益第一

D. 现在年轻一代已开始抛弃这一世俗观念

(1)　(2)　(3)　(4)

五、根据课文内容填空:

1. 本世纪中国青年的三次转型及特点是:

(1)＿＿＿＿＿＿＿＿＿＿＿＿＿＿＿＿;

(2)＿＿＿＿＿＿＿＿＿＿＿＿＿＿＿＿;

(3)＿＿＿＿＿＿＿＿＿＿＿＿＿＿＿＿。

2. 当代青年的社会角色类型转化反映在三个方面,即:

    (1)_____;

    (2)_____;

    (3)_____。

3. 本文从五个方面概括了中国当代青年转型的特征表现,它们是:

    (1)_____;

    (2)_____;

    (3)_____;

    (4)_____;

    (5)_____。

六、快速阅读:(限时 5 分钟)

弹性工时制

    由于社会、经济、科技等多种因素的影响,近年来欧洲人的工作时间正逐渐发生变化。同时,这种变化对人们的生活方式也产生了不小的影响。

    周一至周五上班、周末两天休息的常规已被打破,夜间工作的人愈来愈多。周末上班以及节假日加班加点也变得更加普遍。"弹性工时制"正慢慢取代传统的工作周。目前,西欧各国约三分之一的工薪者,即 3500 万人实行"弹性工时制"。在英国,这一比例甚至已达到 51.8%。在西班牙和葡萄牙,实行"弹性工时制"的人占 10% 左右。法国、德国和荷兰的情况居于上述两者之间。

    一般认为,"弹性工时制"在西欧的发展有两个原因,其一是企业竞争的需要,企业试图通过灵活安排职工的工时,以最大限度地提高设备利用率并降低生产成本;其二是第三产业崛起的结果,服务业企业为赢得顾客,必须在服务时间上更有弹性。

    欧洲工时制的变化中,还有一个有趣的现象就是"半工"的出现。目前,在欧盟 15 国中,共有 2100 万个职位是"半工",占全部职位的 15% 左右。"半工"人数在北欧国家增加最快。荷兰的"半工"占全部就业人口的 34.8%,丹麦占 24.1%。英国、法国和德国分别占 23.8%、14.3% 和 14.9%。妇女在"半工"者中占多数。"半工"职位越来越多一方面固然是这些国家劳动生产率提高的结果,但同时也是由于西欧国家社会福利摊款负担沉重,企业为节约费用和工资希望发展"半工"职位的结果。

(钱慰曾 文)

节选自《中国青年报》1996 年 2 月 28 日

问题:

    欧洲"弹性工时制"和"半工"现象产生的主要原因是什么?

阅 读（一）

青年志愿者行动是共青团在群众性精神文明创建活动中的一个创造。这项活动自1993年开展以来，发展迅速，不仅成为共青团的一项支柱性工作，也成为青年参与群众性精神文明创建活动的有效载体，在精神文明建设中发挥着特有的作用。深深植根于人民群众生产生活的基本需求，是青年志愿者行动始终保持旺盛生命力的根本原因。

围绕群众的需要开展活动

青年志愿者行动开展三年来，受到党政领导的支持，广大青年的热情参与，特别是人民群众的欢迎，在于始终坚持一条原则：一切活动围绕人民群众生产生活的迫切需要，服务于人民群众，服务于改革开放的大局。

唐山市的青年志愿者们在了解社会需求、确定活动重点方面确实下了一番功夫。他们三进千家门，掌握了详尽的情况。一进千家门了解到全市有1104名残疾人和529名孤寡者有服务需求，二进千家门首次对被服务对象的服务时间进行量化，确定和提出了平均每人每年大约需要120小时的志愿服务，三进千家门，被招募的4000多名青年志愿者与被服务对象确定了"一助一"长期服务关系。1996年7月26日上午，江泽民总书记在视察唐山市残疾人康复村时，对青年志愿者的工作给予了充分肯定。

青年志愿者行动能在实践中不断拓展内容和领域，也取决于人民群众生产生活需要。据有关方面统计，全国约有700多万名职工生活困难，还有上千万的待业人口⋯⋯而我国的社会保障体

行动中的
青年志愿者
华 伟

系所能提供的服务保障非常有限。青年志愿者已经在这些领域做了一些初步的工作，赢得了社会的赞誉，今后，青年志愿者的服务将逐步走向规范化，向这些领域的广度和深度进军。

服务与育人相统一

1996年五四期间，团中央组织了一个11人的青年志愿者事迹报告团，在全国各地巡回演讲，取得了意想不到的强烈反响。报告团成员之一的上海控江中学学生王荣说："中学生最不喜欢说教，不喜欢被要求做好事献捐款。我们学校附近的黄兴路天桥曾在活动中一天被打扫了17次。但我们在试着帮助白血病患儿的过程中发现，我们的举手之劳，讲故事、演节目、教识字能给孩子们的人生之旅带来光亮，我们感受到了付出的价值，同学们都争着要求帮助孩子。"

其实不仅仅是中学生，所有参与青年志愿者行动的青年人，都能感受到这种内心需要。这种需要不仅是道德方面的，更有成长成才方面的。青年志愿者行动一改以往那种单向、被动的灌输式教育，注重调动青年人的主体意识，使他们在帮助他人的过程中，实现自我教育。

深圳市青年志愿者队伍不断扩大的一条基本经验就是，十分强调"助人自助"的工作理念。在志愿服务过程

中,他们通过开展专业技能培训、提供活动的组织策划机会等方式,积极为志愿者创造发展自我、提高自我的条件,提供施展才华的舞台,从而更加喜欢参加志愿服务,出现了很多同事、好友、兄弟姊妹相携入会的现象。目前,深圳市已有在册志愿者1.5万余人。

以机制保障活动的持久开展

青年志愿者行动的实践证明:必须用机制保障活动的持久开展。目前,全国已建立省级青年志愿者协会29家,服务站1300多个。这些组织网络的逐步建立和完善,为青年志愿者行动的开展提供了有力的保障。

杭州市的青年志愿者们构建了一个三级网络,积累了一些初步的成功经验。北京、哈尔滨、唐山、深圳等地也都在实践中探索出了一些好的做法,形成了以协会、服务中心、服务站、服务队为主要形式的青年志愿服务网络,收到了良好的效果。

近日召开的全国青年志愿者行动工作现场会提出了青年志愿者行动下一阶段的发展目标:到团的十四大即1998年之前建立起青年志愿服务体系的基本框架;到2000年初步建立起有中国特色的青年志愿服务体系。这个基本框架要求,到1998年,全国70%以上的地市(州)建立协会,中心城市有50%的街道社区建立起不同类型的青年志愿者服务站。这就为青年志愿者行动今后的发展指出了明确的奋斗目标。

选自《人民日报》1996 年 9 月 26 日

〜〜〜〜〜〜〜〜〜〜〜〜〜〜〜〜〜〜〜〜〜〜〜〜

生　词

1. 载体	(名)	zàitǐ	泛指能传递或承载某一事物的事物。 carrier
2. 孤寡者	(名)	gūguǎzhě	无依无靠、孤独的人。 lonely people
3. 量化	(动)	liànghuà	数量化,以数量多少反映事物的状态、程度。 quantify
4. 招募	(动)	zhāomù	公开征集。 recruit; enlist
5. 康复	(动)	kāngfù	恢复健康,特指恢复残疾人缺损的功能。 be restored to health
6. 拓展	(动)	tuòzhǎn	开辟并扩大。 expand; develop
7. 规范化	(动)	guīfànhuà	使之合于一定的标准,合乎规范。 standardize
8. 举手之劳	(成)	jǔ shǒu zhī láo	形容事情很容易办到,不费事。 easy to do

9. 价值	（名）	jiàzhí	体现在商品里的社会必要劳动。指事物具有的意义或积极作用。 value
10. 灌输	（动）	guànshū	输送（思想、知识等）。 instil into
11. 理念	（名）	lǐniàn	理性思考和观念。 sense; concept
12. 策划	（动）	cèhuà	想办法，订计划。 plan; plot
13. 施展	（动）	shīzhǎn	发挥（能力）。 put to good use

练　习

根据文章判断正误：

1. 青年志愿者行动是 1993 年共青团在群众性精神文明创建活动中创造产生的。（　）

2. 青年志愿者行动具有旺盛的生命力，原因是它出自人民群众生产生活的基本需求。
（　）

3. 唐山市青年志愿者为了了解社会需求，曾先后三次访问过一千个家庭。（　）

4. 唐山市有 4000 名青年志愿者与被服务对象建立了长期帮助服务关系。（　）

5. 据统计，全国约有 700 万职工生活困难，他们已经得到了社会保障体系提供的良好服务保障。（　）

6. 今天的中学生不喜欢被要求做好事，不肯帮助别人。（　）

7. 在青年志愿者行动中，青年人增强了主体意识，实现了自我教育。（　）

8. 深圳青年志愿者队伍不断扩大，他们强调帮助别人是为了自己。（　）

9. 为了持久开展青年志愿者行动，必须建立健全组织网络。（　）

10. 本文详细介绍了青年志愿者行动的具体活动情况。（　）

我在静乐县做志愿者

□ 洪 哲

　　1996 年 11 月，我作为中国青年志愿者"扶贫接力计划"静乐项目的首批成员，赴山西开始为期一年的志愿服务。回忆这一年，我从乡亲们锣鼓喧天的相迎，到痛哭失声的惜别，走过了一条从适应、立足，到深入拓展，直至与当地老百姓水乳交融的难忘历程。

　　我所任教的故宫希望学校位于距县城 20 公里的一条山沟中。当地属高寒气候，冬季最冷达零下 20 多度。我和同行的志愿者要住火炕，生炉子。火太旺时，炕烫得不得了，火灭了，屋里就冷得像地窖。因为是南方人，生炉子让我很犯难。我得了严重的呼吸道疾病，还吃不到蔬菜。每天都是小米、莜面、馒头，水煮土豆既是最主要的菜，也是主食之一。因为交通、用水等的诸多不便，我一个月才能进城洗一次澡。

　　我还同时调适自己，做好角色转变。1996 年 7 月至 11 月，在三个月里，我从女研究生，变成一名团中央机关干部，又成为穷乡僻壤里的女教师。我力求摆正自己的位置，树立一个敬业爱校的教师形象。我谢绝了学校的关照，和学校老师一起在大灶就餐，主动挑重担，带病上课，为生病的学生送营养品。由于这些努力，我很快被大家接受了。

　　深入和拓展志愿服务，是我们的第二个阶段。围绕着扶贫支教，我在做好课内教学工作的同时，和伙伴们一起建立起全县第一个学校广播站，组建了艺术团和各种兴趣小组，组织了"五四"、"六一"、香港回归等各种主题的活动，还和北京大学建立了"手拉手"关系，并带领 12 个品学兼优的学生进京欢度儿童节。看到这些山里娃和城里的孩子一同在人民大会堂兴高采烈地玩"过草地"，心里无比欣慰。我还根据自己的专业特长，举办面向全乡教师的教育学、心理学讲座。

　　我写了一封情真意切的信，分寄四面八方，为学校争取援助。在社会各界的帮助下，我们建立起了图书室、奖学基金、广播站、仪器室、简易理发室，救助了一批品学兼优的好学生。为培养当地农民科技种田的致富意识，我们还一道开垦荒地，建大棚，铺地膜，种蔬菜。乡亲们说，我们做的是让全村全乡人记一辈子的事。

　　经过踏实工作，我们与乡亲们的感情达到了水乳交融。玉米刚长熟，他们便煮好了给我们送来。盖房子娶媳妇，我们是少不了的座上客。有这样一件小事：七月的一个午后，我和另一个志愿者老师说天热了，把头发剪了吧！旁边几个小学生仰着小脸说："别剪了，长头发好看！"我们笑了笑，没在意。第二天傍晚，一大群孩子拥了进来。领头的女孩兴冲冲地把两个发夹放到桌上。孩子们叽叽喳喳地说："别上吧，别上就不热了，别剪头了！"尽管这是不值两元钱的小玩意，然而此情此景，铁石心肠的人也会动容。

　　临走之时，全村男女老少都来送行。学

生们抱着我,哭作一团,大人们含着泪,不停地念叨。车开了,他们还追着,喊着,挥着手。尽管山里的一年不能看电视、唱卡拉 OK,但我得到了人世间最宝贵的真情。

如今,见到衣着土气、举止拘谨的"乡下人",我会产生一种亲切感,从内心深处愿意接近他们。

选自《中国青年报》1997 年 12 月 6 日

〜〜〜〜〜〜〜〜〜〜〜〜〜〜〜〜〜〜〜〜〜〜〜〜〜〜〜

生　词

1. 接力		jiē lì	一个接替一个地进行。
			work by relays
2. 水乳交融	(成)	shuǐ rǔ jiāoróng	水和乳汁融合在一起,比喻关系非常融合密切。
			as well blended as milk and water—in complete harmony
3. 火炕	(名)	huǒkàng	设有烟道,可以烧火取暖的炕。
			heated brick bed
4. 地窖	(名)	dìjiào	保藏食物等的地洞或地下室。
			cellar
5. 穷乡僻壤	(成)	qióng xiāng pì rǎng	荒凉贫穷而偏僻的地方。
			remote hinterland
6. 谢绝	(动)	xièjué	婉言拒绝。
			politely refuse
7. 品学兼优	(成)	pǐn xué jiān yōu	品德和学习都很好。
			be a student of good character and fine scholarship
8. 欣慰	(动)	xīnwèi	喜欢而心安。
			be gratified
9. 基金	(名)	jījīn	为兴办维持或发展某种事业而储备的资金或专门拨款。
			fund
10. 地膜	(名)	dìmó	覆盖作物的塑料薄膜,主要用于保护幼株,抵挡风寒。
			plastic film for covering young plants
11. 动容	(动)	dòngróng	脸上露出受感动的表情。
			be visibly moved

| 12. 卡拉 OK | | kǎlā ōukèi | "无人乐队"。由日语"空"的译音和英语"乐队"变化而来。指音像音乐带伴奏的自娱演唱,也指此类娱乐场所。 karaoke |
| 13. 拘谨 | (形) | jūjǐn | 言语、行动过分谨慎,显得不自然。 overcautious |

问题:

1. 作者洪哲是什么人?她为什么去了山西农村?
2. 到农村后,她遇到了哪些困难?她是怎样对待的?
3. 在扶贫支教中,她主要做了哪些工作?
4. 她为什么给四面八方写信?在社会的帮助下他们取得了哪些成绩?
5. 让她深受感动的那件小事是什么?
6. 做志愿者下乡对她有什么影响?
7. 读了这篇文章后,你有什么想法?

阅 读(三)

●中国青年思想道德文化状况调查系列报告之七

多数青年的人生观积极向上

青年一代的世界观和精神风貌,是一个国家不同历史时期的政治经济背景和社会发展状况最集中、最鲜明的体现。对3万名青年的调查显示,在我国改革开放的历史时期,青年的人生观和价值观处于变化之中,尽管有曲折和不足,但就其主流来说,呈现出积极向上的发展态势。

贡献社会、事业成功和家庭幸福已成为青年人生的主要追求

当我们调查青年对人生幸福的看法时,在11个选项中,"为社会做贡献"、"事业成功"、"建立美满和谐的家庭",排在前三位。在回答"您努力工作是为了什么"时,回答"为国家和社会进步做出应有的贡献",同时"使个人生活水平有明显的改观"的占47.52%。当我们问及"您对提倡做有理想、有道德、有文化、有纪律的一代新人如何看待"时,认为"很有必要"的占59.79%,认为"有必要"的占29.89%,两项相加比例为89.68%,而加以否定或认为"不可

能做到"的仅占 10.32%;另外,有 35.86% 的青年把读书学习、充实自己作为闲暇时间的主要安排。值得注意的是,对比 1994 年的调查,今年选择为社会做贡献的比例由第 5 位上升到第 3 位,选择追求事业成功的比例由前年的第 2 位上升到了第 1 位。这种情况表明,广大青年的人生态度是积极向上的。

多数青年追求实现个人价值与集体价值的统一

在个人和集体的关系上,多数青年认同两者的有机结合。在问卷调查中,回答"您的工作奋斗目标是什么"时,52.38% 的青年选择了"实现自我价值,得到社会承认",在 6 个选项中列第一位。当我们问及"您所信奉人生信条是什么"时,23.79% 的青年选择了"先天下之忧而忧,后天下 之乐而乐",18.04% 的青年选择了"一人为大家,大家为一人",13.22% 的青年选择了"吃进的是草,挤出的是奶"。三项相加比例达 55.05%。这种情况表明,有半数以上的青年把国家和集体利益作为评价个人活动和作出人生价值判断的主要标准。在调查中,我们也了解到,当代青年强调集体价值是建立在承认和尊重个人价值基础之上的,他们追求的是自我价值和社会价值的和谐与统一,既要求个人为增进社会集体利益贡献力量,同时也要求 社会和集体尊重、保护、发展个人的正当利益,为实现个人的正当利益创造条件。对那种完全忽视或牺牲个人价值的所谓集体价值的观点,青年也是不赞同的。

勇于竞争、创新进取的意识显著增强

当我们在调查中问到:您的工作实绩及能力与您的同事相当,而得到的利益低于同事,您会采取哪种作法"时,有 37.55% 的青年回答"加倍努力工作,争取超过同事",20.20% 的青年回答"保持现状,和以前一样干",15.73% 的青年回答"工作虽然照常干,但会发发牢骚",而回答"甩手不干了"和"我得不到,也不让别人得到"的仅占 3.35%。在我们问及"您所信奉的人生信条是什么"时,有 35.75% 的青年选择"不想当将军的士兵不是好士兵",9.69% 的青年选择"敢为天下先",与 1994 年进行的关于人生观、价值观的专题调查相比,这两个选项已分别由第四位和第十一位上升到第一位和第六位。在分析社会上一些人陷入贫困的原因时,有 33.62% 的青年认为不思进取是这些人不能摆脱贫困的主要原因。这些突出地表明在改革开放和创建社会主义市场经济体制时期,崇尚竞争、积极进取已经成为当代青年的一个重要特征。

重视金钱的作用,但不盲目崇拜金钱

当代青年和过去的青年相比,更为重视物质利益。1993 年进行的关于青年人生幸福的调查显示,认为是"挣很多钱"的比例排在各选项的第六位,而在今年的调查中,则下降到第八位。这表明,多数青年对金钱的看法已经有了新的变化。当回答"您闲暇时最喜爱干的事是什么?"时,35.86% 的青年回答"读书学习,充实自己",只有 5.01% 的青年主张"找机会去挣钱"。这些情况反映了近年来青年的一个较大变化就是,他们虽然重视个人的物质利益,但更重视精神追求和精神支柱的作用。这是青年的价值观逐步走向成熟的表现。

但是,我们也看到,青年中仍有一小部分人受拜金主义、享乐主义和极端个人主义的影响比较严重。在我们这次问卷调查中,有 12.60% 的青年认为"有钱就有一切",6.79% 的青年信奉"人不为己,天诛地灭"的信条,4.88%的青年人主张"人生短暂,当及时行乐"。在调查产生这种思想的原因时,有33.98%的青年认为当前社会上拜金主义的倾向日趋严重,这种现象必须引起我们的高度重视。

综上所述,我们认为当代青年人生观和价值观的发展演变呈现出三个基本趋势:一是由空泛的所谓理想主义价值目标向务实性价值目标转变;二是由群体本位取向向个体本位与群体本位取向相统一转变;三是由单一价值取向向多元化价值取向转变。

(中国青少年研究中心课题组)

《中国青年报》1996 年 11 月 1 日

生　词

1. 人生观	(名)	rénshēngguān	对人生的看法,即对人类生存的目的、价值和意义的看法。
			outlook on life
2. 风貌	(名)	fēngmào	风格和面貌。
			elegant appearance and bearing
3. 主流	(名)	zhǔliú	比喻事情发展的主要方面。
			main trend
4. 态势	(名)	tàishì	状态和形势。
			situation; posture
5. 有机	(形)	yǒujī	指事物像生物体那样互相关连协调。
			organic
6. 信条	(名)	xìntiáo	信守的准则。
			creed; precept
7. 和谐	(形)	héxié	协调,配合得适当。
			harmonious
8. 牺牲	(动)	xīshēng	指放弃或损害(利益)。
			sacrifice oneself
9. 牢骚	(名)	láosāo	烦闷不满的情绪,说抱怨的话。
			complaint
10. 拜金主义	(名)	bàijīnzhǔyì	崇拜金钱的思想。
			money worship
11. 天诛地灭	(成)	tiān zhū dì miè	比喻天地所不容。
			be destroyed by heaven and earth

12. 空泛	（形）	kōngfàn	内容空洞浮泛,不着边际。
			vague and general
13. 多元化	（动）	duōyuánhuà	由单一向多样发展变化(跟"一元化"相对)。
			diversify

练　习

一、选择正确答案:

1. 在调查对人生幸福的看法时,青年选择第一位的是——
   A. 追求事业成功
   B. 建立美满和谐家庭
   C. 为社会做贡献
   D. 读书学习充实自己

2. 在个人和集体的关系上,多数青年认为——
   A. 强调集体价值,牺牲个人价值
   B. 实现自我价值,放弃社会价值
   C. 自我价值和社会价值应和谐统一
   D. 在尊重、保护、发展个人利益的基础上,再考虑社会价值

3. 从文中看出,在工作中遇到不合理的待遇时,作者赞成青年的什么观点,反对什么观点?
   A. 赞成"发发牢骚",反对"工作照常干"
   B. 赞成"加倍努力工作",反对"甩手不干了"
   C. 赞成"保持现状",反对"加倍努力工作"
   D. 赞成"我得不到,也不让别人得到",反对"争取超过同事"

4. 当前影响青年思想健康发展、必须引起高度重视的主要问题是什么?
   A. 空泛的所谓理想主义
   B. "人不为己,天诛地灭"的极端个人主义
   C. "人生短暂,及时行乐"的享乐主义
   D. "有钱就有一切"的拜金主义

二、问题:

1. 这篇调查报告介绍了当代中国青年的哪些特点?
2. 你平日对中国青年的印象如何?
3. 请简要介绍你们国家青年的思想生活状况。

第4课

课　文

黄河为何出现百日断流

主持人：据黄河下游利津水文站观测记录，黄河河口地区从今年3月4日开始断流，到7月19日记者电话询问时累计已达113天，直到近日才复流。作为中华民族"母亲河"的黄河，是不是已从常流河变为季节性河流？

张仁：是的。从70年代起，黄河河口地区断流现象几乎年年发生，1972—1994年黄河下游利津共断流393天，平均每年断流17天，1992年断流时间长达83天，1993年和1994年断流都在50天以上，今年又创造了超过百日的记录。

主持人：黄河长时间断流，会产生哪些消极影响呢？

张仁：首先使位于黄河口的山东省东营市、滨州市和胜利油田供水紧张。近几年来，由于水源不足，胜利油田不仅每年都有近半年的时间采取限制供水或定时供水措施，而且油田的工业注水也不得不削减注水量，有时甚至不得不采取改注海水的紧急措施，这对原油生产是非常不利的。

另外，断流对河道的影响也很不好。如果老是没水，河道就会逐渐萎缩变小。这样，到了汛期洪水就极易漫出狭窄的河槽，给滩区带来损失。同时，断流还会加重泥沙的淤积，因为水越小，泥沙也越不易被冲走。由于

经常断流，最近9年黄河下游山东河段每年抬高约15厘米，现在河床最高处已超过两岸地面10米。

主持人：这几年黄河断流的主要原因是什么？

张仁：这主要是因为上中游地区用水量不断增加，而且又缺乏合理的调节和管理措施。

黄河是中国水资源开发利用率最高的河流之一。黄河每年的全部水量是580亿立方米，90年代以来，差不多每年用掉一半，将近300亿立方米。1987年国家制定了"黄河可供水量分配方案"，分配给沿黄8省区的水量为349.6亿立方米，剩下的230亿，用来送泥沙入海。

黄河全年的水量相对是比较均匀的，而两岸灌溉用水则集中在五、六、七月份，特别是五、六月份，上中下游6000万亩灌溉面积一起用水，这样一来，下游就很容易断流了。

所以，加强用水的规范性至关重要。现在上中下游的用水量虽然分配了，但由于缺乏监督，各地并非严格按分配方案用水，所以虽然总的用水量没超，但有些省份比如内蒙古和山东就超额了。

另外,现有的河水分配方案是根据中等水文年来制定的,而实际上有的年是丰水年,有的年是枯水年,枯水年就没有 500 亿立方米的水。若按现有方案执行,势必供不应求,加剧黄河断流。所以,应该制定枯水年的分配方案。

还有就是现在的水价政策也亟待调整。目前黄河沿途水费征收标准太低。据了解,山东、河南的引黄水费标准仅为 2—3 厘/立方米,水价过低,使得河水浪费现象日益严重,结果有的灌区每亩地要耗水上千立方米,而实际上只要一半就够了。

主持人:这么说,其实只要调节得当,黄河还是有可能避免断流的?

张仁:对。从每年 11 月到次年 3 月,由于用不着灌溉,黄河水实际上还是有富余的,如果把这部分水蓄起来,等五、六月份用水高峰期再放,就可缓解甚至避免断流。在适当的地方修建水库就能起到这样的调节作用。现在国家已经开工修建小浪底水库,库容为 126 亿立方米,考虑到被泥沙淤掉的一部分,估计至少会有 50 亿立方米的长期库容。这项工程计划 2001 年建成。另外,黄河上游宁甘边界上的黑山峡也是建水库的理想地区,建成后可调节 40 亿立方米的水量。

主持人:黄河两岸的用水量毕竟会越来越大,当各地把分配的 350 亿立方米水用满之后,又该怎样防止黄河断流呢?

张仁:估计到 2000 年以后,黄河本身的水已经很难满足各地的需要了,那时,光靠加强管理、克服浪费已无法解决断流问题。怎么办呢? 只有南水北调,使北方黄河流域有另外的水源可以利用,黄河的水流量不再减少。

选自《光明日报》1995 年 7 月 25 日

(《今日话题》专栏 主持人为《光明日报》记者张碧涌,特邀嘉宾张仁为清华大学教授。)

生　词

1. 为何		wèihé	为什么。 why
2. 断流		duàn liú	河床中水流断绝。 dry up
3. 河口	(名)	hékǒu	河流流入海洋、湖泊或其他河流的地方。 river mouth
4. 询问	(动)	xúnwèn	打听或征求意见。 ask about; inquire about
5. 注水		zhù shuǐ	把水灌入某个地方。 water flooding
6. 削减	(动)	xuējiǎn	从原定的数量中减去。 cut(down); reduce
7. 水文	(名)	shuǐwén	自然界中水的各种变化和运动的现象。 hydrology
8. 水文站	(名)	shuǐwénzhàn	对水位、流量、含沙量、水温等方面进行测量的

工作站。

hydrometric station

9. 河道	（名）	hédào	江河的路线。

river course

10. 萎缩	（动）	wěisuō	干枯或衰退。

wither

11. 汛期	（名）	xùnqī	江河水位定期性上涨时期。

flood season

12. 漫出	（动）	mànchū	水过满，向外流出。

overflow

13. 河槽	（名）	hécáo	河床、河身。河流两岸之间容水的部分。

riverbed

14. 狭窄	（形）	xiázhǎi	宽度小。

narrow

15. 滩区	（名）	tānqū	指黄河两边比河岸低的地方。

flood land

16. 淤积	（动）	yūjī	（水中泥沙等）沉积。

silt up

17. 灌溉	（动）	guàngài	把水输送到田地里。

irrigate

18. 至	（副）	zhì	最。

most

19. 枯水年	（名）	kūshuǐnián	河流水位处于最低的年份。

dry year

20. 势必	（副）	shìbì	根据形势推测，必然会怎样。

certainly will

21. 亟	（副）	jí	急迫地。

urgently

22. 避免	（动）	bìmiǎn	防止；想办法不让某种情形发生。

avoid

23. 蓄	（动）	xù	储存、积蓄。

store up；save up

24. 缓解	（动、形）	huǎnjiě	剧烈、紧张的程度有所减轻；使缓和。

relieve

25. 库容	（名）	kùróng	水库、仓库等的容量。

storage capacity（of a reservoir, warehouse, etc.）

专 名

1. 利津	Lìjīn	地名。	name of a place
2. 东营市	Dōngyíng Shì	城市名。	name of a city
3. 滨州市	Bīnzhōu Shì	城市名。	name of a city
4. 宁	Níng	宁夏回族自治区的简称。	short for Ningxia Hui autonomous region
5. 甘	Gān	甘肃省的简称。	short for Gansu Province
6. 黑山峡	Hēishānxiá	地名。	name of a place

注 释

1. 黄河

中国第二条大河,因河水黄浊而得名。古代叫"河",《汉书》中才开始叫"黄河"。发源于青海省巴颜喀拉山北麓的古宗列盆地,流经青、川、甘、宁、内蒙古、陕、晋、豫、鲁 9 省区,在山东省垦利县注入渤海。全长 5464 公里,流域面积 75.24 万平方公里,是旧石器时代和新石器时代遗址分布最多、最密的一个地区,是中国和世界远古文化的代表。从历史记载看,自夏代至北宋时代 3000 多年时间里,黄河流域一直是中国政治、经济、文化的中心地带,是孕育中华文明的摇篮,因此,黄河有中华民族"母亲河"之称。

2. 黄河长时间断流

开始于 1972 年,至 1997 年 26 年中有 20 年发生断流。1991—1997 年连年断流,1995 年达 122 天,1996 年达 133 天,1997 年断流 9 次,累计达 169 天,河段长约 700 公里,而且第一次在汛期断流。

3. 胜利油田

在山东省境内,开发于 20 世纪 70 年代,是中国第二大油田,在中国能源和经济建设中有着重要地位。

4. 小浪底水库

小浪底位于河南省西部,是黄河最后一段峡谷。水库坝高 154 米,库容 126.5 亿立方米,建成后在防洪、防凌、减淤及供水、灌溉、发电方面发挥巨大作用。工程于 1991 年开工,已于 1997 年 10 月 28 日截流成功,计划 2001 年竣工。

报刊词语、句式示例

一、1992 年黄河断流时间长达 83 天,1993 年和 1994 年断流都在 50 天以上,今年更是创造了超过百日的记录。

"创造……记录",也说"打破……记录","刷新……记录",指在一定的时期、一定的范围内又记载了新的最高成绩或数字。例如:

1.1996 年,也就是间隔 15 年,又一次刷新了黄河断流的时间记录,达 150 天之久。

2. 从 1956 年到 1989 年 9 月,中国运动员一共打破或超过了世界记录 393 次。

3.1996 年中国的粮食总产量达 4.8 亿吨,创造了历史最高记录。

二、近几年来,由于水源不足,胜利油田不仅每年都有近半年的时间采取限制供水或定时供水措施,而且油田的工业注水也不得不削减注水量,有时甚至不得不采取改注海水的紧急措施。

"不仅……而且……甚至……"这一句式中,"不仅"或"不但"属连词,与"而且"、"并且"、"还"、"也"等搭配使用;表示意思更进了一层,而"甚至"后面的分句则表示更突出的部分。例如:

1. 有些文艺作品不仅对读者没有任何益处,而且还有害处,甚至误导青少年走上犯罪道路。

2. 从全国情况看,人民生活不但普遍有了提高,而且其中大部分人已有了显著提高,甚至有些地区、有些人提前过上了小康生活。

3. 我们学习语言不仅要在课堂上学,而且还要到社会实际中去学,到社会实际中去学甚至比在课堂上学更为重要。

三、首先使位于黄河口的山东省东营市、滨州市和胜利油田供水紧张。

"位于",动词,表示国家、地区、山、河、湖、城市、建筑等所在的位置。例如:

1. 中国位于亚洲东部。

2. 人民英雄纪念碑位于天安门广场的中央。

3. 上海位于太平洋西岸,是中国最大的城市。

四、特别是五、六月份,上中下游 6000 万亩灌溉面积一起用水,这样一来,下游就很容易断流了。

"这样一来"是一短语,起承上启下作用,总括前面所说的情况,说明由于这样而产生后面的结果。也说成"这一来"、"如此一来"等。例如:

1. 无论工人也好,领导也好,都夜以继日地投入施工,这样一来,这条铁路提前半个月通车了。

2. 城市里每年新修的道路不能说不多,但是各大城市新增加的各种汽车更多,如此一来,人们坐车出行不是愈来愈方便了,而是堵车现象愈来愈严重了。

3. 去年的自然灾害频繁,春旱夏涝,对农业生产影响不小,但政府稳定农产品价格的政策极大地调动了农民的积极性,加上资金投入的增加,水利设施的改善和科学种田等,如此一来,全年的粮食产量又创下了历史的新记录。

练 习

一、选择恰当的字填空:

1.1956 年,中国第一次打破世界记_____的运动员是举重运动员陈镜开。

2. 中国的现代化不能走那种发展城市萎_____农村的道路。

3. 水流越小,泥沙也越不容易被冲走,因此,黄河断流必然会加重泥沙的_____积。

4. 黄河下游各省经济发展带动了对水资源的大量需求,中上游各省区,在农牧业上也大量建设灌_____工程,最终造成水资源供不应求。

5. 目前最重要的是要加强用水的规范性,否则,黄河断流就难以_____免。

6. 现有的河水分配方案是按照中等水文年制定的,若在枯水年也按现有方案执行,势_____造成供不_____求,加剧黄河断流。

二、解释句中划线的词语:

1. 黄河河口地区从今年3月4日开始断流。

2. 黄河今年断流时间长达110多天,直到近日才复流。

3. 今年黄河断流时间竟创造了超过100多天的记录。

4. 目前,加强黄河用水的规范性至关重要。

5. 由于种种原因,造成黄河水资源供不应求,并加剧了断流现象的发生。

6. 现在水价政策亟待调整,因为水价过低使得河水浪费现象日益严重。

7. 如果把富余的那部分水蓄起来,等5、6月份用水高峰期再放,就可以缓解甚至避免断流。

8. 在枯水年,黄河就没有500亿立方米的水。

9. 只有南水北调才能保护黄河的水流量不再减少。

三、选择正确答案:

1. 作为中华民族"母亲河"的黄河已经从常流河变为季节性河流。这句话的意思是:
   A. 以前和现在都是一年四季流水不断
   B. 以前四季流水不断,现在长年无水
   C. 以前长年流水不断,现在有时候无水
   D. 以前某个季节有水,现在常年有水

2. 由于水源不足,油田有时甚至不得不采取改注海水的紧急措施。这是说——
   A. 因没有其他办法,只好向油田注入海水
   B. 虽没有其他办法,但也不得向油田注入海水
   C. 油田最终也没有被注入海水
   D. 无论如何油田也不能注入海水

3. 为什么说现在应该制定黄河枯水年的用水方案?
   A. 现行的方案是丰水年分配方案
   B. 现行的虽是枯水年方案,但已不适用了
   C. 现行的是中等水文年河水分配方案
   D. 现行方案不适合于一般水文年的情况

4. 黄河下游山东河段其河床有什么特点?
   A. 河床比河岸还高

B. 河床高于两岸的地面

C. 河床与两岸的地面一样高

D. 两岸地面高于河床

5. "从每年11月到次年3月,由于用不着灌溉,黄河水实际上还是有富余的,如果把部分水蓄起来,等五六月份用水高峰期再放,就可缓解甚至避免断流。"这段话作者强调了——

A. 各省区规范用水的重要

B. 制定枯水年用水分配方案的重要

C. 用水高峰期放水的重要

D. 修建水库,调节河水的重要

6. 本文向人们提出的最值得重视的问题是——

A. 黄河水害问题

B. 黄河水必须加强管理的问题

C. 黄河水资源危机问题

D. 黄河在中国现代化建设中的作用问题

四、根据课文判断正误:

1. 1995年黄河断流累计共达113天。( )

2. 黄河断流非常不利于胜利油田的原油生产。( )

3. 断流会造成黄河河道衰退变小和河床升高。( )

4. 用水量不断增大,又缺乏合理的调节和管理措施是造成黄河断流的主要原因。( )

5. 黄河沿岸各省区低价用水与黄河断流没有什么关系。( )

6. 现在沿黄各省区之间还没有一个正常水文年的用水分配方案。( )

7. 只靠修建水库调节四季流量,无法从根本上解决黄河断流的问题。( )

8. 黄河已从一条常流河变成了一条季节性河流,断流已完全不可避免。( )

9. 2000年以后,要解决黄河断流问题就必须搞南水北调。( )

10. 文章认为,南水北调也是当前亟待解决的问题。( )

五、请按逻辑顺序排列下列句子:

1. A. 致使大量淡水无法使用

B. 其中只有5%经过了处理

C. 其余的都排放到城市附近的河道和沿海

D. 人类每天有200万吨的排泄(xiè)物

(1) (2) (3) (4)

2. A. 那时,几乎所有的城市都将大量缺水

B. 在发展中的国家将更加严重

C. 到20世纪末,人类将消耗掉一半地表流水

D. 目前全球已有16%的城市人口缺水

3. A. 而实际上淡水资源是非常有限的
   B. 可以说是"取之不尽，用之不竭"的
   C. 水是最廉价、最丰富的资源
   D. 在人们的传统观念中

   (1)　(2)　(3)　(4)

4. A. 特别是要从儿童和中小学生抓起
   B. 为此政府制定了青少年环境计划
   C. 发展教育事业是实现跨世纪工程的基本要素
   D. 该国政府认为

   (1)　(2)　(3)　(4)

六、回答问题：
   1. 为什么说黄河已从常流河变成了季节性河流？
   2. 黄河断流造成的消极影响有哪几个方面？
   3. 造成黄河断流有哪些原因？
   4. 作者在文章中提到，要避免黄河断流应采取哪些措施？
   5. 你认为黄河断流现象说明了什么？

七、快速阅读：(限时 4 分钟)

满振英和他的
23 个孩子

黑　雪

　　前不久，在广西北海市举行了一个特别的仪式，15 岁的瑶族孤儿覃文婧，终于有了自己的家——北海市银丰城市信用社，从而告别了流浪的生活，成为"银丰的女儿"。

　　说起上初中二年级的覃文婧，知情人都流泪难过。她自幼父母离异，随母生活，后随母改嫁。屋漏偏遭连阴雨，不久继父病逝，可怜的母女俩相依为命。可灾难还是接二连三无情地发生在幼小的覃文婧身上。1994 年 10 月，其母患不治之症不幸病逝。看到无家可归、孤苦伶仃的她，其母原单位的叔叔阿姨收留了她，用两张桌子在工厂楼的一角搭起一张床，算是小覃文婧的一个家。但由于长期生活缺少营养，饱一顿、饥一顿。没有菜，就把米饭做好，加一点盐拌着吃。生活的艰难并没有磨掉她求学的意志，始终坚持上学。

　　一个偶然的机会，银丰信用社主任满振英知道后，决定把覃文婧接到信用社住，今后的

59

学习、生活，一切费用全部由信用社来承担，并准备将来送小覃上大学，使她成为一个对社会有用的人才。

满振英一生中做这样的好事说也说不完。1996 年 6 月，他了解到铁山港区 22 名失学儿童的情况后，又带领大家捐资 2 万多元，解决了这些失学儿童 3 年的学习、吃饭、穿衣、医疗等费用，并设置了奖学金，鼓励他们好好学习。他还经常去学校了解情况，为学生送去衣服、学习用品。

选自《人民日报》1998 年 4 月 10 日

问题：
　　简单介绍一下满振英和他的 23 个孩子的情况。

阅 读 （一）

黄河，一条古老的河，一条拥有中华民族光辉灿烂历史的河，也是一条多灾多难的河……人们在享受黄河哺育的同时，也时常受到它的

悬剑——黄河的断流与决口

中国科学院　霍明远

灾难的侵害。

80 年代，随着中国经济发展速度加快，下游的山东、河南两省，经济发展带动了对水资源的大量需求，中上游省区，在农牧业上也大量建设引黄灌溉工程。尤其是甘肃、山西、陕西三省大耗水

的能源、原材料工业基地建设，突然使人们的思想观念有了一个根本性的转变：黄河水不再是多得到处泛滥，而是很快就不够用了。80 年代初，黄河开始了长时间的大范围断流的历史，揭开了黄河演变的新篇章。

1981 年，黄河断流时间达 128 天，断流距离为 622 公里，成为 1995 年以前黄河历史上有记录的断流中最长的一次。1996 年，也就是间隔

15 年，黄河断流的时间记录又一次被刷新，达 150 天左右（实际断流 133 天——编者），断距超过 700 公里。黄河的断流已经引起了国家决策层的注意。

1995 年，黄河断流造成经济损失达 60 亿元人民币，预计今后黄河断流损失每年将超过百亿元人民币。研究结果表明，国民经济愈发展，黄河断流所造成的经济损失愈大。例如，断流 300 公里，1987 年经济损失仅 10 亿元人民币左右，到 1992 年，同样断流 300 公里，损失已上升到 30 亿元，呈 3 倍增长，扣除物价上涨因素，实际损失增长也在 1 倍以上。

黄河的决口与断流,已经成为黄河儿女头上的两把悬剑。从长期趋势看,河床不断淤积抬高,下游多年平均淤积量达 3000 万吨。在最近的 80 年内,除六七十年代河道发生过冲刷外,大多以迭积为特征,河道高悬于地面之上,少则几米,多则 10 米以上。在相同的流量下,河道高,决口的淹没范围广,损失大。治理黄河决口,主要有两种方法,一种是围堵,一种是疏导。因为围堵终将有一个极限高度,而疏导才是良策。但是,含沙量高的河水疏导工程又是一个世界性难题,至今未能彻底解决泥沙处理问题。如果说黄河的决口主要起因于天灾即连降暴雨和大雨的话,那么黄河的断流则主要是人祸即中上游的人工引水量猛增的结果。干旱半干旱地区降雨量时间分布不均匀,春冬干旱和夏秋洪涝有关,也与沿黄省区人工引黄用水量迅速增长有关,而且后者作用明显大于前者,这有黄河有史以来断流的资料为证。每年的断流累计起来的经济损失可能会比一次性决口大。决口与断流,一个是斩立决,一个是慢性自杀。为了解决决口问题,一些科学家认为应在黄河上游兴建水利工程,加大用水量,减少下游水量,从而减少下游水量过多的威胁,避免决口。我国确是这样做了,也达到了在一定时期不决口的目的。但是,按下了葫芦起了瓢。解决了决口,又出现了断流。于是有的科学家又提出"莫把黄河变成内陆河",建议不要再在中上游兴建任何水利工程,以保证下游的用水,因为经济大头在下游,例如中原油田、胜利油田和齐鲁石化等国家大型企业和下游沿黄大中城市的用水生死攸关。彻底解决黄河断流的措施是实施引长入黄工程。断流与决口是黄河的双生子,科学研究表明,断流的时间和距离越长,决口的可能性越大,其损害程度越高。应千方百计避免冬春断流长、夏秋又决口的严峻情形的出现,最大程度地减少双重经济损失。

选自《人民日报》1996 年 9 月 13 日

〜〜〜〜〜〜〜〜〜〜〜〜〜〜〜〜〜〜〜〜〜〜〜〜〜

生　词

1. 灿烂	(形)	cànlàn	光彩鲜明耀眼。 brilliant
2. 哺育	(动)	bǔyù	比喻培养。 ①feed ②nurture
3. 泛滥	(动)	fànlàn	江河湖泊中的水溢出。 overflow
4. 刷新	(动)	shuāxīn	打破旧的创造新的(纪录、内容)。 surpass
5. 冲刷	(动)	chōngshuā	水流冲击,使泥沙流走。 wash down
6. 迭积	(动)	diéjī	不断重复堆积。

			pile up
7. 围堵	（动）	wéidǔ	拦挡堵截，不让通过。
			dam a river
8. 疏导	（动）	shūdǎo	开通水道，使水流畅通。
			dredge
9. 人祸	（名）	rénhuò	人为的祸害。
			man-made calamity
10. 斩立决		zhǎn lì jué	立即斩首处决。
			execute by decapitation

专　　名

| 齐鲁石化 | Qílǔ Shíhuà | 企业名。 | name of an enterprise |

练　习

判断正误：

1. 黄河对于中华民族的发展既有利也有弊。（　）

2. 到了 20 世纪 90 年代以后，黄河带给两岸人民的威胁是断流而不是决口。（　）

3. 黄河每年断流造成的经济损失累计起来比一次性决口造成的损失可能还要大。

（　）

4. 治理黄河决口的办法，围堵胜于疏导。（　）

5. 彻底解决黄河的泥沙处理问题，目前在世界上尚无良策。（　）

6. 作者认为，彻底解决断流问题只能引长入黄，而不是南水北调。（　）

7. 作者最大的希望是同时避免黄河的断流和决口两种严峻情形的发生。（　）

8. "两把悬剑"就是两种十分可能发生的危险。（　）

9. 不论决口还是断流都属于天灾而非人祸。（　）

10. 科学研究表明，黄河断流时间和距离越长，黄河决口的可能性也越大。（　）

阅读（二）

每年3月22日是联合国确定的"世界水日"。今年"世界水日"的口号是"为干渴的城市供水"。这个口号恰好抓住了当前全球城市发展中一个最严重、最困难的问题。

随着全球都市化的发展，到本世纪末，世界人口大约有一半会住在城市。城市的发展带来了经济的繁荣，但同时也带来缺水危机。在人口集中的大城市，其周围的淡水资源是有限的。一旦人口的增长和经济的发展超过一定限度，就出现供水危机。据统计，目前全球已有16%的城市人口缺水。到本世纪末，人类需要消耗掉近一半的地表流水，几乎所有的大城市都将面临缺水的危机。这个问题在发展中国家会更加严重。因为届时全球21个超千万人口的特大城市中有18个在发展中国家。

使缺水危机变得更加严重的还有其他人为原因：第一，水的浪费。全球用水的85%是用于农业灌溉。但这些水中45%在灌渠中就流失了。在城市中，浪费水的现象也比比皆是。发达国家用水毫无节制。发展中国家因市政设施欠缺，也有近一半的水白白漏掉。第二，水的污染。人类每天有200万吨的排泄物，其中只有5%经过了处理。其余的都排放到城市附近的河道和沿海，污染了水源，使大量淡水无法使用。第三，过量开采地下水。许多城市在发展中过度抽取地下水，造成地面下沉的严重后果。同时地下水补充不及，也越采越少。如威尼斯为不被海水淹没，只好停止抽取地下水。

"为干渴的城市供水"

本报驻联合国记者　许世铨　何洪泽

专家们对城市缺水危机十分担忧。特别在发展中国家，缺水直接影响居民的身体健康。在那里，80%的疾病和1/3的死亡是与缺乏清洁饮水有关的。他们认为，如果不采取全球一致的有力行动，让缺水危机发展下去，将来有可能像70年代发生"石油危机"那样，出现世界"淡水危机"，对全球的经济和社会发展产生严重的影响。在某些地区，缺水危机甚至会导致国家之间因争夺水源而发生冲突，影响世界的安全与稳定。

联合国很早就注意到全球的缺水危机。在1976年召开第一次联合国人居会议时即讨论了缺水危机的问题。后来，联大又宣布从1981年始发起为期10年的"国际饮水供应和卫生设施"运动。在这10年中，发展中国家的清洁饮水供应有了一些改进。但由于城市化的迅速发展，缺水危机并没有得到缓解。因此，今年6月，在伊斯坦布尔举行的第二次联合国人居会议上，缺水危机将作为一个主要的议题来讨论。

人居会议秘书长在为今年的"世界水日"发表的讲话中强调，为工农业和日益增长的城市人口，特别是穷人提供足够的淡水，将是各级政府未来面临的最大的挑战之一。我们和子孙后代的生活全依赖于此。

今年的"世界水日",中国将是全球节水宣传活动的东道国。它将和联合国共同举办国际城镇水资源管理会议、"水与发展"国际展览会、儿童纪念"世界水日"活动等。在"世界水日"当天,世界各地将举行地区性"世界水日"活动。人们希望,这些活动能唤起各国政府和人民对缺水危机的警觉,动员起来,找到一个解决的办法。

(本报纽约 3 月 21 日电)

选自《人民日报》1996 年 3 月 22 日

生　　词

1. 灌渠	（名）	guànqú	灌溉农田、草场用的水渠。ditch
2. 比比皆是	（成）	bǐbǐ jiē shì	到处都存在着。can be found everywhere
3. 排泄物	（名）	páixièwù	生物排出体外的废物。excrement
4. 东道国	（名）	dōngdàoguó	作为主人的主办国家。host country
5. 唤	（动）	huàn	呼叫。shout
6. 警觉	（形、名）	jǐngjué	对危险或情况变化敏锐的感觉。vigilance

专　　名

伊斯坦布尔	Yísītǎnbù'ěr	城市名。	name of a city

练　　习

回答问题:

1. 今年"世界水日"的口号是什么? 那一天,中国将同联合国举办哪些活动?
2. 目前全球城市缺水的严重程度如何?
3. 作者认为,使城市缺水危机变得严重的原因有哪些?
4. 专家们认为,城市严重缺水将带来哪些危害?

第 5 课

课　文

有人说:幸福的婚姻是暴风雨中的港湾,不幸的婚姻是港湾中的暴风雨。而今—

婚姻,还是理想中的港湾吗?

赵蓓蓓

在论及家庭的时候,婚姻是我们无法回避的一个话题。婚姻作为男女两性关系中最普遍、最稳定、最成熟的形式已经历了极为漫长的岁月。古人云:夫妻是人伦之本。由婚姻缔结的夫妻关系构成了家庭中最基本的关系,是家庭伦理的基础。婚姻的幸福与否,在很大程度上决定了人生的幸与不幸。婚姻生活的美满和谐是每个已结或欲结姻缘之人的共同渴望,婚姻是许多人理想中的港湾。

在当今中国,伴随着经济生活与社会生活的巨大变化,传统婚姻正受着现代文明前所未有的冲击与挑战。

作者　朱根华

选自《人民日报》1989 年 9 月 5 日

不平静的港湾

其实,婚姻是最能让人感受理想与现实之间差距的东西。有首歌中唱道:不喜欢孤独,却又害怕两个人相处。这句歌词道出了人们在婚姻问题上既渴望又惧怕的两难处境。为了逃避孤独,为了爱情,为了满足人生的种种需求,男人和女人们走进婚姻。然而,要让两个完全独立的异性耳鬓厮磨地终生相守,绝非易事。

婚姻就像一瓶酸甜苦辣咸的五味酒，人生种种滋味尽在其中。于是，在婚姻这个舞台上，便经久不衰地上演着一出出悲喜剧。在一对对新人喜结良缘，兴高采烈地携手揭开人生新的一幕之时，也有不少夫妻却面对婚姻酿成的苦酒长吁短叹，黯然神伤，大多数夫妻都或多或少地领略过或大或小、或冷或热的"婚姻战争"。

我国现有2.67亿个家庭。现存的婚姻带有不同历史时期、地域文化的印迹。不少包办婚姻、买卖婚姻以及盲目、草率的自主婚姻等种种缺乏感情基础的婚姻关系，本身就潜伏着危机。

经济的迅猛发展改变了人们的生存方式，原有的价值观、人生观乃至婚姻观也随之变化，家庭伦理道德处于新与旧、现代与传统的激烈碰撞之中。妇女地位的提高及独立意识的增强，人们对个人幸福、婚姻质量的重视、追求，使本不平静稳固的婚姻生活受到冲击。

另一方面，工作节奏的加快，经济利益的驱使，使许多人陷入一种疲于奔命状态，极易给人的感情及婚姻生活带来不良影响。当男人或女人拖着疲惫的身心返家时，发觉他(她)所面对的是同样一个疲惫不堪的人。加之繁重的家务劳动，使家庭不是充满了火药味，便是了无生气。夫妻间交流的日益减少加重了双方心灵的落寞孤寂，情感饥渴日渐加剧。面对这种缺乏吸引力、凝聚力的家庭，一些人便把目光投向充满诱惑的外部世界。离婚率逐年升高，婚外恋增多，已成为当前引人注目的社会现象。

据民政部统计，1995年，我国离婚对数已达105.5万，突破了百万大关，比上年的97.1万对增加了7.4万对，是同年结婚人数的11.3%。据报载，1995年北京市的离婚人数占当年结婚人数的25%。

经历风暴的人们

尽管离婚一词已不再令人谈虎色变，但人们还是不愿这种事情落在自己头上。可港湾中的风暴往往是骤然而降，让你无法逃避。

一位年逾不惑的大学教师，向记者讲述了他的离异经历。他与前妻青梅竹马，小学、中学、插队都在一起。1977年恢复高考后，他俩先后考上大学，1982年毕业后便结了婚。婚后两人生活很好，很平静。1986年初，在一家公司工作的妻子被单位派到国外考察，历时十个月。回国前一个月，妻子给正在读研究生的他写回两封信，信中内容令他感觉有些异样。妻子回国后，说她已移情别恋，爱上一个陪同翻译，要求离婚。他对妻子的情变毫无思想准备，难以相信和接受。经过八个月的痛苦煎熬，终于同意分手。遭受婚姻打击的他，很长一段时间形同游魂，结果不得不延长一年学业。婚变使这位教师改变了观念。以前他以为，恋爱而成的婚姻是不会改变的，只要爱对方，体贴对方，两人即使有问题，也不会分开。之后他认识到，婚姻也需要努力维系。

这位教师有个同学的妻子，看上了一个没学历但很能干、能挣钱、有车的男人，便离开了只会做学问的丈夫。这位教师的结论是，现在的女孩，物欲强，想找个合适的，太困难。

记者不久前曾到设在北京的一家成立5年、有上千会员的单身俱乐部采访，那里的感情顾问胡女士告诉记者，他们的会员中，因外遇而离异的情况相当多。有些很不错的男性，离异后心很冷，很封闭自己，不愿接触异性，生活处于一种孤苦状态。

俱乐部的单身女性中，有当医生的丈夫给外国人看病而与外国人结婚的；有因丈夫大男子主义太重、什么事都不做而离开丈夫的。一位因无法忍受丈夫的无端猜疑而离婚 3 年的 37 岁的女士对记者说,要找一个合适的人很难,现在的男人不如女人素质提高得快。

曾听一位朋友说,婚姻是人生可能犯的一次错误,但不能犯第二次。有个新结婚的同事坦言,现在结婚没激情。一些未婚者对未来的婚姻也心存恐惧。一位男士说,看到很多中年人家庭不和,婚外恋多,离异多,挺怕的,想自己的婚姻能天长地久,但又不敢奢望,怕双方做不到。

要获得婚姻生活的美满幸福,的确不是件容易的事。它不仅需要夫妻双方生理、心理、体力、智力、脾气秉性、兴趣爱好、生活习惯、家庭教养、文化水准、价值观、人生观、道德观等多方面的契合,还需要足够的爱心、耐心以及尊重、理解、宽容来呵护。婚姻所要求的东西太多,这大概是美满婚姻来之不易的原因。

婚姻也许是人类最不好答的一份考卷。但是我们又必须作答。

选自《人民日报》1996 年 9 月 6 日

生　词

1. 暴风雨	(名)	bàofēngyǔ	大而急的风雨。 storm
2. 人伦	(名)	rénlún	人与人之间的关系,特指父子、夫妇、兄弟等关系。 human relations
3. 姻缘	(名)	yīnyuán	指婚姻的缘分。 the happy fate which brings lovers together
4. 厮磨	(动)	sīmó	相互接触,长时间在一起。 get along (with one another)
5. 滋味	(名)	zīwèi	味道,比喻感受。 taste
6. 悲喜剧	(名)	bēixǐjù	兼有悲喜两种因素的戏剧,一般具有圆满的结局。 tragicomedy
7. 携手		xié shǒu	手拉手,比喻共同做事。 hand in hand
8. 长吁短叹	(成)	cháng xū duǎn tàn	因伤感、烦闷、痛苦不住地唉声叹气。 sighs and groans
9. 黯然神伤		ànrán shén shāng	心中伤感,情绪低落,精神不振。 feel dejected
10. 潜伏	(动)	qiánfú	隐藏,埋伏。 hide; conceal

11. 驱使	（动）	qūshǐ	推动。	

11. 驱使　　（动）　qūshǐ　　推动。
order about

12. 奔命　　　　　bēn mìng　　拼命赶路或做事。
be in a desperate hurry

13. 疲惫不堪　　　píbèi bùkān　非常疲乏，极度疲劳。
be in a state of utter exhaustion

14. 落寞　　（形）　luòmò　　冷落，寂寞。
lonely

15. 凝聚力　（名）　níngjùlì　泛指使人或物聚集到一起的力量。
cohesion

16. 婚外恋　（名）　hūnwàiliàn　指与配偶以外的人发生恋情。
an extramarital affair

17. 谈虎色变　（成）　tán hǔ sè biàn　比喻一提到可怕的事物连脸色都变了。
turn pale at the mention of a tiger

18. 骤然　　（副）　zhòurán　突然，忽然。
suddenly

19. 离异　　（动）　líyì　离婚。
divorce

20. 青梅竹马　（成）　qīngméi zhúmǎ　指男女小的时候天真无邪，在一起玩耍。
a man and a woman who had an innocent affection for each other in childhood

21. 插队　　　　　chā duì　指城市知识青年、干部下放到农村生产队。
(of school graduates in cities) be sent to live and work in the countryside as a member of a production team for a number of years (a practice during the 1960's and 1970's)

22. 煎熬　　（动）　jiān'áo　比喻折磨，在肉体上、精神上受痛苦。
suffer; torture

23. 体贴　　（动）　tǐtiē　视别人的心情和处境，给予细致周到的照顾与关怀。
give every care to

24. 维系　　（动）　wéixì　维持并联系，使之不涣散。
maintain

25. 外遇　　（名）　wàiyù　丈夫或妻子在外面的不正当的男女关系。
extramarital relations

26. 恐惧　　（形）　kǒngjù　害怕。
be afraid

27. 奢望	（名）	shēwàng	过高的希望。
			extravagant hopes
28. 脾气	（名）	píqì	性情。
			temper
29. 秉性	（名）	bǐngxìng	性格。
			disposition
30. 契合	（动）	qìhé	合得来，相互投合。
			agree; get along
31. 呵护	（动）	hēhù	爱护，保护。
			cherish; protect

注　释

不惑

　　"不惑"指人四十岁。意思是人到了四十岁，能明辨是非而不受迷惑。出自《论语·为政》孔子语："吾十有五而志于学，三十而立，四十而不惑，五十而知天命，六十而耳顺，七十而从心所欲，不逾矩。"

报刊词语、句式示例

一、大多数夫妻或多或少地领略过或大或小、或冷或热的"婚姻战争"。

　　连词"或"在两个小句中搭配使用，表示选择。两个"或"与两个相对的形容词一起构成四字格式，除上句中出现的以外，还有"或快或慢"、"或早或晚"、"或前或后"、"或好或坏"等。例如：

　　1. 或赞成，或反对，你总得表示个态度呀。

　　2. 人固有一死，或重于泰山，或轻于鸿毛。

　　3. 或早或晚，人类将面临石油资源的枯竭，这并非耸人听闻。

二、经济的迅速发展改变了人们的生存方式，原有的价值观、人生观乃至婚姻观也随之变化。

　　连词"乃至"连接两项（以上）性质相同或相近的事物或行为，表示事情所达到的最大范围或极限。例如：

　　1. 他的逝世，引起了全国人民乃至世界各国人民的哀悼。

　　2. 所谓性自由、性解放，对配偶、对子女，乃至对自己都不负责的离婚行为，是一种颓废意识的反映，是对社会文明的亵渎。

　　3. 青年志愿者行动内容十分丰富，在为城市居民生活服务方面也很具体，例如照顾老人，看护病人，买粮送菜，乃至拆洗缝补等等。

三、妇女地位的提高及独立意识的增强,使本来不平静稳固的婚姻生活受到冲击。

动词"使"有支使,使用,致使等多项语义。作"致使"用时,一般先说原因,后述导致的结果,以兼语形式出现。例如:

1. 工作节奏加快,经济利益的驱动,使许多人陷入一种疲于奔命的状态。

2. 婚变使这位教师改变了观念。

3. 在发展市场经济、实现物质文明的同时,必须高度重视精神文明建设,使我国在步入现代化强国时,不要付出过大的精神代价。

四、婚变使这位教师改变了观念。以前他以为,恋爱而成的婚姻是不会改变的;之后他认识到,婚姻也需要努力维系。

"以前"(名词)、"之后"都可作状语。"之后"表示上文所说的事情以后。二者呼应,除按时间顺序叙述外,还有情况对比的意思。例如:

1. 以前,他是一名煤矿工人。之后,他参加了中国人民解放军,成了一名战士。

2. 解放以前,我国老人绝大多数是由子女赡养的。新中国成立以后,采取了国家、集体和家庭相结合的方式保障老人的物质生活。

3. 退休改变了张副部长的社会交往。以前,他家门庭若市,请示汇报的,送礼求见的,拉关系走后门的,人来人往好不热闹;之后,"门前冷落车马稀",那些频频来访的人不知道都到哪儿去了。

练　习

一、选词填空:

天长地久	两难处境	尽在其中
长吁短叹	经久不衰	青梅竹马
来之不易	疲惫不堪	前所未有
谈虎色变		

1. 在当今中国,伴随着经济生活和社会生活的巨大变化,传统婚姻正受到现代文明＿＿＿＿＿＿＿的冲击与挑战。

2. "不喜欢孤独,又害怕两人相处",这句歌词道出了人们在婚姻问题上既渴望又惧怕的＿＿＿＿＿＿＿。

3. 多少年来,在人生婚姻这个舞台上＿＿＿＿＿＿＿地演着一出出悲喜剧。

4. 经济利益的驱使,工作节奏的加快,使许多人陷入一种＿＿＿＿＿＿＿的状态。

5. 尽管离婚一词已不再令人＿＿＿＿＿＿＿,但人们还是不愿这种事落在自己头上。

6. 有不少夫妻面对婚姻酿成的苦酒＿＿＿＿＿＿＿,黯然神伤。

7. 一位男士说,希望自己的婚姻能够＿＿＿＿＿＿＿,但又不敢奢望,怕将来做不到。

8. 一位年逾不惑的大学教授与他的妻子＿＿＿＿＿＿＿,小学、中学、下乡插队都在一起,而今却离婚了。

9. 婚姻好像一瓶酸甜苦辣咸的五味酒,人生种种滋味＿＿＿＿＿＿＿。

10. 婚姻要求的东西太多,这大概就是美满婚姻_____的原因。

二、解释句中划线的词语:
1. 古人云:夫妻是人伦之本。
2. 要让两个完全独立的异性耳鬓厮磨终生相伴,绝非易事。
3. 工作节奏的加快,经济利益的驱使,使许多人陷入一种疲于奔命的状态。
4. 繁重的家务劳动,使家庭不是充满了火药味,便是了无生气。
5. 一位教师与前妻青梅竹马,小学、中学、插队都在一起。
6. 一位 37 岁的女士因无法忍受丈夫的无端猜疑而离婚。
7. 在单身俱乐部的会员中,因外遇而离异的情况相当多。
8. 婚姻也许是人类最不好答的一份考卷。但是我们又必须作答。

三、选择正确答案:
1. 在历史长河中,作为男女两性关系中最普遍、最稳定、最成熟的形式是——
   A. 友谊
   B. 爱情
   C. 婚姻
   D. 家庭

2. 当今中国的传统婚姻受到了前所未有的冲击与挑战,其主要原因是——
   A. 现存婚姻潜伏着危机
   B. 妇女地位明显提高
   C. 婚外恋增多,离婚率升高
   D. 经济生活与社会生活变化巨大

3. 文中分析当前中国离婚率升高的原因大体来自——
   A. 三个方面
   B. 四个方面
   C. 五个方面
   D. 六个方面

4. 文章认为,与婚外恋增多现象有直接关系的是——
   A. 工作节奏的加快,经济利益的驱使
   B. 原夫妻缺少交流,家庭缺乏吸引力、凝聚力
   C. 外部世界丰富多彩,充满了诱惑力
   D. 经济发展迅猛,社会生活变化巨大

5. 从单身俱乐部采访看,许多人的离异是由于——
    A. 去国外考察后移情别恋
    B. 对方有了外遇
    C. 现在的女孩物欲强
    D. 男人素质不如女人提高得快

6. 文章说,美满的婚姻对夫妻双方要求的很多,但没有提到——
    A. 生理、心理、体力和智力
    B. 兴趣、习惯、教养和文化
    C. 金钱、物质、权力和地位
    D. 理解、尊重、宽容和耐心

四、判断正误:
    1. 由婚姻缔结的夫妻关系是家庭伦理的基础,是家庭中最基本的关系。( )
    2. 人生的幸与不幸完全决定于婚姻是否幸福。( )
    3. 随着经济的变化和社会的发展,现代文明使传统婚姻受到了空前的冲击与挑战。
                                                                    ( )
    4. 文章认为,现实婚姻与理想婚姻存在着很大差距。( )
    5. 妇女地位的提高及独立意识的增强,有助于巩固现在不平静的婚姻。( )
    6. 据统计,1995 年北京市离婚人数占当年已婚人数的 25%。( )
    7. 文中提到,婚外恋已经成为当前引人注目的社会现象。( )
    8. 一位教授认为,只要爱对方,体贴对方,夫妻就不会分开。作者肯定了这种观点。
                                                                    ( )
    9. 采访单身俱乐部的记者说,现在男人不如女人素质提高得快。( )
    10. 文章认为,要想获得美满幸福的婚姻生活,需要做出很多努力,绝非易事。( )

五、根据课文内容填空:
    1. 在"不平静的港湾"一段中,传统婚姻家庭受到冲击的因素有哪些?
        (1)_____;
        (2)_____;
        (3)_____;
        ……

    2. 在"经历风暴的人们"一段中,涉及离异的具体原因有哪些?
        (1)_____;
        (2)_____;
        (3)_____;
        (4)_____;
        (5)_____;

......

3．概述文章三大部分的段意和作用：

(1)_____；

(2)_____；

(3)_____。

六、快速阅读：(限时 4 分钟)

北京人的优越感：北京比哪儿都好

人们常说，在外地人面前，北京人代表首都；在外国人面前，北京人代表中国。北京市民如何看待首都北京，如何看待和评价自己，他们是否已经具备了一个日益现代化的国际性大都会的居民所具有的良好素质？

在我们的调查中，当被问及"对北京的看法"时，比较国内沿海地区、港台和国外大城市，69.3%的北京市民回答："北京比哪儿都好"。而且，年龄越大和在京居住时间越长，这种感觉越加强烈。特别是曾在外地生活过的北京人对上述问题作出了肯定回答的高达 75.6%。但是，文化程度较高的居民认为"北京比哪儿都好"的比例却低于平均水平，仅为 51.2%。

北京人爱北京是有理由的：63.4%的北京人认为"北京人的社会地位更高"；63.6%的北京人认为"北京人的物质生活更好"；83.8%的北京人认为"北京人的文化生活更丰富"；74.0%的北京人认为"北京人的发展机会更多"。

人们在比较和描述中国地域文化时，一般认为北京人爱关心国内外大事。此次调查证实了这种对北京人的定位。84.4%的北京居民同意"北京人更关心国内外大事"的说法。1995 年有关京、穗、港三地青年政治参与意识的一项调查，曾给北京青年政治参与感打了71.4 分(香港青年仅得 46.6 分)。该次调查显示：40.3%的北京在校学生经常与他人"谈论国内外大事"，这一比例比平均值高出近 12 个百分点。

北京人另一个十分自信的方面，是自认为"北京人更讲精神文明"，对这一问题作肯定回答的占 83.2%。调查还显示：北京人的电视新闻收视率在 90.0%以上(其中每天收看电视新闻的人的比例为 66.6%)，读报率为 77.2%(其中每天读报者为 46.9%)。

(房宁 等)

摘自《中国青年报》1996 年 10 月 12 日

问题：

北京人为什么认为"北京比哪儿都好"？

对此你有什么评价？

阅 读 （一）

浪漫爱情 现实择偶

上官子木

浪漫爱情一直是青年男女所向往的，同时也不乏以此为生活目标者。我的一位女同学就是浪漫爱情的极端崇尚者，她拒绝一切"介绍"，甚至当某位男士无意中看到她的照片而有意钟情时仍断然拒绝，理由是双方没有在浪漫的交往中生情。

然而，对于重实际的大多数中国人来说，都不会因那理论的浪漫至上观而误了婚期，正如多方面的调查所表明的那样，在实际生活中，我们中国人的择偶途径还是以亲朋介绍为主。有趣的是，经"介绍"相识的婚姻较自己相识的婚姻，其稳定性要高得多。

靠熟人"介绍"这种择偶方式的确不浪漫，双方还不认识，就进入了恋爱、甚至婚嫁角色。这种方式是通过先比较双方的个人条件、家庭条件等客观因素，如身高、年龄、学历、家庭背景等，看是否相匹配，满意之后再相处，最后看主观方面条件是否相合，如性格、爱好等等。这种择偶方式的特点是先客观再主观、先外在后内在，比较强调婚姻的门当户对及物质基础。看起来这似乎太缺乏感情色彩，但是这种筛选过程却无形中排除了许多导致家庭矛盾的客观因素，最大限度地降低了婚姻破裂的可能性，这就是"介绍"型婚姻比较稳定的原因。

讲究"门当户对"一直被舆论作为不良倾向加以谴责，然而，事实上，门当户对的婚姻稳定性确实较高。首先，在相近家庭背景中长大的男女双方，容易有较一致的生活方式和价值观念，甚至是较趋同的思维方式。物质基础决定上层建筑，家庭经济条件相近的人容易有较相近的消费观念和消费行为，因而有利于避免家庭经济纠纷；家庭文化背景相近的人容易有较相近的文化价值观，对周围的事物容易有较一致的看法，因而有利于避免家庭成员在社会观念、思维方式诸方面的冲突。还有，相近的家庭背景易于使两亲家和睦相处。在中国，儿女结婚之后，与父母的联系仍然比较密切，亲家之间的往来也很经常，这是我们中国人特有的家庭生活方式，这一特点决定了中国人在择偶时对家庭背景的考虑要远远多于西方人。因此，对于中国人来说，一对青年男女的婚姻并不仅仅是他们两个人的私事，所有直系亲属都会被牵扯进来。

浪漫爱情是不是就没有实际的内容而只有纯粹的感情？我看也不尽然。某女郎在旅游途中邂逅一青年男子，先为其英俊的外貌及潇洒的举止所倾倒，继而得知他在某所需要较高文化程度的研究单位工作，故想当然

74

地认为他至少大学本科毕业,听他所言便觉得句句透着深刻,又观他言语有节,透着稳重,于是大有天设良缘的欣喜。回京后,随着二人的密切交往,女郎得到了更多的信息,男友并未上过大学,靠走后门入了这个高文化单位从事行政工作;男友家庭仅为普通工人;他的语言有限是源自其性格内向,该女郎顿觉热情大减,再听他所言便觉得句句浅薄、乏味。

"美"往往产生于朦胧之中,看一个漂亮姑娘,你离她一米时准比离她一尺时感觉美妙,她脸上的一些细微缺陷只有在离很近时才看得清楚,而在远距离审美时,在朦胧美的基础上人们会下意识地发挥自己的想像力。邂逅相遇的罗曼情就是一种朦胧美的产物,由于缺少足以了解对方的信息,再加上某种诱发良好心境的特定背景的衬托,使人们易于在有限的了解中加入更多的想像而使对方理想化。

"介绍"能成为中国人择偶的主要形式,不仅是由于中国人社交机会少、社交范围窄的缘故,而且也是由于这种方式能够提供大量信息以满足中国人在择偶方面的全方位考虑,并大大降低了想像成分和理想化的可能性。另外,从实效性来看,这种方式使感情"有的放矢",客观而论,也不失为一种实用的择偶方式。

选自《中国青年报》1996 年 8 月 16 日

生　词

1. 浪漫　　　（形）　làngmàn　　　富有诗意,充满幻想。
romantic

2. 匹配　　　（动）　pǐpèi　　　相配、相当。
matching

3. 筛选　　　（动）　shāixuǎn　　　指通过比较淘汰的方法挑选。
screen; sieve; select

4. 门当户对　（成）　mén dāng hù duì　　指男女双方家庭的社会地位和经济状况相当,结亲很合适。
be well-matched in social and economic status（for marriage）

5. 上层建筑　　　shàngcéng jiànzhù　指建立在经济基础上的政治、法律、艺术、哲学等观点,以及相应的政治、法律制度。
superstructure

6. 亲家　　　（名）　qìngjia　　　两家儿女相配的亲戚关系。
in-law(s)

7. 邂逅　　　（动）　xièhòu　　　偶然遇见(原指久别的亲友不期而遇)。
meet by chance

8. 潇洒	（形）	xiāosǎ	（神情举止）自然大方,不拘束,有风度。
			(of a person's appearance, demeanour, carriage, etc.) natural and unrestrained
9. 倾倒	（动）	qīngdǎo	十分佩服或爱慕。
			greatly admire
10. 朦胧	（形）	ménglóng	月光不明,不清楚,模糊。
			(of moonlight) dim
11. 衬托	（动）	chèntuō	为了使事物的特色突出,用另一些事物放在一起来陪衬或对照。
			set off; serve as a foil to
12. 有的放矢	（成）	yǒu dì fàng shǐ	对准靶子射箭。比喻言论或行动目标明确。
			shoot the arrow at the target — have an object in view

练　习-

判断正误:

1. 追求浪漫爱情的男女不愿让别人介绍择偶。（　）

2. 实际生活中,自己相识而成的婚姻普遍比介绍相识而成的婚姻稳定。（　）

3. "介绍"方式择偶的特点是先看客观条件,后看主观条件。（　）

4. 文章认为,"门当户对"这种观点应该受到舆论的谴责。（　）

5. 一般地说,中国人择偶时对家庭背景的考虑比西方人多。（　）

6. 文中讲述了一位女郎在旅途中巧遇一潇洒青年并与他喜结良缘的故事。（　）

7. 文中认为,产生朦胧美的主要原因在于看不到真实的缺陷。（　）

8. 当今,许多中国人择偶并非个人交往、自己相识的。（　）

9. 文章认为,只是由于中国人缺少社会交往机会,才导致了"介绍"成为择偶的主要方式。（　）

10. 文章肯定了经人"介绍"是一种行之有效的择偶方式。（　）

阅读（二）

离婚是个人的不幸、家庭的不幸，是当事者无奈的选择；离婚率上升则是社会的不幸，是社会经济利益调整过程中所出现的非理性的冲动。

离婚是纷纭万象的社会现实对婚姻关系的冲击，是社会矛盾转入家庭而造成的不得已的结局；离婚率上升则在某种程度上反映出社会的浮躁和不安，对婚姻和家庭的未来失去信心，对社会来说这决非幸事。

离婚率高低与社会进步的关系还难一概而论。作为社会的细胞，家庭若是受到离婚率频升的困扰，社会稳定和进步的基础又在哪里？如果说离婚率上升代表了社会进步，那么，对那些历尽艰辛的单亲家庭，对那些饱尝苦难的被离异父母所遗弃的孩子，我们又该说些什么？

在由计划经济体制向市场经济体制转变过程中，人们的价值观、人生观、婚姻观发生了很大变化，对家庭、对婚姻有了新的积极的追求，一些人却忽然发现多年来自己是生活在"不道德的婚姻"中，他们不再耽于和睦平静的家庭生活，去寻找爱情的婚姻；另有一些人面对社会分配的倾斜心理失衡，将离婚视为改变自己处境的跳板；更有夫权至上者滥施淫威，以暴力作为维系家庭的手段。由此观之，离婚率的上升不外乎对旧式婚姻状况的不满、追求婚外恋、移情别恋、身染恶习、家庭暴力、夫妻生活不和谐、家庭关系难处，等等，哪种是由社会进步所使然？哪种又是为社会进步所不齿？

在离婚者中，既有善良的人对家庭暴力和恶习的反抗，也有轻浮的人抛家弃子另求新欢；既有摆脱旧式婚姻束缚的解放，也有盲目追求情感愉悦寻求精神寄托而不能自拔，终至婚姻关系破裂。离婚本是一种正常的社会现象，它是调整家庭矛盾无可回避的最终选择，但不论出于何种动机，它对家庭、对社会都是一场悲剧，它对当事人造成的痛苦和伤害同样不言而喻。而当前所出现的离婚率上升趋势，未必是值得称道的，功利主义的作祟难逃其咎。

社会经济利益的调整，使人们的观念发生许多变化，而观念作为意识形态的表现又是一定社会的政治和经济的反映，离婚率的上升或许是社会进步过程中人们在婚姻关系上所付出的代价。

离婚率上升是社会的不幸 ●虞和凡

选自《经济日报》1995 年 10 月 11 日

生　　词

1. 无奈	（形）	wúnài	无可奈何，没有办法。
			have no choice
2. 理性	（名）	lǐxìng	从理智上控制行为的能力。
			reason; the rational faculty
3. 浮躁	（形）	fúzào	轻浮，急躁。
			impetuous; impulsive
4. 单亲家庭		dānqīn jiātíng	指孩子只随父亲或母亲一方生活的家庭。
			single-parent family
5. 遗弃	（动）	yíqì	对应赡养或抚养的亲属抛开不管。
			abandon; forsake
6. 耽（于）	（动）	dān(yú)	沉溺（于）；迷恋（于）。
			indulge in
7. 淫威	（名）	yínwēi	滥用的威力。
			abuse of power
8. 使然	（动）	shǐrán	（由于某种原因）导致这样。
			result in
9. 不齿	（动）	bùchǐ	不愿意提到，表示鄙视。
			despise; hold in contempt
10. 不言而喻	（成）	bù yán ér yù	不用说就可以明白。
			it goes without saying
11. 咎	（名）	jiù	过失，罪过。
			fault; blame

阅　读（三）

～～～～～～～～～～～～～～～～～～～～～～～～～～～～～

人类获得离婚自由是社会进步的表现

陈　明　侠

　　我们认为，不能简单地把离婚率的高低与社会进步与否直接联系起来，以简单的判断式结论加以说明。因为这不符合社会实际。在当代社会，具体情况应该具体分析。

在当代,随着社会现代化的发展,家庭职能和人们伦理观念的发展变化,婚姻关系相对松散、离婚率有所上升是不可避免的。但这绝不是说离婚率上升和社会进步之间可以划等号。因为离婚率的高低是一个受多种因素制约,非常复杂的问题。它不仅受到经济发展的影响,而且受到民族习俗、社会习惯、文化传统、伦理道德观念及宗教等许多因素的影响。

对于冲破封建束缚、包办买卖婚姻而选择离婚道路,要求重获结婚自由而导致离婚率上升,是一种革命。如50年代初,我国开展宣传婚姻法运动,破除封建婚姻,法院一年受理离婚案件达百余万件。以当时五亿人口计算,其离婚率比后来任何一个时期的离婚率都高。虽然如此,却是社会进步的表现。

对于那些勇于摆脱受虐、暴力等不幸婚姻,走上离婚道路的妇女来讲,也无疑是可歌可泣的,它表现了妇女摆脱依赖性,自尊自立,自我意识的觉醒,是男女平等离婚权的实现,是社会进步的反映。

对于那些为摆脱已经死亡、没有任何爱情的痛苦婚姻而要求离婚的行为,也是可以理解的,是社会文明的表现。

但是对于那些草率对待婚姻,把结婚视为儿戏,有如在半年、一个月、甚至一周内就完成了相识、相恋、结婚到离婚的全过程的行为,怎么能说是社会文明进步的表现呢?至于性自由性解放,对对方、对子女,乃至对自己都不负责任的任意离婚行为,并由此而造成离婚率上升的现象,绝不是社会进步的表现,而是一种颓废、腐朽意识的反映,是对社会文明的一种亵渎。应该受到社会的谴责。

这些年来,我国离婚率确实呈现上升的趋势。但从全国来看是逐步、平稳地上升的。80年代公布婚姻法后,当年离婚率为4.75%(指当年离婚对数与结婚对数之百分比),1985年5.48%,1990年8.43%,1994年是10.56%,以大约每五年平均1.94个百分点的速度增长。与世界各国相比较,我国离婚率是世界上偏低的几个国家之一。

当然,不可忽视的,在城市、特别是大城市中的离婚率上升比较快。如90年代以来,1990年北京的离婚率为15.27%、天津8.72%、上海15.33%。但1994年北京达到22.22%,天津16.21%,上海23.70%。无疑,这与大城市开放程度高,经济发达及人们文化教育水平较高,人们的权利意识相对比较强、思想观念变化快,对婚姻质量要求更高,有很大关系。但同时,也要看到,这其中也有不少人轻率地对待婚姻问题,自私自利,只图个人享乐,没有社会责任感,践踏离婚自由原则,而导致离婚率上升的现象。对此,我们首先应从尊重、珍惜离婚自由权利,夫妻应相互忠诚、互尊互爱等方面作好社会舆论的导向工作;其次我们应举办各种层次、各种类型的婚姻辅导学校,开展生理、心理、法律等咨询活动,提高人们对离婚自由的正确认识和如何维护婚姻幸福、家庭和睦的知识水平和处理婚姻危机的能力;当然,对极个别道德败坏者,也必须给予应有的处罚……

总之,我们应该正确对待离婚率上升问题,既不大惊小怪,也不等闲视之。我们应该认真接受西方发达国家的经验教训,在发展市场经济,实现物质文明的同时,高度重视精神文明建设,使我国在步入现代化强国之时,不必为付出过大的精神代价而悔恨。

选自《经济日报》1995年10月11日

生　词

1. 判断　　　（动）　pànduàn　　　断定,下结论。
   judge

2. 束缚　　　（动）　shùfù　　　　使受到约束限制。
   tie; bind up

3. 可歌可泣　（成）　kě gē kě qì　值得歌颂,使人感动得流泪。
   move one to song and tears

4. 颓废　　　（形）　tuífèi　　　　意志消沉,精神萎靡不振。
   dispirited

5. 亵渎　　　（动）　xièdú　　　　轻慢,不尊重。
   blaspheme

6. 谴责　　　（动）　qiǎnzé　　　　责备,严正申斥。
   condemn

7. 咨询　　　（动）　zīxún　　　　征求意见。
   seek advice from

8. 等闲视之　　　　　děngxián shì zhī　随随便便地看待它。
   regard as unimportant

练　习

回答问题:
1. 阅读(二)为什么说离婚"决非幸事"?
2. 阅读(二)是怎样反对"离婚"与"社会进步"相关这一说法的?
3. 阅读(二)是怎样看待离婚的?
4. 阅读(二)是怎样评价离婚率上升的?
5. 阅读(三)认为哪些离婚是社会进步的表现?
6. 阅读(三)是怎样分析当前中国城市离婚率上升这一现象的?
7. 读完两篇文章后,你更赞同哪篇文章的观点?为什么?
8. 在你们国家人们是怎样看待离婚率上升这一社会问题的?

第 6 课

课　文

甲:联合国宣布 1996 年为"国际消除贫困年"。国际上对界定贫困有没有一个具体的标准?

乙:很难对"贫困"定一个具体标准,因为贫困表现在收入低下、营养不良、缺乏必要的社会服务、政治社会地位低下等诸多方面。国际机构确定一个国家是否属于贫困对象时还要考察该国的人均预期寿命、5 岁以下儿童死亡率、国民受教育程度、居民医疗保健状况、每日卡路里摄取量、洁净水饮用等人文社会发展指标。另外,各国颁布的贫困线标准也不一样,美国确定人均年收入低于 5400 美元便可列入贫困行列,而莫桑比克人均国民收入仅 80 美元,两者显然是不能同日而语的。为了提供一个适用于国家间比较的衡量标准,世界银行 1993 年规定年人均国民生产总值 380 美元为贫困线指数;低于这个指数,就属于贫困行列。

甲:从世界范围看,目前贫困面有多大?

乙:据联合国统计,目前全世界有 13 亿贫困人口,比 3 年前增加了 3 亿;有 15 亿人没有获得最基本的医疗服务;有 10 多亿人缺乏安全饮水等基本生活条件;在全球 28 亿劳动力中,1.2 亿人长期失业,7 亿人处于半失业状态;每天处于饥馑之中者高达 7.5 亿人;每年约有 1300 多万人死于饥饿、营养不良等与贫困有关的原因。就地区而言,亚太地区有 8 亿穷人;非洲 6.3 亿人口中,约有一半挣扎在饥饿线上;拉美有 2 亿人口生活在贫困线之下。在全球 200 多个国家和地区中,59 国人均收入在 380 美元以下;被联合国列为最不发达的 48 个国家中,33 个在非洲,13 个在亚太地区,两个在拉美。世界范围内贫富差别继续扩大,两极分化严重,20% 的富人占有全球 83% 的财富,20% 的穷人仅享有世界收入的 1.4%;最发达国家与最不发达国家年人均收入相差近 500 倍。西方国家也有 15% 的人属贫困阶层。

甲:过去 50 年,世界财富增加 7 倍,为什么贫困问题却依然突出?

乙:造成贫困的因素很多,发达国家与发展中国家的贫困在根源和特征上有所不同,发展中国家也因历史、经济、文化和自然条件不同而差异甚大,但大体上可这样归纳:首先,由于长期遭受帝国主义殖民主义剥削,生

消除贫困　刻不容缓

黄泽全

产力不发达是导致发展中国家出现贫困的重要原因;其次,不合理的国际经济秩序严重制约着发展中国家的经济发展;此外,人口增长过快、生态环境恶化、政局动荡,也是造成发展中国家贫困的不可忽视的原因。

甲:人类能够实现消除贫困的愿望吗?

乙:联合国成立之时就将消除贫困写进了宪章。后来又多次召开解决世界性贫困的会议,帮助最不发达国家制定具体的发展目标,并在官方发展援助和减免债务等方面提供了一系列国际支援和帮助措施。为了消除贫困,许多国家做了长期、大量的工作,取得了可喜成果,例如中国的绝对贫困人口已从80年代初的2亿降到目前的7000万,印度生活在贫困线以下的已从1961年的占总人口57%下降到目前的不到30%。进入90年代以来,全球绝对贫困人口的比例已有所下降,不少发展中国家居民生存质量得到明显提高。这表明,贫困并非是"不治之症"。

甲:消除贫困的有效途径何在?

乙:从历史经验看,并不存在各国通用的治贫药方,而是需要各国根据本国国情制定一项涉及政治、经济及社会等各个领域、旨在促进经济发展的综合发展战略。去年在哥本哈根举行的联合国社会发展首脑会议上,中国代表团提出的"消除贫困是维护人的生存权的要求,消除贫困必须致力于发展经济,消除贫困需要政府的组织和帮助,消除贫困应当开展积极的国际合作,消除贫困需要发达国家作更多的贡献"的5点主张,对消除贫困现象是积极和适用的。实践证明,只有提供消除贫困的物质基础和提供使贫困人口能够获得彻底摆脱贫困的能力和手段,才能防止贫困现象的继续。

需要指出的是,发达国家对造成发展中国家的贫困有着不可推卸的责任,因此应承担更多的义务。联合国历次有关会议一再要求发达国家为消除贫困作出实际贡献,发达国家早在70年代初就曾承诺将其国民生产总值的0.7%—1%作为"官方援助"提供给发展中国家。但是,这个目标现今不仅没有达到,反而在不断下降。目前,经合组织成员国对贫困国家的援助仅占它们当年国民生产总值的0.29%,不到这个指标的一半。美国、日本等主要发达国家都削减了多边援助,而根据政治需要和附加条件增加了双边援助,这无助于人类实现消除贫困的愿望。

只有全人类共同努力,穷国富国遵循平等互利原则,不断加强国际合作促进人类共同富裕,消除贫困的愿望才能最终变为现实。

选自《人民日报》1996年2月7日

生　词

1. 刻不容缓	（成）	kè bù róng huǎn	片刻也不能拖延,形容形势紧迫。 brook no delay
2. 界定	（动）	jièdìng	划定界限,确定所属范围。 draw a line of demarcation
3. 诸多	（形）	zhūduō	许多,好些个。 a lot of
4. 卡路里	（名）	kǎlùlǐ	表示热量的单位。 calorie

82

5. 摄取	（动）	shèqǔ	吸收。
			absorb; take in
6. 人文	（名）	rénwén	指人类社会的各种文化现象。
			humanity
7. 指标	（名）	zhǐbiāo	计划中规定达到的目标。
			target
8. 同日而语	（成）	tóng rì ér yǔ	相等，相提并论，把不同的人或事放在同等的地位来对待（用于否定式或反问句）。
			（usu. used in the negative）mention in the same breath
9. 指数	（名）	zhǐshù	表明经济现象变动的比数；作为比较标准的数字。
			index
10. 饥馑	（名）	jīJǐn	饥荒。庄稼收成不好，生活困难。
			famine
11. 挣扎	（动）	zhēngzhá	用力支撑。
			struggle
12. 两极分化		liǎngjí fēnhuà	向两个极端或两个对立面分裂变化。
			polarize
13. 归纳	（动）	guīnà	归拢并使之有条理。
			induce; sum up
14. 殖民主义	（名）	zhímínzhǔyì	殖民：强国向它所征服的地区移民。资本主义强国对弱小国家或地区进行扩张统治、奴役和剥削。
			colonialism
15. 剥削	（动）	bōxuē	无偿地占有别人的劳动或产品。
			exploit
16. 动荡	（动）	dòngdàng	比喻情况不稳定，不平静。
			turbulent
17. 宪章	（名）	xiànzhāng	典章制度，规定国际机构的宗旨、原则、组织的文件。
			charter
18. 债务	（名）	zhàiwù	指所欠的钱。
			debt
19. 旨	（名）	zhǐ	目的、意义。
			purpose

20. 推卸	（动）	tuīxiè	不肯承担(责任)。
			shirk（responsibility）
21. 附加	（形、动）	fùjiā	附带的,额外的。
			additional

专　名

1. 莫桑比克	Mòsāngbǐkè	国名。	Mozambique, name of a country
2. 拉美	Lāměi	拉丁美洲。	Latin America
3. 亚太地区	Yàtài Dìqū	亚洲及太平洋地区。	Asian and Pacific area
4. 印度	Yìndù	国名。	India, name of a country
5. 哥本哈根	Gēběnhāgēn	城名。	Copenhagen, name of a city

注　释

1. 国际消除贫困年:

　　1995 年 3 月,联合国在哥本哈根召开了社会发展世界首脑会议。180 多个国家的领导人和代表在会上共同确定,1996 年为"国际消除贫困年",其主题是"消除贫困,社会融合,促进发展"。1995 年 12 月 18 日联合国举行特别会议,正式宣布 1996 年为"国际消除贫困年",呼吁各国政府和人民行动起来,向贫困宣战,消除贫困现象。

2. 经合组织:

　　经济合作和发展组织(OECD)的简称,1961 年 9 月成立的西方国家政府间的经济合作组织。会员国有英、法、意、德、加拿大、美国、澳大利亚、新西兰、日本等 24 个国家。

报刊词语、句式示例

一、就地区而言,亚太地区有 8 亿穷人;非洲 6.3 亿人口,约有一半挣扎在饥饿线上;拉美有 2 亿人口生活在贫困线之下。

　　介词"就"表示所涉及的对象或范围。"就……而言"是"从……方面来说"、"对于……来说"的意思。也说"就……而论。"例如:

　　1. 就语言技巧而言,这部小说中运用得更加成熟,作者的个性风格也更加突出。

　　2. 就我而言,这件小事算不上什么,你不要介意,不要耿耿于怀。

　　3. 就社会而言,总是存在着收入差距,总会有人生活在消费水平的较低层,相对贫困总是有的。

二、造成贫困的因素很多,但大体上可这样归纳:首先是帝国主义、殖民主义剥削;其次是国际经济秩序不合理;此外,政局动荡,人口增长过快也是不可忽视的原因。

　　"首先"、"其次"相对应,在列举事物时表示第一和第二。与"此外"连用,补充新事物,可

84

看作第三。例如：

    1. 当我们调查青年对人生幸福的看法时，在 10 个选择项目中，排在前三位的首先是"为社会做贡献"；其次是"事业成功"，此外还有"建立美满和谐的家庭"。

    2. 我国人口问题严峻的原因有三方面：首先是人口基数大；其次，婚龄育龄妇女多；此外，与近年来流动人口计划生育失控有关。

    3. 从以往的司法实践经验来看，严重的家庭暴力案件一是发生在包办买卖婚姻场合；二是发生在夫妻感情不和分居的情况下；三是发生在离婚诉讼过程之中。

三、需要指出的是，发达国家对造成发展中国家的贫困有着不可推卸的责任，因此应承担更多的义务。

    "……的是"这种表达方式，一般由"助动词＋动词＋的"构成名词性短语，放在"是"前，置于句首，并用逗号分开，表示强调，语气加重。例如：

    1. 必须强调的是，在扶贫工作中，各级主要领导都要亲自动手抓班子，抓典型，亲自动手解决扶贫工作中遇到的紧要问题。

    2. 我们尊重信仰自由。应该说明的是，个人有信仰宗教的自由，同样，个人也有不信仰宗教的自由。

    3. 争购证券投资基金的人蜂拥而至，交易大厅里人声鼎沸。需要指出的是，相当一批人是在凑热闹，只想投资少，赚大钱，实际上对基金的风险考虑很少。

四、发达国家早在 70 年代就曾承诺将其国民生产总值的 0.7%—1% 作为官方援助提供给发展中国家。但是，这个目标现今不仅没有达到，反而在不断下降。

    "不仅"、"反而"，连词，连接两个并列的词组或小句，前边是否定式，后边是肯定式，指出与前边相反的情况。例如：

    1. 困难不仅没有吓倒他，反而更加坚定了他的信心。

    2. 近五年来，世界范围的贫富差距不仅没有缩小，反而继续扩大。全球贫困人口不仅没有减少，反而增加了许多。

    3. 有的家长望子成龙，星期天总把孩子关在屋子里学习，做作业，结果不仅学习成绩没上去，反而把身体累垮了。

练 习

一、解释句中划线的词语：

    1. 美国确定人均年收入低于 5400 美元便可列入贫困行列，而莫桑比克人均国民收入仅 80 美元，两者显然是不能同日而语的。

    2. 就地区而言，亚太地区有 8 亿穷人；拉美有 2 亿人口生活在贫困线以下。

    3. 贫困并非是"不治之症"。

    4. 从历史经验看，并不存在各国通用的治贫药方，而是需要各国根据本国国情制定一项旨在促进经济发展的战略。

5. 一些主要发达国家都削减了<u>多边</u>援助,而是根据政治需要和附加条件增加了<u>双边</u>援助,这<u>无助于</u>人类实现消除贫困的愿望。

二、选词填空:

处于　　　属于　　　死于　　　低于　　　由于　　　鉴于

以至于　　适用于　　无助于　　致力于

1. 世界银行规定年人均国民生产总值 380 美元为贫困线指数,_____这个指数就_____贫困行列。

2. 在全球 28 亿劳动力中,1.2 亿人长期失业,7 亿人_____半失业状态;每天_____饥馑之中者高达 7.5 亿人;每年约有 1300 多万人_____饥饿、营养不良等与贫困有关的原因。

3. 消除贫困必须_____发展经济。

4. 主要发达国家削减了多边国际援助,这_____人类实现消除贫困的愿望。

5. _____长期遭受帝国主义殖民主义剥削,生产力不发达是导致发展中国家出现贫困的重要原因。

6. 为了提供一个_____国家间比较的衡量标准,世界银行规定了贫困线指数。

7. _____近五年来全球贫困人口增加了 3 亿,联合国决定 1996 年为国际消除贫困年。

8. 扶贫的款项在转交的过程中流失过多,_____国家为扶贫付出的代价远远高于贫困人口从中得到的好处。

三、用指定词语改写句子:

1. 贫困表现在收入低下,营养不良,缺乏必要的社会服务,政治社会地位低下等好些个方面。(诸多)

2. 世界范围内贫富差别继续扩大,出现了穷的更穷,富的更富的现象。(两极分化)

3. 造成贫困的因素很多,发达国家与发展中国家的贫困在产生的根本原因和特征上有所不同。(根源)

4. 发展中国家的贫困也因历史、经济、文化和自然条件不同而差异很大,但就多数情形和主要方面说可以归纳为三个原因。(大体上)

5. 不合理的国际经济秩序严重地限制和影响了发展中国家的经济发展。(制约)

6. 政局的不稳定,也是造成一些发展中国家贫困的不可忽视的原因。(动荡)

7. 一个国家的经济综合发展战略关系到政治、经济及社会等各个领域。(涉及)

8. 一些发达国家不肯承担为消除全球贫困的责任,削减了对贫困国家的官方援助。(推卸)

四、判断正误:

1. 文章说,对于贫困世界各国并没有一个统一的具体标准。(　　)

2. 1993 年,美国确定人均国民生产总值低于 380 美元的,属于贫困之列。( )

3. 据联合国统计,目前世界贫困人口 13 亿,比三年前增加了许多。( )

4. 目前在全球 28 亿劳动力中,有 8 亿多人处于长期失业或半失业状态。( )

5. 世界上每年约有 1300 万人由于饥饿、营养不良等与贫困有关的原因而死亡。( )

6. 就地区而言,贫困人口最多的是非洲。( )

7. 据联合国统计,世界上最不发达的国家有 48 个,大部分在非洲。( )

8. 在西方发达国家,每 100 个人中也有 15 人属于贫困阶层。( )

9. 发展中国家的贫困与过去长期遭受帝国主义、殖民主义的侵略剥削有很大的关系。

( )

10. 文章认为,发展中国家的贫困导致了国际经济秩序的不合理。( )

11. 发展中国家人口增长过快也是造成贫困的一个重要原因。( )

12. 中国和印度贫困人口的减少表明,大国容易消除贫困。( )

13. 中国政府认为,维护人的生存权要求消除贫困。( )

14. 发展中国家贫困现象严重,所以发展中国家在消除贫困方面应该承担更多的义务。

( )

15. 联合国规定,发达国家有义务把他们国家 0.7%—1% 的国民生产总值作为"官方援助"提供给发展中国家。( )

五、根据课文内容填空:

1. 界定贫困没有统一标准,世界银行规定的贫困线指数为_____。
   文中提到贫困涉及许多方面,如:
   (1)_____ (2)_____
   (3)_____ (4)_____
   (5)_____ (6)_____
   (7)_____ (8)_____

2. 通过具体数字可以反映世界范围的贫困现象。下列数字说的是什么?
   (1)13 亿_____;
   (2)15 亿_____;
   (3)10 多亿_____;
   (4)1.2 亿_____;
   (5)7 亿_____;
   (6)7.5 亿_____。

3. 造成贫困的原因很多,文中提到:
   (1)_____;
   (2)_____;
   (3)_____;
   (4)_____;

87

(5)＿＿＿＿＿＿＿＿＿＿＿＿＿＿＿＿＿。

　4.中国政府在联合国社会发展首脑会议上提出消除贫困的五点主张是：

　　(1)＿＿＿＿＿＿＿＿＿＿＿＿＿＿＿＿＿；

　　(2)＿＿＿＿＿＿＿＿＿＿＿＿＿＿＿＿＿；

　　(3)＿＿＿＿＿＿＿＿＿＿＿＿＿＿＿＿＿；

　　(4)＿＿＿＿＿＿＿＿＿＿＿＿＿＿＿＿＿；

　　(5)＿＿＿＿＿＿＿＿＿＿＿＿＿＿＿＿＿。

六、快速阅读：(限时 2 分钟)

美国学生武装进校园

　　枪支的严重泛滥是美国校园内恶性犯罪事件增多的一个重要原因。美"防止手枪暴力中心"近日公布的一份调查显示，美国百姓拥有枪支的数量为 1.9 亿枝，35% 的家庭中至少有一枝手枪。报告称，枪支的严重泛滥使得青少年很容易得到他们想要的武器。如今，在美国校园中，12% 的学生带枪上学。

　　不久前，美国阿肯色州两名中学生枪杀本校师生的血案不仅震惊了整个美国，也引发了美国民众对青少年犯罪问题的议论和反思。在这次事件中，4 名女学生和 1 位女教师饮弹身亡，另有 11 人受伤。美国国家统计中心的一份报告显示，去年美校园涉枪暴力案件达 11000 多起，更有甚者，有一名 4 岁儿童竟因两次携带子弹上膛的手枪上幼儿园而被捕。

选自《北京青年报》1998 年 4 月 8 日

问题：文中提到一件什么事"震惊了整个美国"？

阅读（一）

反贫困：路有多远

林红梅

"国家八七扶贫攻坚计划"是党中央、国务院的一项重大战略决策，是关系到我国国民经济和社会发展的全局性问题，在国际、国内引起强烈反响，受到很高评价和高度关注。两年过去了，"国家八七扶贫攻坚计划"发展如何？能不能如期实现？记者近日走访了我国从事扶贫工作的一些专家和管理部门，他们就这个问题作出了答复。

扶贫攻坚局面已经打开，四年减少绝对贫困人口 1500 万

1994 年 3 月，国务院制定并在全国开始实施"国家八七扶贫攻坚计划"，明确提出，力争用七年时间，基本解决全国农村 8000 万贫困人口的温饱问题，在我国消灭绝对贫困。国务院扶贫开发领导小组办公室说，从全国范围看，近两年来，扶贫攻坚的局面已经打开，为"八七计划"的顺利实现打下了一定的基础。绝大多数省、区都作出了知难而进、志在必得的过硬决策，各省、区对贫困地、县落实了有关部门的扶贫责任制，制定了考核和奖惩办法。从 1992 年底到 1995 年底，全国农村尚未解决温饱的贫困人口已经减少了 1500 万人，从 8000 万下降到了 6500 万。在全世界发展中国家贫困问题积重难返、贫困人口居高不下、甚至持续扩大的背景下，这是一个很了不起的成绩。

完成有三大困难：难度大、时间紧、投入不足

方方面面人士清醒客观地认识到，要在本世纪末最终实现"八七扶贫攻坚计划"确定的战略目标，任务还非常艰巨，面临众多困难。困难主要有三个：一是扶贫难度很大。现在剩下的贫困人口，大多分布在石山区、深山区、荒漠区、黄土高原区、边疆地区、少数民族地区、地方病高发区以及库区、滩区，地域偏远，资源匮乏，交通不便，科技落后，信息不灵，经济水平低，教育程度差。这是最难啃的硬骨头，是扶贫攻坚的难中之难，重中之重；二是时间紧迫。"八七计划"要求在本世纪末基本解决绝对贫困问题，这意味着，除去已经解决的 1500 万人，扶贫攻坚必须从现在开始，到本世纪末的 5 年间，以每年解决 1300 万贫困人口温饱问题的速度进展。但是从 1985 年到 1992 年，扶贫开发的速度是平均每年解决 600 多万贫困人口的温饱问题，速度要提高一倍以上；三是投入不足。这是最严重、最关键的问题。根据前些年扶贫开发的经验和脱贫典型测算，稳定解决群众温饱问

题,人均资金投入强度要达到 1500 元左右,如果按国际平均水平,要在 5000 元人民币左右。即使现有的国家扶贫资金全部用于直接解决群众温饱,也相差一半的投入。

优势大于劣势

困难这样大,许多人担心,"八七计划"恐怕如期实现不了。长期从事扶贫工作的同志说,我国贫困地区脱贫有很多机遇和条件,扶贫攻坚是困难和希望同在,优势大于劣势,如期实现"八七计划"要有信心,应坚定不移。

首先,党和国家对扶贫事业的高度关注,为加快扶贫进程提供了很好的政策环境和发展氛围。其次,扶贫投入在不断增加。在今年的中央农村工作会议上,国务院决定,"九五"期间,每年增加 9.5 亿元扶贫贴息贷款,国家现行的财政、税收、信贷等扶贫优惠政策"九五"期间要继续执行。"九五"期间,国家还将通过财政转移支付、投资向重点建设项目倾斜和实施乡镇企业东西互助示范工程等多种办法,支持中西部地区,特别是贫困地区发展经济。还有一条是,前些年的扶贫开发

摸索出了许多宝贵经验,找到了开发式扶贫的路子。如东西互助、对口扶贫、异地开发等。河南省林州市自力更生、艰苦创业、走出贫困的经验在全国推广后,对发挥贫困地区群众脱贫致富的主体作用,促进很大。目前,让每一个人都吃饱穿暖,已经引起了全社会的广泛关注,我国已经形成了全社会参与扶贫的热潮。据统计,1995 年省、区一级参与对口扶贫的单位有 2364 个,扶持投入 12.7 亿元,引进资金 16.5 亿元,新办了 9969 个扶贫项目。国家科委在全国掀起的科技扶贫、民营企业家兴办的"光彩事业"、文化扶贫、希望工程等多种扶贫形式方兴未艾,社会各界参与扶贫已经成为推动扶贫攻坚的一个重要支柱力量。

在日前结束的全国扶贫开发协作会议上,国务院作出了十大经济发达省、市对口支援 10 个贫困省、区的重大战略性部署,要求结对的省份订出方案,明确责任制,从人、财、物等多方面帮助贫困地区 5 年脱贫。国务院扶贫开发领导小组说,到本世纪末在我国基本消灭绝对贫困,实现"国家八七扶贫攻坚计划",我们充满了信心,坚定不移。

选自《人民日报》1996 年 6 月 14 日

生　　词

1. 攻坚		gōng jiān	比喻努力解决某项任务中最困难的问题。 assault fortified positions
2. 志在必得		zhì zài bì dé	下决心一定要达到目的,实现预期的目标。 be determined to win
3. 过硬	(形)	guòyìng	十分严格的,经受得起严格的考验或检验的。 have a perfect mastery of sth.

4. 奖惩	(名)	jiǎngchéng	奖励和惩罚。
			rewards and punishments
5. 积重难返	(成)	jī zhòng nán fǎn	指长期形成的问题不易改变。
			bad old practices die hard
6. 背景	(名)	bèijǐng	对人物或事件起作用的历史情况或现实环境。
			background
7. 客观	(形、名)	kèguān	按照事物的本来面目去考察,不加个人偏见的(跟"主观"相对)。
			objective
8. 匮乏	(形)	kuìfá	缺少,贫乏。
			short(of supplies)
9. 典型	(名)	diǎnxíng	具有代表性的人物或事件。
			typical case
10. 氛围	(名)	fēnwéi	周围的气氛和情调。
			atmosphere
11. 贴息	(动)	tiēxī	用期票调换现款时付出利息。
			pay interest in the form of a deduction when selling a bill of exchange,etc.
12. 信贷	(名)	xìndài	银行信用活动的总称,一般指银行的贷款。
			credit
13. 倾斜	(动)	qīngxié	比喻偏向于某一方。
			tilt; incline
14. 对口	(形)	duìkǒu	双方在工作内容和性质上相一致。
			fit in with one's vocational training or speciality
15. 脱贫致富		tuō pín zhì fù	摆脱贫困达到富裕。
			shake of poverty and build up a fortune
16. 民营	(形)	mínyíng	民众投资经营,私人经营。
			be run by the local people

练 习

回答问题:

1."国家八七扶贫攻坚计划"的主要目标是什么?

2. 近年来,中国在消除贫困方面成绩如何?

3. 完成"八七扶贫攻坚计划"还有哪些困难?

4. 你觉得在所有困难中,哪个最难?

5. 怎样理解扶贫工作"优势大于劣势"？
6. 扶贫攻坚的优势表现在哪些方面？
7. 在扶贫工作中,文中提到了哪些有效办法？你觉得最好的办法是什么？
8. 谈谈你们国家是否存在"消除贫困"问题,是采取什么方法解决这一问题的？

阅 读（二）

面 对 贫 困

李培林

贫困一直是困扰着整个世界而不仅仅是发展中国家的难题,80年代,在整个世界经济平稳增长的同时,贫困人口却增长了2%,目前世界还有十几亿人口生活在贫困线以下。

"贫困"可以分为"绝对贫困"和"相对贫困"。绝对贫困是指缺少达到最低生活水准的能力,通常是以饥饿、严重的营养不良、文盲、破陋的衣着和住房等为特征。目前较为普遍的是以人均收入或人均消费水平作为衡量的指标。但是,这一标准是因地点和时间而有所变化的,带有明显的国别性和阶段性特征。

相对贫困则不完全是从绝对意义上的生活水平而言,它还有很关键的心理基础。贫困总是在一特定的参照体系中相对于特定的参照群体而言,人们主观认定的可维持生存的水准在不同的国家或地区会有很大差别。即便是在一个比较富裕的国家,如果贫富差距较大,相对贫困的问题也可能会比较严重,会有较多的人具有被剥夺感。而且,只要存在着收入差距,5%生活在消费水平低层的人口总是存在,从这种意义上说,相对贫困总是伴随着我们。

根据国家统计局统计的物价上涨指数的调整,中国的农村贫困线在1994年定为年收入440元左右。根据国家统计局的数据,全国农村贫困人口由1978年的2.5亿人下降到1992年的8000万人,贫困人口占农村总人口的比重进而从1978年的31%下降到1992年的8.8%。1994年国务院制定了《国家八七扶贫攻坚计划》,其主要目标是在本世纪末基本解决8000万人的温饱问题。这一目标如果能够如期实现,将标志着我国消除贫困的任务从主要消除绝对贫困转向更多地关注解决相对贫困。1994年全国减贫1000万人,使全国农村的贫困人口总数降到7000万人。

但是,消除绝对贫困的任务面临着严峻的挑战:第一,现在还未解决温饱问题的农村贫困人口,较集中地分布在我国中西部的深山区、荒漠区、地方病高发区等生产生活条件极其恶劣的地区,减贫难度大,成本高。

第二,我国农村20%低收入户的平均收入水平还很低,其中刚刚脱贫但仍接近贫困线的人数还较多,在物价快速上涨的时期和遭遇严重自然灾害的时候,他们很容易重新跌入贫困,从过去的经验来看,平均返贫率在10—20%。

第三,根据国际上的减贫经验,当贫困人口占总人口的比例到了10%左右的时候,贫困人口的减少往往容易进入瓶颈阶段,我国目前的贫困人口比例(1994年为7.8%)正处于这一时期。要在2000年之前使7000万人脱贫,年均需减贫约1170万人,较之1986—1992年每年减贫640多万人,任务将近增加了1倍。尽管中央财政的扶贫投入每年有所增加,但减贫的成本也在迅速提高。

最后,中国目前城镇也存在着尚未得到足够重视的贫困问题。失业、企业停产或半停产、退休等造成的生活困难已使部分城镇居民成为贫困人口。

实际上,由于扶贫在很大程度上依赖于财政的转移支付措施,所以扶贫的财政力度往往取决于对促进增长和消除贫困的权衡。因为一方面在许多地方决策层中存在着一种根深蒂固的观念,即贫困的存在是收入差距拉大的必然结果,改革必须付出的代价。另一方面旨在扶贫的财政转移支付制度,在很多情况下面临着"漏桶"的技术难题。即扶贫的款项在转交的过程中流失量过多(管理成本、改用他途或只是被用于即时消费,等等),不能为预定受益者得到,于解决贫困无补,以至于国家为扶贫付出的代价远远高于贫困人口从财政转移支付中得到的好处。在一个追求经济快速增长成为普遍信念的国家或地区,切实可行的有效扶贫政策,是尽量为贫困地区能够有条件致力于经济增长并得益于增长,从而使贫困随经济的持续增长而缓解。经济发展了而贫困问题未能缓解甚至加剧的情况是存在的,但经济停滞不前而贫困问题却能得到解决的情况是几乎没有先例的。

不过,从社会学家的角度看,不能不考虑贫困阶层在收入差距拉大、物价快速上涨和失业率升高的情况下的感受以及可能的不满情绪,因为一旦这种不满有激发社会冲突的可能,那么为此而付出的代价就可能远远超出经济学家所作的正常的得失推论。

选自《南方周末》1996年1月26日

~~~~~~

生　词

1. 破陋	(形)	pòlòu	破旧简陋。
			shabby and crude
2. 心理	(名)	xīnlǐ	指人的思想、感情等内心活动。
			psychology
3. 参照	(动)	cānzhào	参考并仿照。
			consult and follow
4. 即便	(连)	jíbiàn	即使,表示假设的让步。
			even if

5. 瓶颈	（名）	píngjǐng	比喻事物进行中容易发生阻碍的关键环节。
			restriction like bottle neck
6. 根深蒂固	（成）	gēn shēn dì gù	比喻基础稳固，不容易动摇。
			deep-rooted
7. 代价	（名）	dàijià	泛指为达到某种目的所付出的钱物或精力。
			price; cost
8. 流失	（动）	liúshī	（有用的东西）流散失去。
			run off
9. 成本	（名）	chéngběn	生产一种产品（或组织一项活动）所需的全部费用。
			cost
10. 加剧	（动）	jiājù	加深严重程度。
			aggravate
11. 停滞	（动）	tíngzhì	因受到阻碍，不能顺利地运动或发展。
			stagnate
12. 激发	（动）	jīfā	刺激而引发。
			arouse; stimulate
13. 冲突	（名）	chōngtū	矛盾表面化而发生激烈争斗。
			conflict
14. 推论	（名）	tuīlùn	由已知的判断(前提)推出的新判断(结论)。
			inference

练　习

选择正确答案：

1. 对于贫困通常的衡量指标是什么？
   A. 饥饿或严重的营养不良
   B. 文盲的比例或文化程度
   C. 衣着和住房的破陋情况
   D. 人均收入或人均消费水平

2. 对于"相对贫困"，哪种因素并不起主要作用？
   A. 生活水平
   B. 心理基础
   C. 参照群体

D. 贫富差距

3. 中国的"八七扶贫攻坚计划"主要目标是什么?
   A. 提高中国农村人口的收入
   B. 降低贫困人口在农村人口的比重
   C. 在本世纪末基本解决贫困人口的温饱问题
   D. 到本世纪末消除绝对贫困和相对贫困现象

4. 文中说,当贫困人口占总人口的比例到了 10% 左右的时候,扶贫工作进入"瓶颈"阶段。"瓶颈"的含义是什么?
   A. 瓶子上部较细的部分
   B. 事情进行中容易发生阻碍的关键环节
   C. 事情进行中速度不断减慢的情况
   D. 事情发展过程中艰巨而漫长的道路

5. 文中说,扶贫的财政转移支付制度在很多情况下面临着"漏桶"的技术问题。这里"漏桶"的意思是什么?
   A. 水从桶里一点一点地滴下漏掉
   B. 扶贫款在运送过程中遗失严重
   C. 扶贫款在转交过程中改作他用而流失
   D. 扶贫款有用于贫困人口日常消费的现象

6. 作者认为,采取什么样的扶贫政策才是可行有效的?
   A. 致力于贫困地区的经济增长
   B. 向贫困人口发放救济粮款
   C. 防止社会贫富差距扩大
   D. 控制市场物价快速上涨

第 7 课

课 文

未来中国：谁来养老

孙钱斌

日前，由中国老龄协会、中国老年人基金会发起的"助老工程"在京启动，许多德高望重的老同志不顾身体欠安出席了为此举行的新闻发布会，他们的到来是一种无声的声援。"夕阳和朝阳都是同一个太阳"，助老工程的同志希望能与"希望工程"比翼齐飞，该工程的启动也意味着正当我们满怀信心迈向新世纪的时候，一个日益突出的社会问题——老龄问题正向我们悄然逼近。

统计显示，我国 60 岁以上的老年人总数已达 1.1 亿，占全国人口总数的 9.5%，与 10%的老龄社会临界点只差一步之遥。京、津、沪、浙、川等省市已越过这个临界点，先期步入老龄化社会。

根据老年人口年均 3.2%的增速，专家预测到本世纪末我国老年人口将增至 1.32 亿，占全国人口总数的 10.5%，成为老龄化国家。到 2040 年，我国老年人口总数将增至 3.74 亿，占全国人口总数的 24.48%，也就是说，那时中国每四个人中就有一个是老人。

我国尚无完善的老年人社会保障制度，尤其是广大农村老人的晚景更加艰难。社会化的养老机构和设施远不能满足实际需求。据民政部门统计，全国住敬老院或养老机构的只有 73 万余人，仅占老年人口的 0.6%。由于收入有限，加上病多开销大，老年人贫困化问题也日益突出，据中国老龄协会会长张文范提供的数字是"还有 100 多万老年人生活十分困苦"。而民政部门的救济往往难以从根本上解决问题且覆盖面有限。

在思想观念上，全社会对老龄问题的严重性、紧迫性尚无足够认识；而传统的"敬老"美德又在市场经济大潮的冲击下命运不佳。在上海，有一个"二居室二重天"的说法，儿女住的一间装修得如星级宾馆，冷暖空调齐备，而老人住的一间则相当寒素，冬凉夏热。据说没把老人撵走还算是不错的。

凡事预则立，不预则废。老龄问题涉及到经济的持续发展和社会的稳定，其内涵已远远超出了伦理的范畴、中国人口老龄化的特殊性在于：一方面，人口的庞大底数决定了中国将经历世界人口史上最大规模的老年人口增长，而生育率的急剧下降和死亡率的降低加快了人口老龄化到来的时间和速度。据统计，占世界1/5、亚洲1/2的60岁以上老人生活在中国。另一方面，与发达国家人口老龄化是伴随工业化现代化进程不同，我国现有的经济基础还不能适应人口结构如此迅速的变化，"未富先老"的特点使人口结构的转变缺乏强有力的经济支撑。这势必会给整个社会带来巨大压力。专家估计，"四二一"家庭结构（即一对夫妻加一个孩子加四位老人）的普遍化将使家庭赡养老人的能力日渐削弱，传统的以家庭为主的养老模式将受到巨大

冲击。到2030年，我国负担一名退休人员的在职职工人数将由目前的7名锐减到2名，为此，国家和社会将不得不承担更多的责任。

有关专家指出，为了解决老龄社会的供养问题，必须从客观上、总体上构筑老龄社会的供养模式，承担这项责任的应该是个人、家庭、社会、国家四者。个人、家庭内于小的方面，自助或帮助老人，物质、精神赡养并重，确立养老意识。国家外于大的方面，宏观指导、调节、创立和完善养老保险制度。社区应改变以前绝少插足的状况，成为解决老年人当前困难的支柱力量。

"助老工程"的出台就是希望藉此凝结各方力量，建构一个全方位助老的系统工程。据全国助老工程办公室负责人高伟介绍，该工程的内容包括老龄焦点论坛、扶老助困行动、晚霞金辉计划等六大方面，涉及宣传、扶困、人才开发、优惠服务、娱乐生活诸领域。工程一出台即受到各方关注和支持。

"老吾老以及人之老"，孟子之言随着老龄社会的到来更具有现实意义。家家有老人，人人都会老，人人去助老，养老有保障，这样的道德意识与此一脉相承。而"助老工程"的价值也将随着时间推移而愈益凸现。

选自《中国妇女报》1996年9月13日

生　词

1. 德高望重	（成）	dé gāo wàng zhòng	道德高，名望重。 (of an old person) be of noble character and high prestige
2. 声援	（动）	shēngyuán	公开发表言论支援。 express support for
3. 比翼齐飞	（成）	bǐ yì qí fēi	翅膀挨着翅膀一齐飞，这里比喻共同前进。 fly side by side
4. 意味着	（动）	yìwèizhe	含有某种意义。 mean
5. 临界点	（名）	línjièdiǎn	事物由一种状态转变成另一种状态的分界点。 critical point
6. 老龄化	（动）	lǎolínghuà	指社会人口年龄变老，老龄人口在总

人口中比重上升。

aging

| 7. 保障 | （动） | bǎozhàng | 保护生命、财产、权利等不受侵犯和破坏。 |

guarantee; ensure

| 8. 设施 | （名） | shèshī | 为进行某项工作或满足某种需要而建立起来的组织、机构、系统、建筑等。 |

installation; facilities

| 9. 民政 | （名） | mínzhèng | 国内行政事务的一部分,在中国,民政包括选举、行政区划、国籍、婚姻登记、社团登记、优抚、救济等。 |

civil administration

| 10. 开销 | （动） | kāixiāo | 支付费用。 |

pay expenses

| 11. 覆盖面 | （名） | fùgàimiàn | 遮盖的面积,喻指影响所及的范围。 |

range of coverary

| 12. 内涵 | （名） | nèihán | 一个概念所反映的事物的本质总和,也就是概念的内容。 |

intension; connotation

| 13. 范畴 | （名） | fànchóu | 范围,类型。 |

limits; scope

| 14. 底数 | （名） | dǐshù | 作为基础的数字。 |

base number

| 15. 支撑 | （动） | zhīchēng | 支持,维持。 |

sustain; support

| 16. 赡养 | （动） | shànyǎng | 供给生活所需(特指子女对父母的帮助)。 |

support

| 17. 宏观 | （名） | hóngguān | 指有关事物整体、全局和大的方面的,与"微观"相对。 |

macro-

| 18. 调节 | （动） | tiáojié | 根据要求,从数量上或程度上调整。 |

regulate; adjust

| 19. 插足 | （动） | chāzú | 指参与某种活动。 |

participate in (some activity)

| 20. 保险 | （名） | bǎoxiǎn | 集中分散的社会资金,补偿因自然灾害、意外事故或人身伤亡而造成损失 |

98

的方法。
insurance

21. 藉	（动）	jiè	借、凭借。
			make use of
22. 全方位	（名）	quánfāngwèi	各个方向和位置。
			all directions
23. 焦点	（名）	jiāodiǎn	比喻一件事情引人注意的集中点。
			central issue
24. 诸	（形）	zhū	众,许多。
			a lot of
25. 一脉相承	（成）	yī mài xiāng chéng	由一个血统或一个派别传下来,又作
			"一脉相传"。
			come down in one continuous line
26. 凸现	（动）	tūxiàn	凸出,显露出来。
			protrude

专　名

1. 中国老龄协会	Zhōngguó Lǎolíng Xiéhuì	组织名。
		name of an organization
2. 中国老年人基金会	Zhōngguó Lǎoniánrén Jījīnhuì	组织名。
		name of an organization
3. 沪	Hù	上海的简称。
		another name for Shanghai

注　释

希望工程：

　　指中国开展的长期救助贫困地区失学孩子重返校园的活动。1989 年 10 月 30 日,中国青少年发展基金会决定建立我国"救助贫困地区失学少年基金",实施"希望工程"。儿童是世界的未来和希望,命名由此而来。

报刊词语、句式示例

一、助老工程的启动也意味着一个日益突出的社会问题——老龄问题正向我们悄然逼近。
　　动词"意味着"表示含有某种意义。后接动词、代词、小句作宾语。例如：
　　1. 人们常说,忘记过去就意味着背叛。
　　2. 农业的机械化现代化意味着劳动生产率大大提高,投入农业的劳动力大量减少。

99

3．一个国家在粮食问题上应该争取自给，但这并不意味着不从国外进口任何农产品，因为通过进口可以调剂粮食品种。

二、专家预测，到2040年，我国老年人口总数将增至3.74亿，占全国人口总数的24.48%，也就是说，那时中国每四个人中就有一个是老人。

"也就是说"插在句子中间，用于对问题的进一步解释和说明。类似的还有"这就是说"、"换句话说"等。例如：

1．外资公司的进入促进了国内保险业的提高，也就是说，国内保险业必须尽快建立健全的现代企业体制，开展多样的保险品种，迅速提高服务水平。

2．1989年中国用1亿公顷耕地，生产了4亿多吨粮食，养活了11亿人口，也就是说，中国以世界7%的耕地，养活了世界22%的人口，这是一个很大的成就。

3．市场经济究竟促使道德爬坡，还是导致滑坡？也就是说，在市场经济大潮中，我们社会的道德水平究竟是提高了还是下降了？

三、我国尚无完善的老年人社会保障制度，尤其是，广大农村老人的晚景更加艰难。

"尤其是"用于同类事物中特别需要强调的一部分。与"特别是"类似。可置于名词、代词或小句前。例如：

1．为了减少污染，需要大力增强全民族的环保意识，尤其是各级领导的环保意识，在进行重大经济决策时，必须把环境因素考虑进去。

2．国防科工委积极采取措施，努力提高试验部队的科学试验综合能力，尤其是在执行试验任务中应急处置问题的能力。

3．今秋的服装款式新颖，尤其是女装和童装。

四、老龄问题涉及到经济的持续发展和社会稳定，其内涵已远远超出了伦理的范畴。

"涉及"，动词，与补语"到"连用，表示一件事情关联到其他的事或人。例如：

1．劳动制度的改革政策性强，涉及到广大群众的切身利益，需要社会各方面共同努力，才能保证改革的顺利进行。

2．电脑犯罪案件，不仅表现在黄潮涌入，而且涉及到经济金融、科技情报，甚至国家军事机密等不同领域。

3．十多年来，中国专利局和欧洲专利局的合作涉及到技术援助、专利人才培训、专利检索、商标和知识产权保护等许多方面，合作是富有成果的。

练　习

一、解释句中划线的词语：

1．许多德高望重的老同志不顾身体欠安出席了新闻发布会，他们的到来对助老工程是一种无声的声援。

2．民政部门对老年人的救济往往难以从根本上解决问题且覆盖面有限。

100

3. 凡事<u>预则立</u>,<u>不预则废</u>。老龄问题的内涵已远远超出了伦理的范畴。

4. 中国人口的老龄化与发达国家不同,"未富<u>先老</u>"的特点使<u>人口结构的转变缺乏强有力的经济支撑</u>。

5. "<u>老吾老以及人之老</u>",孟子之言随着老龄社会的到来更具有现实意义。

二、用指定词语改写句子:

1. 许多老同志希望,"助老工程"能像"希望工程"那样,一齐发展,不断取得新的成绩。(与……比翼齐飞)

2. 我国60岁以上的老年人口已占全国人口总数的9.5%,已非常接近10%的老龄社会的临界点。(与……只差一步之遥)

3. 由于我国还没有完善的老年人社会保障制度,不少老年人的生活相当艰苦。(尚无)

4. 我国现有的经济不能适应迅速出现的人口老龄化趋势。(与……不相适应)

5. 助老工程的出台,就是希望通过它动员社会各方力量,全方位地开展助老工作。(藉此)

6. "助老工程"的道德观念继承了中国多少年来"老吾老以及人之老"的传统美德。(与……一脉相承)

三、根据课文,判断正误:

1. 从"助老工程"的出台可以看到,中国正面临着人口老龄化的社会问题。(　　)

2. 许多德高望重的老同志因为身体欠安不能出席助老工程新闻发布会。(　　)

3. 在中国,有的城市和地区已经进入老龄化社会。(　　)

4. 专家预测,到2000年中国将成为老龄化国家。(　　)

5. 当前中国的养老机构和设施不足,100位老人中只有6位能住进养老院。(　　)

6. 由于老年人收入少,病多开销大,使得老年人贫困化问题也很突出。(　　)

7. 有民政部门的救济,完全可以从根本上解决贫困老人的问题。(　　)

8. 文中说,随着市场经济的发展,当前中国传统的敬老美德更加发扬光大。(　　)

9. 文中提到,在上海有"二居室两重天"的说法,即老人住的很好,儿女住的差。(　　)

10. 文章认为,老龄问题不仅限于伦理范畴,而且涉及到经济的发展和社会的稳定。
(　　)

11. 同世界发达国家人口老龄化情况一样,中国是伴随着工业现代化进程进入老龄社会的。(　　)

12. 中国实行计划生育政策,推迟了老龄化到来的时间和速度。(　　)

13. "未富先老"说的是在中国现有的经济基础上,一个人还没有富裕就已经变老了。
(　　)

14. 随着中国社会的发展,传统的家庭为主的养老功能日渐削弱。(　　)

15. 目前,中国在职职工与退休人员的比例为7:1;到2030年时,其比例为7:2。(　　)

16. 老龄社会的供养责任应由个人、家庭、国家和社会四方面来承担。(　　)

17. 为了解决老龄社会的供养问题,国家必须宏观指导调节,创立和完善养老保险制

度。( )

18.专家认为,社区应关心老龄问题,并成为解决老年人当前困难的重要力量。( )

19."助老工程"是一项全方位的系统工程,是一项集宣传、扶困、人才开发、优惠服务和娱乐生活为一体的建筑设施。( )

20.作者认为,"助老工程"所体现的道德观与孟子所主张的"老吾老以及人之老"是一致的。( )

四、问答问题:

1.根据文章,请简要介绍中国人口老龄化的情况。

2.中国传统的敬老美德为什么会受到了现代市场经济的冲击?

3.中国人口的老龄化有哪两大特殊性?

4.按照你的意见,怎样才是理想的老龄社会的供养模式?

5.请简要评论这篇文章,你是否赞同文中的观点?为什么?

6.请简要介绍你们国家老年人的情况和问题?

五、快速阅读:(限时 6 分钟)

敲门听声

然而

只要你有一个家,只要你的家没有警卫和门房之类,你就不可避免地会有被敲过门的体验。尽管近些年来,或许是由于电话普及了,或许是由于人们比原来更忙了,敲门声已经比原来少多了。

门还是同样的门,但敲门声却可能有极大的差别。有舒缓、轻柔的,有猛烈有力的。在不同的敲门声的后面,实际上是不同的人。根据我的经验,当你静居家中,突然响起猛烈有力的敲门声的时候,一定是两种人中的一种来了,要么是非常好的朋友,要么就是为您服务的人员,比如查电表的、查煤气的,或者是在你报修之后来为你修水龙头或下水道的。

不同的敲门声当然都各有其道理,都符合某种特定的身份。最好的朋友,最铁的哥儿们,当然是最猛然的砸门声。不是怕你听不见,而是表明与你非同一般的关系。正因为是哥儿们,我才有使劲敲门的权利呢。不是与你这样"铁"的话,让我使劲敲我还不敲呢。这就如同好朋友见面无需客气,或者互相给上一拳,或者笑骂一声的意思是一样的。这样的敲门声,体现的是一种无需客气、关系密切的证据,也是一种只有在这种密切的关系中才存在的特权。

为您服务的人员,不见得是你最密切的朋友,甚至在绝大多数的情况下都不是。但他的特权与你的最铁的哥儿们是一样的,他对你也同样无需客气。当然,他们猛烈敲门的理由与你的朋友不一样。这种敲门声,与商店里的售货员教训您几句的意思是一样的。

当然，我这里所说的服务敲门有点笼而统之，有一种也可以称之为服务式的敲门就是例外。这就是上门推销商品的，问您封不封阳台擦不擦抽油烟机的，这样的敲门一般都是怯生生的，轻轻的。好像他为您服务，不是您欠着他的，而是他欠着您的。道理也很简单，即使是这样轻轻地敲，您还不买不封不擦不换呢，更何况是使劲砸门呢。而另一种服务就不同了，您不让我修别人能给您修吗？那电表水表煤气表您能让别人给您查吗？更何况，我的工资是您出的吗？

选自《北京青年报》1996 年 9 月 11 日

问题：

　　你有过"敲门听声"这种经历和感受吗？

阅　读　（一）

用法律保障文明
——关于老年人权益保障法
徐家良

60 周岁以上的人为老年人。这是全国人大常委会 8 月 29 日通过的中华人民共和国老年人权益保障法对老年人年龄界限所作的最新界定。自此以后，我国 60 周岁以上的人将受这部法律的特殊保护。

老年人权益保障法，是继未成年人保护法、妇女权益保障法、残疾人保障法之后，我国针对特殊人口群体制定的第四部权益保护法。

一个社会，是由不同年龄结构的人组成的。老年人是一个脆弱的群体，必须受到国家、社会和家庭的特殊爱护，这是人类自身生息发展的需要，也是一个社会文明进步的表现。到 2000 年，我国将进入人口老龄化社会，到那时，60 周岁以上的人将占全国人口的 10%以上。据预测，到下世纪中叶，我国老年人口将达 4 亿左右，届时每 4 个人中就有一个老年人。

对于老年人来说，实现"老有所养"是第一位的。因此，该法从社会保障和家庭赡养两个层面，有力度地加以规范。前者，明确规定"老年人有从国家和社会获得物质帮助的权利，有享受社会发展成果的权利"；规定"社会保险机构或者有关组织必须按时足额支付养老金，不得无故拖欠"，"老年人依法享有的医疗待遇必须得到保障"。权威人士告知，这些规定虽然比较原则，但对广大老年人特别是城市老年人来说，不啻是一个福音。目前有些地方退休金发不出来和医疗费不能及时报销的问题,原因是多方面的。该法的规定将促进有条件解决这些问题的地方和单位尽快解决,暂时有困难的地方和单位加快养老保险制度的改革。

在家庭赡养方面,该法专设一章,从 10 个方面规定了赡养人的法定赡养义务。该法还明确规定,负有赡养义务而拒绝赡养或者虐待老年人,构成犯罪的,依法追究刑事责任。这就如同向那些悖伦理、丧道德的赡养人大喝一声:不要再干伤天害理的事了!该法还特别强调维护老年人权益是全社会的共同责任。子女不赡养老人,不仅政府、法院要管,赡养人所在的企事业单位也要管。

老年人富有知识、技能和经验,发挥他们在"两个文明"建设中的作用是一件很有意义的事。该法规定老年人(包括离退休职工)可以自愿从事对青少年的教育、传授文化科技知识的活动,也可以依法从事经营和生产、社会公益等多方面的活动。对此国家采取鼓励的政策,老年人的合法收入受法律保护。权威人士解释,作出这些规定,是为了实现老年人的"老有所为",也体现出国家珍惜和重视老年人。当前我国各类离退休人员参与社会工作十分活跃,发挥了很大作用。例如退休教师兴办学校,退休技术人员应聘各类企业等。实践证明老年人有继续工作的愿望,社会也需要和欢迎他们。那种认为老年人工作"挤占就业岗位",甚至把他们讥为"高价老头、老太太"的说法和作法,是不正确的。

老年人由于其高龄且行动不便的原因,在各方面应当受到国家和社会更多的优待和照顾,对此该法也作出了多项规定。例如规定 70 周岁以上的老年人,乘坐市内公共汽车、电车、地铁、渡船应给予优待;进入市内公园,有条件的城市应当予以免费;70 周岁以上的老年人看病,予以优先等。这些做法不仅仅在于给老年人一些照顾,更重要的是弘扬造就一种尊老助老、文明进步的社会风气。

老年人权益保障法是一部与青少年、共青团关系密切的法律。记者统计,法律条款仅与青少年有直接关系的就有 6 处。这些条款大体上可以分为两类:一类是要求进行教育的,一类是要求付诸行动的。比如,前一类中,该法规定:"青少年组织、学校和幼儿园应当对青少年和儿童进行敬老养老的道德教育和维护老年人合法权益的法制教育"。这就直接向共青团组织、各级各类学校提出了教育的明确要求。

在第二类中,该法规定:"鼓励和支持社会志愿者为老年人服务";鼓励"与老年人签订扶养协议或者其他扶助协议"。这些规定,把共青团及其他组织近年开展的青年志愿者及包户活动的经验以法律形式肯定下来,同时也向团组织和青年提出了更高的要求。志愿者为老年人服务,是该法规定的有中国特色的社会保障制度的重要一环。随着时间推移,团的这项志愿活动必将纳入该法全面实施范围,在社会生活中体现出更大的价值。

选自《中国青年报》1996 年 8 月 30 日

生　词

1. 生息	(动)	shēngxī	生存,人口繁殖。
			①live ②multiply
2. 届时	(副)	jièshí	到时候。
			on the occasion
3. 权威	(名)	quánwēi	在某种范围内有地位有威望的人或物。
			authority
4. 不啻	(副)	bùchì	如同。
			as; like
5. 退休金	(名)	tuìxiūjīn	退休人员按期领取的生活费用。
			retirement pay; pension
6. 报销	(动)	bàoxiāo	把领用款项开列清单报告财务审核后销账。
			submit an expense account; apply for re-imbursement
7. 虐待	(动)	nüèdài	用残暴狠毒的手段待人。
			ill-treat; abuse
8. 悖	(动)	bèi	违反。
			be contrary to
9. 伤天害理	(成)	shāng tiān hài lǐ	指做事残忍,不人道,违背社会公理。
			offend against Heaven and reason——atrocious
10. 离休	(动)	líxiū	离职在家休养。特指新中国成立前参加革命工作的老干部而言,待遇从优。
			(of veteran cadres) retire
11. 公益	(名)	gōngyì	公共的利益(多指卫生、救济等群众福利事业)。
			public good
12. 应聘	(动)	yìngpìn	接受聘任。
			accept an offer of employment
13. 弘扬	(动)	hóngyáng	发扬光大。
			carry forward
14. 条款	(名)	tiáokuǎn	文件或契约上的条目。
			provision
15. 付诸	(动)	fùzhū	付之于,交给。
			put into; commit...to

专　　名

共青团　　　　Gòngqīngtuán　　　　　　中国共产主义青年团的简称。

short for "the Communist Youth League of China"

注　　释

《中华人民共和国老年人权益保障法》：

该法于 1996 年 8 月 29 日由中华人民共和国第八届全国人民代表大会常务委员会第 21次会议通过,自 1996 年 10 月 1 日起施行。该法共 50 条,分为总则、家庭赡养与扶养、社会保障、参与社会发展、法律责任和附则六章。

练　　习

选择正确答案：

1. 在中国,所称的老年人的年龄界限是多少?

A.55 周岁

B.60 周岁

C.65 周岁

D.70 周岁

2. 据测算,中国将在什么时候进入人口老龄化社会?

A.1996 年

B.2000 年

C.2010 年

D.21 世纪中叶

3. 文中说,对老年人来说首要的是什么?

A. 老有所为

B. 老有所学

C. 老有所乐

D. 老有所养

4. 为了解决老年人的生活问题,老年人权益保障法从哪两方面作出法律规定?

A. 社会保障和家庭赡养

B. 养老金和医疗费

C. 政府职责和社会组织责任

D. 经济供养和精神慰藉

5. 对于老年人参与社会发展工作,国家采取什么政策?

A. 反对

B. 不反对

C. 鼓励

D. 不鼓励

6. 对于老年人工作"挤占就业岗位"的说法,文中持什么态度?

A. 反对

B. 支持

C. 既不反对也不支持

D. 没有表示

7. 老年人权益保障法强调要对青少年进行哪两种教育?

A. 优待老人和照顾老人的教育

B. 赡养老人和扶养弟妹的教育

C. 敬老爱老的道德教育和维护老年人合法权益的法制教育

D. 为老年人服务和与老年人签订扶养协议的教育

8. 老年人权益保障法中有一条体现了具有中国特色的社会保障制度,其内容是什么?

A. 老年人有权从国家和社会获得物质帮助

B. 老年人的子女应当承担赡养义务

C. 对虐待老人,构成犯罪的,依法追究刑事责任

D. 鼓励和支持社会志愿者为老年人服务

阅读（二）

社会，需担起家庭养老重担

马　莉

看过电视剧《咱爸咱妈》的人大概都不会忘记乔老汉，虽然膝下三子，却都远在异地，老汉身患绝症，赶赴省城治疗，于是便和子女们发生了串串故事。

（一）

中国有句古训"养儿防老"，然而在现代社会，乔老汉的经历并非只是偶然。自从1978年恢复高考以来，每年都有成千上万的学生步入高等学府深造，而且这个数字每年都在剧增，学成毕业后，他们或南下北上，或东进西行，大多离开了双亲，离开了故土，逐渐步入城里人的行列。当他们拥有一个温暖安定的家，过着自己充裕、舒适的生活时，他们年老力衰的父母却依然留在了黄土地上。据统计，我国农村60岁以上的老人有7200万，占全国老人总数的74%，其中95%的都是靠自己的劳动以

及家庭亲友的帮助度过晚年。于是一个沉甸甸的文明话题摆在面前——我们该怎样回报曾经含辛茹苦将我们抚养大，至今仍是面朝黄土背朝天的父母呢？

与乡村相比，城里人的父母似乎要安逸得多。他们大多拥有一份退休养老金，年老体衰之后，基本物质生活或多或少有些保障，不必总为一亩三分地而忙碌。然而这并不意味着他们晚年生活的充实。步入晚境，老人最渴望的是儿孙满堂、膝下承欢、共享天伦之乐。一项调查表明，城市空巢家庭比重不断加大，1988年，北京市60岁以上的老年人家庭中，空巢家庭占20.8%。1993年这个数字迅速增加到27.3%，子女长大后纷纷离去，剩下老人独守空巢。据统计只有10%的老人愿意与

已婚子女同住，婆媳间千年以来的宿怨，给老人的精神带来了沉重的负担。

于是，现代社会的生活方式打破了传统的家庭结构，几代人同处一室的传统大家庭越来越少，家庭小型化已成为现代社会家庭的主要发展趋势，子女纷纷离开父母各奔他方，传统的家庭养老方式受到强烈冲击，我们不得不慎重思考一个问题：明天谁来养老？

（二）

一位研究家庭结构的专家说，家庭养老面临严峻挑战时，社会则需担起这副重担，即建立一套社会养老保障制度。社会养老是解决养老问题的一条新出路。

推行养老保险。针对农村老人生活缺乏一个固定的收入来源，国务院已授权有关部门在农村推行"养老保

险",真正实现"老有所养"。此外,子女除定期支付父母生活费外,也大可为父母投保,由于一次性投资数目不大,特别适合于那些收入平平的家庭。

建立养老机构,实施养老工程,让全社会都来关心老年人。建立敬老院、养老院、慈善院、托老所等养老机构为一部分无儿无女或者是因为其它原因无法在家庭得到儿女赡养的老年人安排人生旅途的最后一站。上海将建成全国最大的老人院——众仁老人乐园,占地百余亩,

明年上半年将开始接受老人入园,颐养天年。南京的江雨公众服务公司面向社会招募"陪老志愿者",半月之内十名青年自愿加盟,陪伴老人,缔结忘年交。如今另一种形式的公益服务活动正在悄然兴起。一些身体较好的离退休老人去照顾一些年迈体弱而又缺乏照料者,这种劳动的报酬则是当他年迈体弱之时,别人对他的照顾,用过去的劳动换取等量时间的服务。由于年龄相近,老人之间更易于交流、沟通,既能提供生活上的帮助,同时又

能给予一种精神上的慰藉,因而颇受老人的青睐。北京、上海等地都在开展这种活动。

有关专家声称,养老问题应是家庭与社会共同解决,决不能一股脑全推向社会。社会的承受能力有限,一旦达到饱和状态,再推回家庭,就会使养老问题更加难以解决,西方国家不乏这种前车之鉴。做子女的在能力所及的范围内尽可能多关心、照顾父母,不仅在物质上,特别是在精神上,老人最需要的是人间温情。

选自《经济日报》1996 年 9 月 18 日

~~~~~~

生　词

1. 膝下　（名）　xīxià　指儿女幼时在父母跟前。
at one's knees (used in saying whether one has children or not)

2. 含辛茹苦　（成）　hán xīn rú kǔ　忍受辛苦(茹:吃)。
endure suffering

3. 安逸　（形）　ānyì　安闲舒适。
easy and comfortable

4. 天伦之乐　（成）　tiānlún zhī lè　指家庭亲人间的情谊和快乐。
family happiness

5. 空巢　（名）　kōngcháo　比喻子女在外只有老人留守的家。
a family with children leaving out

6. 宿怨　（名）　sùyuàn　旧有的怨恨。
old grudges

7. 投保　　　tóu bǎo　参加保险。
insure

109

8. 慈善	（形）	císhàn	对人关怀,富有同情心。
			charitable
9. 颐养天年	（成）	yíyǎng tiānnián	颐养:保养。天年:人的自然寿命。保养身体,安度晚年。
			take good care of oneself so as to fulfil one's allotted life span
10. 缔结	（动）	dìjié	结合;订立(条约)。
			conclude; establish
11. 忘年交	（名）	wàngniánjiāo	年岁差别大,辈份不同而交情深厚的朋友。
			good friends despite great difference in age
12. 报酬	（名）	bàochou	因使用了别人的劳动或物件,而付给人家的钱或实物。
			reward; pay
13. 慰藉	（动）	wèijiè	安慰。
			comfort
14. 声称	（动）	shēngchēng	声言,公开用语言或文字表示。
			claim
15. 饱和	（动）	bǎohé	泛指事物达到最高程度。
			saturation
16. 前车之鉴	（成）	qián chē zhī jiàn	"前车覆,后车诫"。比喻前人的失败,后人可以当做教训。
			warning taken from the overturned cart ahead; lessons drawn from others' mistakes

练 习

回答问题:
1. 当前中国农村老年人的生活状况如何?
2. 中国城市老年人生活面临什么问题?
3. 中国传统的家庭养老方式受到冲击的主要原因是什么?
4. 专家建议,应采取哪些措施解决社会养老问题?
5. 青年人在社会养老方面可有哪些作为?
6. 怎样评价新出现的老年人照顾老年人的公益服务活动?
7. "养老问题全部应由社会承担",你是否赞成这个观点? 为什么?
8. 请简介你们国家对老年人的社会保障情况。

第8课

课 文

10月12日，山东烟台市十几位乡镇企业家投资300万美元，买下美国洛杉矶市一座四星级酒店，作为对美开放的窗口。如此大手笔在当前乡镇企业新一轮发展浪潮中还只是一个小插曲，而且在乡镇企业外向型发展中也并非是第一个。

记者最近在采访中发现，无论沿海还是内陆，乡镇企业健康发展的同时出现了一些带有趋势性的新特点。今年头9个月，据全国12个乡镇企业产值大省统计，我国乡村工业在产值较去年同期增长31.54%的前提下，销售收入、利润总额和出口交货值分别增长了45.98%、39.57%和44.31%，大大高于产值增长速度，呈现出速度回落、效益增加的良好运行态势。上规模、上水平，发展外向型经济和产权制度改革正成为乡镇企业当前和下一步发展的核心内容。如果说

创造第二次腾飞

——乡镇企业发展趋势述评

本报记者　隋松岩

我国乡镇企业已在"八五"期间稳稳地占据了"三分天下有其一"的地位，甚至在某些地区、行业中早已是"半壁江山"的话，那么站在"九五"的门槛上，各地乡镇企业正结合各自实际进行着多种形式的实践，酝酿着一次新的腾飞。

向质量效益型转变

80年代中期，人们曾把乡镇企业的迅猛发展称作"异军突起"。在那以后相当长的一段时间里，这支"异军"的发展主要靠的是数量的增长，然而，"八五"期间，尤其是最近两年，乡镇企业数量增长明显趋缓，企业规模却不断扩大，整个乡镇企业的发展呈现出由数量速度型向质量效益型转变的良好态势。乡镇企业通过自身的资本积累或通过联合、兼并形成了一批规模较大的企业。近日公布了327家全国性乡镇企业集团，每个集团年销售收入均在2亿元以上。1994年产值超亿元的乡镇企业已达3000多家，其产值、利税已占到全国乡镇企业总量的10%以上。如今山东省已有符合国家大中型企业标准的乡镇企业205家，这个数字在江苏已超过1000家，在其他沿海省区也出现了一大批大中型骨干乡镇企业。今年，全国500家大企业排序首次将乡镇企业纳入视野，并

有 30 家进入。江苏乡镇企业中的大中型企业在销售总额、利税总额、固定资产等主要经济指标上已占全省大中型企业的近 40%。然而，上规模并不仅仅意味着追加投入，上新项目、铺新摊子。兼并、联合不仅扩大了企业本身，也往往通过以农产品储运加工企业为龙头组建企业集团或"公司＋农户"型贸工农一体化实体，使乡镇企业支农、建农，引导千家万户农民进入千变万化大市场的作用落到了实处。发展较好的地方，企业上规模与工业小区和小城镇建设的有机结合已成为新的增长方式。

"三外"一齐上

1994 年，全国乡镇出口企业达 13 万家，321 家乡镇企业取得了进出口经营权，出口商品交货值 3398 亿元，出口创汇 399.7 亿美元，已占全国总数 1/3 多。然而，对当前的乡镇企业来讲，"外向型"的含义早已不仅仅是出口创汇，而且是要外贸、外经、外资"三外"一齐上，不仅仅局限在沿海沿边地区，而且延伸到了中西部，不仅要打出产品，还要走出国门办企业，1994 年，全国乡镇企业到境外创办企业 886 家，投资总额 25.64 亿美元。乡企向

国际化发展已成必然。

山东新牟国际集团公司在海外办起了有商务代表处、进出口公司和商贸中心，在引进外资方面，1994 年，乡镇三资企业已达 2.64 万家，利用外资 156.85 亿美元。在合资过程中，发达地区已由过去的"盼"外资转变为"挑"外资，在挑的过程中又往往喜欢选择以技术设备投入为主的伙伴，而不喜欢单纯的资金投入。用山东兴华集团总公司总经理王建章的话说，"世界一流的技术、设备，只要搬进来就中，就等于把世界水平搬来了"。

改革在深化

作为社会主义市场经济的主导力量之一，乡镇企业在激烈的市场竞争中形成了一个好的机制。但随着改革的深化，乡镇企业的机制有的已经在弱化，而乡镇企业体制上的一些弊端也开始暴露，因此，近年来乡企改革有很大进展。到目前为止，全国已有 20 多万家乡村集体企业通过试点改造为股份合作制企业，有效地明晰了产权，迅速聚集和优化配置了生产要素，理顺了政企关系，完善了监督、约束机制。一位颇具战略眼光的知名企业家讲，他在有生之年要做两

件大事，第一就是搞产权制度改革，要"彻底解决拿集体钱做买卖的弊病，把几十个厂长经理搞企业变成全村几千口人都来关心企业"。浙江省义乌市目前已全部完成乡村集体企业股份合作制为主的产权制度改革，改变了过去企业经营者负盈不负亏，"吃官饭敲官鼓，官鼓破了有人补"的心态。解决了地方政府几年一换届和企业长期经营的矛盾，萧山市在拍卖小型、微利、亏损乡镇企业过程中，还创造出了根据不同情况，拍卖企业动产，出租不动产的办法，产权改革正以不同的形式给乡企带来新的生机，并将作为企业改革的核心内容与企业上规模、上水平相互促进，尤其对技改资金的筹措和企业集团的造就将起到更直接的作用。

在走向世纪之交的时刻，我国正面临经济增长的大好时机，而这机会对乡镇企业尤为重要，以现有趋势看，到本世纪末的 5 年中，乡镇企业还可以创造第二次腾飞。乡镇企业作为改革开放以来农民的伟大创造，不仅使农村带来一系列深刻变化，为农村乃至整个经济良性循环开辟了广阔大道，而且在吸纳农村剩余劳动力、

增加农民收入方面发挥了巨　纯收入净增部分的约 60% 来　标，没有乡镇企业是不可想
大的作用,现在,农民年人均　自乡镇企业。实现小康目　象的。

选自《经济日报》1995 年 11 月 23 日

生　词

1. 星级	(名)	Xīngjí	国际通用衡量宾馆、饭店、旅馆的等级标准。可以纳入等级制的被称为星级宾馆、星级饭店。
			star
2. 大手笔	(名)	dàshǒubǐ	指办事、用钱的大气派。
			the work of a well-known writer; generous
3. 轮	(量)	lún	用于红日、明月或循环的事物、动作等。
			round
4. 插曲	(名)	chāqǔ	指在连续进行的事情中插入的特殊的小片断。原指配置在电影、话剧中独立性较强的乐曲。
			a song in a film or play; episode
5. 内陆	(名)	nèilù	内地,距离边疆或沿海较远的地区。
			inland
6. 回落	(动)	huíluò	水位、物价、速度提高后下降。
			(of water levels, prices, etc.) fall after a rise
7. 半壁江山		bànbì jiāngshān	原指国土的一半或一部分,此指占总额的二分之一。
			half of the country
8. 门槛	(名)	ménkǎnr	原指门框下部挨着地面的横木、条石等,此指门口,比喻新时期的开始。
			threshold
9. 趋缓	(动)	qūhuǎn	趋向缓慢。
			get slower
10. 纳入	(动)	nàrù	放进、收入(用于抽象事物较多)。
			bring into
11. 视野	(名)	shìyě	原指眼界,此指某种范围。
			field of vision

12. 实体	(名)	shítǐ	指实际存在的起作用的组织和机构。
			entity
13. 储运	(动)	chǔyùn	储存和运输。
			store and transport
14. 龙头	(名)	lóngtóu	比喻带头的、起主导作用的事物。
			guide
15. 单纯	(形)	dānchún	单一、只顾。
			simple; pure
16. 中	(形)	zhōng	(方言口语词)行、可以。
			all right
17. 优化	(动)	yōuhuà	经改变和选择后使其变得更好。
			optimize
18. 配置	(动)	pèizhì	配备和布置。
			deploy
19. 要素	(名)	yàosù	构成事物的必要因素。
			essential factor
20. 颇	(副)	pō	很。
			quite
21. 眼光	(名)	yǎnguāng	观点;观察鉴别事物的能力。
			sight; foresight
22. 有生之年		yǒu shēng zhī nián	指人还活着的岁月,一般用于年龄大的人。
			one's remaining years
23. 拍卖	(动)	pāimài	当众出卖由别人委托寄售的物品,由许多顾客出价争购,等到没有人出更高的价格时即拍板成交;也指减价抛售。
			auction
24. 净增	(动)	jìngzēng	收入中除去消耗而实际增加的部分。
			net increase

专　名

新牟	Xīnmóu	地名。	name of a place

注　释

1."八五"

中华人民共和国国民经济和社会发展第八个五年计划(1991—1995)的简称,也简称为"八五"计划。

2. 股份合作制

农村改革后,中国部分农村地区出现的一种新的经济联合体,其主要特征为企业职工合股经营,按股分红。这种经济合作组织,不仅资金可以入股,其他生产要素如机械、车辆等也可以折价入股。产品统一销售。结算时,从可分配的收入中扣除各种上缴及规定的公积金外,剩余部分,根据事先确定的劳动和股份比例分红。这种组织形式把集体经营和分散生产较好地结合起来,有利于发挥集体组织和劳动者个人的积极性,促进农村经济的迅速发展。1997 年开始,股份合作制又在城市中的中小型国营企业普遍推广。

报刊词语、句式示例

一、山东烟台市十几位乡镇企业家投资 300 万美元,买下美国洛杉矶市一家四星级酒店,作为对美开放的窗口。

"作为",动词,必带名词,并常借这个名词代替主语,指明人的身份或事物的性质。例如:

1. 改革开放以来,作为中国的大港口,上海港的货物吞吐量每年都在大幅度增加。

2. 作为老师,应该对学生负责,而作为学生,一定要好好学习。

3. 作为社会主义市场经济的主导力量,乡镇企业在激烈的市场竞争中形成了一个好的机制。

4. 作为一个留学生,我一定要十分珍惜这个非常难得的机会,克服一切困难,完成学业。

二、上规模,不仅仅意味着追加投资,上新项目、铺新摊子。

"上",动词,在报刊文章中常表示"开始做"、"增加"、"添补"、"提高"、"扩大"等意思。例如:

1. 对当前的乡镇企业来讲,"外向型"的含义早已不仅仅是出口创汇,而且是要外贸、外经、外资"三外"一齐上。

2. 产权改革正以不同的形式给乡镇企业带来新的生机,并将作为企业改革的核心内容与企业上规模、上水平相互促进。

3. 乡镇企业的发展也受到水平、规模、信息等条件的限制,如有些地方好不容易弄到一点钱,刚上了一个新项目,但投产不久就发现产品没有销路。

三、到目前为止,全国已有 20 多万个乡村集体企业通过试点,改造为股份合作制企业,从而有效地明晰了产权。

"到……为止",表示到某时、某地为终止的这一段时间或地方之内。作状语、补语。例如：

1. 到 1995 年为止,在被发现的 770 万艾滋病患者中,已有 550 万人死亡,仅 1995 年一年就有 130 万人被夺去了生命。

2. 组建集团公司以后,决策者开始向社会招聘技术人才,到现在为止,公司各类专业技术人员多达 600 余人,成为推动企业向高层次发展的一支生力军。

3. 到 1996 年为止,该校已为世界上 100 多个国家和地区培养了 4 万余名中、高级汉语人才,成为中外交流的重要力量。

4. 银行每天营业到下午几点钟为止?

练　习

一、选择恰当的汉字填空：

1. 记者最近发现,中国乡镇企业在健康发展的同时,又出现了一些带有_____势性的新特点。

2. 中国乡镇企业在"八五"期间也稳稳地占_____了"三分天下有其一"的地位。

3. 从目前各方面的情况看,中国乡镇企业正在_____酿着第二次腾飞。

4. 乡镇企业这些年来通过自身的资本积_____或通过联合、兼并,已经逐步形成了一批规模较大的企业。

5. 随着改革的深化,乡镇企业的机制有的已经在弱化,而乡镇企业体制上的一些_____端也开始暴露。

6. 如今,山东省、江苏省及其他沿海省区已出现了一大批大中型骨_____乡镇企业。

二、解释下列句中划线部分的词语：

1. 中国乡镇企业在"八五"期间已经稳稳地占据了"三分天下有其一"的地位。

2. 有些地区和行业,乡镇企业早已经成了半壁江山了。

3. 站在"九五"的门槛上,各地乡镇企业正酝酿着新的腾飞。

4. 到目前为止,浙江省义乌市已全部完成了产权制度改革,改变了过去企业经营者负盈不负亏的状况。

5. 现在,农民年人均纯收入净增部分的约 60% 来自乡镇企业,实现小康目标,没有乡镇企业是不可想象的。

三、根据课文内容判断正误：

1. 乡镇企业家投资 300 万美元买下美国洛杉矶市的一座四星级酒店作为对美开放的窗口,这是一件罕见的了不起的事情。(　　)

2. 在"八五"期间,中国乡镇企业的总产值已占全国国民经济总产值的三成。(　　)

3. 目前,乡镇企业数量增加的速度比以前更快,效益比以前更好。(　　)

116

4. 乡镇企业在"九五"期间将会获得新的大发展。（　）

5. 最近两年,乡镇企业数量增长比 80 年代中期明显变慢。（　）

6.1995 年,中国在头 500 家大企业中有 30 家是乡镇企业。（　）

7.1994 年,中国乡镇企业出口创汇占全国出口创汇总额 1/3 强。（　）

8. 现在对乡镇企业来说,"外向型"的意思已不包括出口创汇,而是"三外",即外贸、外经、外资。（　）

9. 乡镇企业是社会主义市场经济的主导力量之一,它具有适应市场竞争的机制。
（　）

10. 产权不明确是过去乡镇企业的一个大弊端。（　）

11. 实行股份合作制是解决乡镇企业产权问题的重要方法。（　）

12. 本文的主题是介绍中国乡镇企业的巨大作用。（　）

四、根据课文选择正确答案:

1. 最近,中国乡镇企业发展的特点是——

　　A. 数量增加变快,效益下降

　　B. 数量增加变慢,效益下降

　　C. 数量增长变慢,规模扩大,效益提高

　　D. 数量增长加快,规模扩大,效益提高

2. 最近,乡镇企业规模扩大主要依靠——

　　A. 上新项目,铺新摊子

　　B. 兼并、联合

　　C. 追加投资

　　D. 到海外办企业

3. 对当前乡镇企业来说,"外向型"的含义是——

　　A. 只是出口创汇

　　B. 不再出口创汇

　　C. 不是只要出口创汇,而是要"三外"一齐上

　　D. 打出产品,到国外办企业

4. 乡镇企业要深化改革的主要原因是——

　　A. 它已成为社会主义市场经济的主导力量之一

　　B. 它还没有成为市场经济的主导力量

　　C. 它原来的机制不好

　　D. 它原来好的机制有的在弱化,而一些弊端则日益显露出来

5. 本文的主要内容是——

A. 评述乡镇企业发展趋势

B. 评价乡镇企业的巨大作用

C. 分析乡镇企业发展的原因

D. 介绍乡镇企业发展的历史

五、回答问题：

    1. 中国乡镇企业发展的总趋势是什么？

    2. 文章是从哪几个方面评述这个问题的？

六、快速阅读：(限时 2 分钟)

    星期六一大早,58 岁的李大妈的儿、媳、女、婿、孙来到老人家里聚会。儿女们的到来令李大妈不亦乐乎,备菜备饭忙得不可开交。做菜时,李发现煤气不足,便让儿女们去灌气,谁知他们玩麻将正在兴头上,谁也不爱动窝。李大妈只得和十岁的孙子把空罐抬下楼,借辆手推车到就近的地方灌气。

    然而,这一老一少再无法将罐子抬上楼。孙子出主意说,打 110,叫警察给搬上去。李某便到一楼住户家拨打了 110 求助。三分钟后,山东蓬莱市公安局海港边防派出所两名民警赶到,很快将煤气罐搬到了四楼。待打开房门,却发现屋内乌烟瘴气,果皮、瓜子皮、烟头扔了一地,桌上人员激战犹酣。面对如此场景,两名民警犹如空口吃了苍蝇,当即对他们提出了批评,满屋儿女羞愧哑然。

（王光禄　孙丰波）

选自《中国青年报》1998 年 4 月 20 日

问题：

    李大妈为什么打电话"110"？

阅 读（一）

从纤纤小草到参天大树

陈剑光　王言彬

　　纤纤小草长成了参天大树。乡镇企业的发展、壮大成为我国国民经济改革开放以来的重大收获，成为经济发展和社会进步的重大推动力量。既是中国经济持续、快速、健康发展的"秘密武器"，也是举足轻重的"王牌武器"。

　　在短短的十几年间，农村已由种植业为主的单一经营结构转变为农工商综合经营的崭新格局。据有关方面统计，在农村社会增加值中，第一产业占农村经济的比重已由70％降至40％，二、三产业则变成了大头，所占比重由30％上升到60％。与此同时，大批农村劳动力洗脚上田，从土地上转移出来，务工经商办企业。到1996年底，全国共有1.3亿农村劳动力从事二、三产业，约占农村劳力总数的近30％，即平均每4个劳力中至少有1人在乡镇企业上班、领工资。

　　乡镇企业的发展带动了小城镇的崛起，而小城镇的建设，又促进了城乡之间生产要素的合理流动和优化组合，促进了二、三产业的进一步发展。在全国现有的近6万个小城镇中，乡镇企业年产值超亿元的就占了一成多。这些市场繁荣、经济活跃的小城镇、小集镇已成为当地政治、经济、文化、科技、信息中心，辐射和带动了整个农村经济和社会的发展、进步，为人们展示了农村工业化和城乡一体化的前景，开辟了一条逐步缩小城乡差别、工农差别的新路子。

　　引人注目的是，乡镇企业已不仅仅是增加社会有效供给、增强综合国力的有生力量，而且成为主力军。专家们指出，乡镇企业的生产经营活动，几乎涉及到国民经济所有领域，既有各种日用消费品的生产，也生产了大量的生产资料，积极发展各项服务业。有许多大宗工业产品在国内同行业中占相当大的分量，像原煤、水泥、食品饮料均占4成以上，服装更高达80％。乡镇企业不仅对增加市场消费品的供应、增加亿万农民的经济收入做出了重大贡献，而且在很大程度上增强了整个国家的经济实力。据权威部门提供的统计表明，"八五"期间，全国国内生产净增量的30％，全国工业增加值净增量的一半，外贸出口商品交货额净增量的45％，全国税收净增量的1/4，都来自日渐强大的乡镇企业。

　　更为重要的是，乡镇企业在探索社会主义市场经济体制的建立方面担当了先锋队的角色。乡镇企业自呱呱落地之日开始，就在市场竞争中谋求自己的一席之地，寻求自己的发展空间。企业的生产和经营活动都是面向市场展开，各种生产要素要靠市场来进行组织，大大小小的产品都到市场中销售。正是因此使乡镇企业的产品大都比较适销对路，产成品积压较少，产销率也比较高，企业也在日渐激烈的市场竞

119

争中摸爬滚打,练就了自身强健的体魄,经受了各种各样的考验。这也是各地乡镇企业经济效益较好、亏损较少的一个重要原因。

按照市场需求组织生产、经营,使乡镇企业形成了一套良好的运营机制,为国有企业的改革提供了经验和借鉴。几乎每个企业都是独立核算、自负盈亏的经营实体,没有政府补贴,没有财政拨款,赚钱与否都由自己承担,逐步形成了富有活力、充满生机的经营机制。正是由于这种运营机制的作用,在广大的乡镇企业中出现了"有本事使本事,没有本事学本事,学了本事使本事"的喜人景象,一大批乡镇企业家迅速成长起来。

随着今年1月1日《乡镇企业法》的正式实施,我国乡镇企业走上了法制的轨道,进入了依法发展、规范、保护的新时期。乡镇企业发展的历史证明,这是我国农村走中国特色社会主义道路的一个伟大创举,是强国富民的重大战略抉择。

选自《人民日报》1997年1月17日

生　词

1. 纤纤	（形）	xiānxiān	形容细长。 long and slender
2. 参天	（形）	cāntiān	（树木等）高耸在天空中。 towering
3. 王牌武器		wángpái wǔqì	比喻最强有力的武器。 super weapon
4. 崭新	（形）	zhǎnxīn	极新。 completely new
5. 洗脚上田		xǐ jiǎo shàng tián	比喻离开土地,从事非农业劳动。 peasents engage in non-agricultural occupation
6. 成	（数）	chéng	十分之一为一成。 one tenth
7. 大宗	（形）	dàzōng	数量大的产品、商品。 staple
8. 呱呱落地		gūgū luò dì	指孩子出生。呱呱,形容孩子哭声。 be born
9. 一席之地		yī xí zhī dì	比喻极小的一块地方或极小的一个位置。 a small plot
10. 摸爬滚打		mō pá gǔn dǎ	原指体育、军事训练中的四种动作,

比喻各种艰苦的社会实践和锻炼。

temper

11. 体魄　　（名）　　tǐpò　　体格和精力。

physique

12. 借鉴　　（动）　　jièjiàn　　跟别的人或事相对照，以便取长补短或吸取教训。

use for reference

13. 创举　　（名）　　chuàngjǔ　　从来没有过的举动或事业。

pioneering work

练　习

回答问题：

1. 本文题目的含义是什么？
2. 文章以为中国乡镇企业有哪些重要作用？
3. 为什么说乡镇企业在探索社会主义市场经济体制的建立方面担当了先锋队的角色？
4. 同 1997 年以前的情况相比，中国乡镇企业发展的最大的不同点是什么？

阅 读（二）

永 不 停 息 的 脚 步

——记周作亮和他领导的"湖北第一村"

龚达发　许学佐　曹中华

车出九省通衢的武汉，沿宜黄高速公路西行 100 多公里，一座新近崛起的乡村都市扑入眼帘。这就是闻名海内外的"湖北第一村"潜江市幸福村。

这里曾是一片贫瘠的土地，面朝黄土背朝天的乡亲们一年到头还混不到个肚儿圆。如今，一个集服装、轻工、铝业、电力、金融、房地产开发、交通运输、商业服务为一体的跨地区、跨国界的大型村级企业集团——幸福（集团）实业股份有限公司，从这里出发，走向全国，走向世界。集团拥有 25 家工商企业，资产总额达 16.8 亿元，其中年生产能力 5 亿元的企业就有 3 家。1996 年总产值达 13 亿元，实现利税 1.5 亿元,出口创汇 2050 万美元。幸福人为之艰辛努力的"幸福实业"股票已于 1996 年 9 月 9 日在上海挂牌上市,成为全国第一家村级企业上市公司。

面对眼前的辉煌,谁会想到当初只是 7 台家用缝纫机起家,更不会想到它的领头人,集团董事长、总经理兼村党委书记周作亮,竟是一位身残志坚的残疾人!

今年 57 岁的周作亮,17 年前和他的父辈一样,只是个清贫的普通农民。9 岁那年一场大病使他失去了扶犁挑担的能力。党的十一届三中全会的春风复苏了他向往幸福美好明天的希望。1979 年初,他只身到武汉一家服装厂拜师学艺,回村后集中全村 7 台家用缝纫机,办起了只有 7 名职工的幸福服装厂。

正当周作亮驾驶幸福服装厂这艘小船在市场经济大潮中,乘风破浪初显身手的时候,1989 年那年又把他抛到命运的低谷。周作亮果断决策,到深圳办服装窗口,直接向外发展,占领海外市场。一番拼搏,幸福服装厂跻身于深圳市服装企业前十名,展示了强劲的竞争态势,为发展奠定了坚实的基础。

深圳小试锋芒,坚定了周作亮走出国门、跨国经营赚洋钱的信心。他亲手设计的厂标:地球仪上一个农民阔步行走——从村头走向世界,越走劲越足,表达了他带领全体村民奋力向海外拓展的雄心。从此,一个屡弱而又永不疲倦的身影在东京、香港等国际都市上频繁出现,刮起一股股"周作亮旋风"。

1991 年,周作亮领导的幸福服装厂产值在全省乡镇企业中率先突破亿元大关,而本村其它企业却步履艰难,农业生产更是停步不前,周作亮深感不安。于是,一份进行村级经济体制改革的详尽方案送到市委领导的案头。当年 9 月,湖北首家村级集团公司成立,周作亮挑起了村党委书记、村委会主任、幸福集团公司董事长、总经理的重担。

加速农业产业化进程是集团公司成立后的重大选择。集团先后投资 520 万元反哺农业,把昔日易旱易涝的农田改造成"渠成格、田成方、路成线、树成行"的高标准农业综合开发区。永久性钢架蔬菜塑料大棚,高标准的名优水产品基地,大型养猪场,出现在贫瘠的土地上,村民年人均纯收入达到了 4000 余元。

周作亮说,村民富不富,关键看住屋。幸福村的村民住宅小区令人羡慕不已。首期投资 2400 万元兴建的 200 栋别墅楼已竣工,近 2000 名村民和专家搬进了新居;新规划的福兴街 263 栋别墅楼又已破土动工。周作亮也从未放松过社会主义精神文明建设,十多年来,全村未发生一起刑事案件,无一例计划外生育,基本杜绝了大操大办、封建迷信、赌博等不良现象。幸福村以雄厚的实力,良好的社会风气,赢得"湖北第一村"和"全国模范村"的殊荣。

选自《人民日报》1997 年 1 月 17 日

生　词

1. 通衢　　（名）　　tōngqú　　四通八达的道路。
thoroughfare

122

2. 贫瘠	(形)	pínjí	土地薄,不肥沃。 poor
3. 跻身		jī shēn	使自己上升到(某种行列、位置)。 ascend; mount
4. 缝纫机	(名)	féngrènjī	缝制衣服的机器。 sewing machine
5. 起家		qǐ jiā	创立事业。 build up
6. 扶犁		fú lí	指用牲口犁地。 work with a plough
7. 挑担		tiāo dàn	挑运东西。 carry on the shoulder with a pole
8. 小试锋芒	(成)	xiǎo shì fēngmáng	稍微显示一下本领。 begin to show ability or talent
9. 孱弱	(形)	chánruò	(身体)瘦弱。 (of physique) skinny and frail
10. 旋风	(名)	xuànfēng	螺旋状运动的风。 whirlwind
11. 步履	(名)	bùlǚ	行走。 walk
12. 案头	(名)	àntóu	几案上或书桌上。 on the table or desk
13. 董事长	(名)	dǒngshìzhǎng	董事会的最高领导。 president of the board of directors
14. 反哺	(动)	fǎnbǔ	原指人长大后供养父母,此指乡镇企业反过来帮助农业发展。 feed mother birds in return when fully grown — repay one's parents for their upbringing when they get old
15. 钢架	(名)	gāngjià	钢铁制成的架子。 steel structure
16. 塑料大棚		sùliào dàpéng	上面覆盖塑料薄膜的种植蔬菜用的温室。 plastic shed
17. 别墅	(名)	biéshù	在郊区或风景区建造的供休养用的园林住宅。 villa

18. 竣工	（动）	jùngōng	完工。 (of a project) be completed
19. 杜绝	（动）	dùjué	使停止。 stop
20. 殊荣	（名）	shūróng	特殊的光荣。 special honours

专 名

| 1. 武汉 | Wǔhàn | 城市名。 | name of a city |
| 2. 湖北 | Húběi | 省名。 | name of a province |

练 习

根据课文判断正误：

1. 周作亮是幸福(集团)实业股份有限公司的董事长、总经理兼村党委书记。（ ）

2. 幸福(集团)实业股份有限公司在湖北省武汉市。（ ）

3. 除了幸福(集团)实业股份有限公司,到现在为止,中国还没有第二家乡镇企业的股票可以挂牌上市。（ ）

4. 周作亮并不是一个残疾人。（ ）

5. 现在,幸福(集团)实业股份有限公司是一个跨地区、跨国界的村级企业集团。（ ）

6. 这个村级企业集团是从一个只有 7 台缝纫机、7 个职工的小服装厂发展起来的。
（ ）

7. 幸福(集团)实业股份有限公司已有 17 年的历史了。（ ）

8. 周作亮是个乡镇企业家,但他也十分注重该村的农业发展。（ ）

9. 现在幸福村的全体村民和在那里工作的所有专家都住进了别墅楼。（ ）

10. 周作亮领导的幸福村,两个文明建设都取得了巨大成就,并赢得了"湖北第一村"和"全国模范村"的光荣称号。（ ）

第9课

课　文

4年前，14岁的小曹因故意杀人罪被判处18年有期徒刑，来到了湖南省少年犯管教所。入所前，他偷摸扒抢、打架斗殴无恶不作，伤透了父母的心。入狱后，父母一气之下与他断绝了关系。小曹极度悲观失望，一心想一死了之。所内管教干警像亲人般地站到了他的身边，教他重新做人。干警们还专程去了小曹的家里，希望父母重新接纳小曹。父母被感动了！小曹被感动了！浪子终于回头了。

4年后的小曹，在所内已小学毕业、开始学习初中课程，阅读了《钢铁是怎样炼成的》、《青春之歌》等名著，并熟练掌握了刺绣等多种劳动技能。他说："过去我只会冲冲杀杀。现在我懂得了应该怎样去生活、去做人。我今后一定要走正道，为社会，为人民作出贡献。"

小曹以亲身的经历告诉我们：即使对违法犯罪的未成年人，我国的司法保护制度也是实实在在、行之有效的。多年来的实践，我国已形成了一套完整的有中国特色的教育、挽救、改造违法犯罪的未成年人的司法制度和社会帮教制度。

司法保护：阳光依然灿烂

近年来，未成年人违法犯罪的现象日益引起社会各界的关注。据最高人民检察院提供的信息，1995年公安机关提请全国各级检察院审查批捕的未成年犯罪嫌疑人，占所有提请逮捕案犯的6.2%。细看这特殊的一群，深感其心理、生理上的不成熟。他们走上违法犯罪道路，有的因家庭的破裂，有的因家庭的溺爱，有的因简单的报复心理，有的因"黄"色流毒的诱惑……与成年人犯罪有着很大的不同。他们的堕落，像枯萎的花蕾，让人心疼。

我国历来重视教育、挽救、改造违法犯罪的未成年人。1992年1月1日正式实施的未成年人保护法第五章专门规定了对他们的司法保护，其中第38条明确规定："对违法犯罪的未成年人，实行教育、感化、挽救的方针，坚持教育为主、惩罚为辅的原则。"

最高人民检察院检察官刘雅清说："对违法犯罪的未

走 向 新 生

——教育、挽救、改造违法犯罪的未成年人纪实

本报记者　吴　兢

成年人，批捕、起诉、刑罚只是手段，挽救才是最终目的。"她对记者讲述了这样一起案件。案件的主角是三个在四川读书的高中生。他们平时表现很好，都是班里的干部。这一天，他们所在班的学生集体凑钱给老师买生日蛋糕，但还差几十块钱。这时有人提出小商小贩赚钱容易，可以到他们那里弄一点钱。身为班干部的3人便出面抢了两个商贩，抢得一块手表、两元钱。案件送到检察院，检察官们对此案进行了认真分析，走访了学校和家长，认为三人行为情节轻微，依未成年人保护法"对违法犯罪的未成年人，实行教育、感化、挽救的方针"，决定对三人不起诉；并在很长的一段时间内，认真帮助三人端正思想、学法守法。后来，三个迷途知返的孩子品学兼优，都考上大学，成了有用之材。

为了办好未成年人违法犯罪案件，尽力挽救失足少年，我国的执法机关大多设立了办理未成年人案件的专门机构或者指定专人办理。1984年，我国第一家少年法庭在上海长宁区法院挂牌。1985年，第一个专门的少年案件起诉机构也在长宁区检察院成立。而如今，我国各级人民法院都相应地成立了少年法庭，全国3000多个基层检察院中已有2/3设立了少年案件专门检察机构。公安机关、人民检察院、人民法院都坚持严格掌握政策、法律，认真区别罪与非罪的界限，切实做到办一个案件、救一个少年。

监管场所：重塑人生

我国监狱管理局官员何平说："我国对未成年犯的教育、改造，是人道、文明、科学的，也是行之有效的。管教所不但是执行刑罚的场所，更是未成年犯的新生之地。"

当小马因盗窃罪被法院判处有期徒刑3年时，他还不满16岁。在山东省少年管教所的铁窗下，他起初仍不思悔改。一日，他旧病复发，却因偷吃了变质的肉食而中毒。管教干警迅速将他送进医院，像对自己的孩子一样为他忙前忙后。小马的病很快被医生治好了，而他的心病也终于被管教干警的真诚所治好。回家后，他遵纪守法，成为努力向上的好公民。1990年，他被山东省泰安市授予"新长征突击手标兵"称号，同年光荣地加入了中国共产党。

为了最大程度挽救未成年犯，他们的改造生活过得比成年犯更宽松、更符合其成长需要。我国对未成年犯实行"半天劳动、半天学习"的制度，每年都必须至少完成思想、文化、技术等各项教育1000个课时，劳动则属于习艺性质。据统计，几乎100%的未成年犯在关押期间扫除了文盲，并循序渐进，由小学到初中再到高中，而一些文化水平较高的未成年犯已积极地参加了大学函授、自学考试。他们中的绝大多数学会了一技之长，比如理发、缝纫、果树栽培等等，有的还获得了劳动部门承认的技术证书。山东省少年管教所，1995年参加学习的未成年犯，小学、初中、高中的文化获证率达93%，获释人员的技术获证率达95.7%。我国的未成年犯管教所正在切实地将未成年犯改造成为具有一定文化知识和生产技能的守法公民。

1995年3月，广西壮族自治区少年管教所的小朱等3名正在服刑的未成年犯，勇救一不慎落水的女学生，在当地传为佳话。当时小朱他们正在监舍外劳动，见一女学生骑车不慎跌入路边两米多深的鱼塘。他们中的一人跑去报告管教干警请求支援，小朱等二人则飞快奔向出事地点，紧急救援。因女学生身材比他们高大，他们几次潜入水底，齐心协力才将女学生救起。

从违法犯罪、祸害他人，到见义勇为、奋不顾身，这些迷途知返的未成年犯用实际

126

行动,重塑自己的人生。

社会帮教:铺一条康庄道

发动全社会的力量教育、挽救、改造违法犯罪的未成年人,是具有中国特色的综合治理措施,经长期实践证明切实有效。从公、检、法、司以及机关、团体、企事业单位,到社会各界人士、违法犯罪未成年人的亲属,环环相扣,都切实地肩负起帮教责任。

对不批准逮捕、被免予起诉和不起诉的未成年人,检察机关与公安机关携手,和街道办事处、学校、父母及其所在单位建立联合帮教小组,制定周密的帮教计划,帮助未成年人走上积极进取的道路。此项制度检察机关自80年代初实行至今,对预防和减少未成年人犯罪起到了积极作用。据调查,经检察机关施以帮教的失足未成年人,重新犯罪率极低。

对被判缓刑、管制和免刑的未成年犯,法院是一座"告别昨天、走向新生"的学校。他们联合社会各方帮教力量帮助这些未成年犯在社会的环境里认罪服法、洗心革面、树立正确的人生观和荣辱观。

90年代初期,少年犯管教所办起了"家长学校",定期请未成年犯的父母和监护人到管教所来,让家长们了解所内的生活,助孩子上进。管教所还与未成年犯所在地政府签订"帮教协议",为他们出狱后的复学升学、上岗就业等实际问题的解决提供了切实的保障。

公安机关、检察院、法院、司法部门相互配合、各司其职,并与社会各界合力帮教违法犯罪的未成年人,为这些失足的未成年人,铺就了一条由违法犯罪走向知法守法的康庄大道。

选自《人民日报》1996年5月28日

生　　词

1. 挽救	(动)	wǎnjiù	从危险中救回来。
			save; remedy
2. 判处	(动)	pànchǔ	判决处以刑罚。
			sentence (sb.) to
3. 徒刑	(名)	túxíng	剥夺犯人自由的刑罚。
			imprisonment
4. 斗殴	(动)	dòu'ōu	争斗殴打。
			fight
5. 悲观	(形)	bēiguān	精神不振,对事物的发展缺乏信心(跟"乐观"相对)。
			pessimistic
6. 干警	(名)	gànjǐng	公检法部门中干部和警察的合称,有时泛指警察。
			police
7. 浪子	(名)	làngzǐ	游荡不务正业的青年人。
			prodigal; loafer

8. 司法	（名）	sīfǎ	指检察机关或法院依法进行侦查、审判。
			administration of justice
9. 帮教	（动）	bāngjiào	对失足青年的帮助和教育。
			help and educate
10. 检察院	（名）	jiǎncháyuàn	指审查批准逮捕、审查决定起诉、出席法庭支持公诉的国家机关。
			procuratorate
11. 嫌疑人	（名）	xiányírén	有违法犯罪可能而未经证实的人。
			suspect
12. 逮捕	（动）	dàibǔ	捉拿（罪犯）。
			arrest
13. 溺爱	（动）	nì'ài	过分宠爱。
			spoil（a child）
14. 报复	（动）	bàofù	打击批评自己或损害自己利益的人。
			retaliate
15. 堕落	（动）	duòluò	思想或行为往坏里变化。
			degenerate
16. 情节	（名）	qíngjié	事情的变化和经过。
			circumstances
17. 感化	（动）	gǎnhuà	用行动影响和善意劝导,使人的思想、行为逐渐向好的方面变化。
			help（a misguided or erring person）to change by persuasion, setting an example, etc.
18. 起诉	（动）	qǐsù	向法院提起诉讼。
			sue
19. 迷途	（名）	mítú	错误的道路。
			wrong path
20. 法庭	（名）	fǎtíng	法院所设立的审理诉讼案件的机构,审理诉讼案件的地方。
			court
21. 悔改	（动）	huǐgǎi	认识错误并加以改正。
			repent and mend one's ways
22. 遵纪守法		zūn jì shǒu fǎ	遵守纪律和法律。
			observe discipline and abide by the law
23. 标兵	（名）	biāobīng	比喻可以作为榜样的人或单位。
			pacesetter

24. 关押	（动）	guānyā	把犯罪的人关起来。 lock up
25. 文盲	（名）	wénmáng	不识字的(成年)人。 illiterate
26. 函授	（名）	hánshòu	以通信辅导为主的教学方式(区别于"面授")。 teach by correspondence
27. 见义勇为	（成）	jiàn yì yǒng wéi	看到正义的事情奋勇地去做。 see what is right and have the courage to do it.
28. 奋不顾身	（成）	fèn bù gù shēn	奋勇直前,不顾生命。 dash ahead regardless of one's safety
29. 缓刑	（动）	huǎnxíng	对犯人所判处的刑罚在一定条件下延期执行或不执行。 reprieve; probation
30. 管制	（动）	guǎnzhì	强制性的管理,对犯人施行强制管束。 put (a criminal, etc.) under surveillance
31. 洗心革面	（成）	xǐ xīn gé miàn	比喻彻底悔改。 thoroughly reform oneself
32. 荣辱观	（名）	róngrǔguān	对光荣和耻辱的认识和看法。 outlook on honour and disgrace
33. 康庄大道	（成）	kāngzhuāng dàdào	宽阔平坦的大路,比喻光明美好的前途。 broad road

专　名

最高人民检察院	Zuìgāo Rénmín Jiǎncháyuàn	国家机关名。 Supreme People's Procuratorate

注　释

1. 中华人民共和国未成年人保护法

　　未成年人保护法于 1991 年 9 月 4 日由全国人大常委会通过,自 1992 年 1 月 1 日起施行。该法有总则、家庭保护、学校保护、社会保护、司法保护、法律责任及附则共七章 56 条,旨在保护未满 18 周岁的未成年人的身心健康,保障其合法权益,促进未成年人在品德、智力、体质等方面全面发展,培养社会主义事业接班人。

2. 关于犯罪主体刑事责任年龄的问题

依据中华人民共和国刑法规定，不满 14 周岁的人完全不负刑事责任。已满 14 周岁不满 16 周岁的人相对负刑事责任，即犯故意杀人、故意伤害致人重伤或者死亡、强奸、抢劫、贩卖毒品、放火、爆炸、投毒罪的应负刑事责任，但应从轻或减轻处罚。已满 16 周岁的人完全负刑事责任，但不满 18 周岁的人应从轻或减轻处罚。

报刊词语、句式示例

一、14 岁的小曹因故意杀人罪被判处 18 年有期徒刑，进了少年犯管教所。

句中的"被"用在动词前，应视为前置的结构助词，所表示的动作为被动的动作，且不点明施动者。例如：

1. 干警们专程去小曹家做工作，小曹的父母被感动了，小曹被感动了，浪子终于回头了。

2. 地震给当地居民带来了严重后果。记者看到，这个村的绝大部分房屋被毁，村民们只得围在篝火旁过夜。

3. 小马出狱后遵纪守法，努力向上，1990 年他被授予"新长征突击手标兵"称号。

二、近年来，未成年人违法犯罪的现象，日益引起社会各界的关注。

动词"引起"常与"注意"、"关心"、"同情"、"强烈反响"等连用，表示一种事物、现象使得另一种事情、现象出现。例如：

1. 中国的私有经济在持续 10 年增长后，1989 年第一次出现了户数和从业人数的减少，这引起了海内外一些人士的关注。

2. 联合国召开的"青少年、犯罪与司法"会议上，中国专家对社会治安及犯罪问题，结合中国国情而提出的"综合治理"方针，引起了与会各国专家的重视。

3. 1972 年美国总统尼克松访华是举世瞩目的一件大事，在国际社会上引起极大震动和强烈反响。

三、检察官说："对违法犯罪的未成年人，批捕、起诉、刑罚只是手段，挽救才是最终目的。

句中的"只是"是副词，表示限定范围，相当于"仅是"、"不过是"。"才是"带有确定的语气，含"别的不是"的意味。例如：

1. 给钱给物对贫困地区来说只是应急的救济办法，利用扶贫贷款开发当地资源，发展经济才是脱贫致富的根本出路。

2. 你谈的只是表面现象，必须深入调查，找出原因，才是彻底解决问题的办法。

3. 她对采访的记者说，我只是一名普通的劳动者，广大人民群众才是真正的英雄。

四、管教所不但是执行刑罚的场所，更是未成年犯的新生之地。

"不但"多与连词"而且"、"并且"一起使用，也常与副词"也、还、又、更"等呼应。两个小句表示除前边所说的意思外，还有更进一层的意思。例如：

1. 今天的学校不但是传授知识的场所,更是对青少年进行全面素质教育的基地。学校要培养有理想、有道德、有文化、有纪律的社会主义事业接班人。

2. 由于外国势力的介入,这个国家内部的民族问题不但没解决,反而更复杂了。

3. 大力发展城市公共交通,不但可以缓解市内交通拥堵,更有利于减少城市环境污染,提高城市生活质量。

练 习

一、解释句中划线的词语:

1. 小曹入狱后,父母<u>一气之下</u> <u>与他断绝了关系</u>。

2. 小曹极度悲观失望,一心想<u>一死了之</u>。

3. 细看这<u>特殊的一群</u>,深感其心理、生理上的不成熟。

4. 对违法犯罪的未成年人,坚持<u>教育为主, 惩罚为辅</u>的原则。

5. 后来,三个<u>迷途知返</u>的孩子品学兼优,都考上大学,成了<u>有用之材</u>。

6. 小马因盗窃罪被判处有期徒刑三年,一日,他<u>旧病复发</u>,却因偷吃变质的肉食而中毒。

7. 小朱等三名正在服刑的未成年犯,勇救一<u>不慎落水</u>的女学生,在当地<u>传为佳话</u>。

8. 这些迷途知返的未成年犯用实际行动,<u>重塑自己的人生</u>。

9. 从<u>公、检、法、司</u>,到社会各界人士、违法犯罪未成年人的亲属,<u>各司其职, 环环相扣</u>,都切实肩负起帮教责任。

10. 他们联合社会各方帮教力量帮助这些未成年犯<u>在社会的环境里认罪服法、洗心革面</u>,树立正确的人生观和荣辱观。

二、选词填空:

    其   则   为   此   让   与   以   将   对   由

1. 小曹____亲身的经历告诉我们:我国对违法犯罪的未成年人,司法保护制度是行之有效的。

2. 孩子入狱后,父母____他断绝了关系。

3. 细看违法犯罪的未成年人,深感____心理、生理上的不成熟。

4. 未成年人保护法明确规定,____违法犯罪的未成年人,实行教育、感化、挽救方针。

5. 未成年犯在关押期间扫除了文盲,并循序渐进,____小学到初中再到高中,有的参加了大学函授、自学考试。

6. 他们三人中的一人跑去报告管教干警请求支援,二人____飞快奔向出事地点,紧急救援。

7. 他们几次潜入水底,齐心协力才____落水女学生救起。

8. 对不批准逮捕、被免予起诉的未成年人,公检法携手和街道、学校及父母所在单位建立联合帮教小组。____项制度对预防和减少未成年人犯罪起了积极作用。

9. 少年犯管教所定期请未成年犯的父母和监护人到所里来,____家长们了解所内生活,帮助孩子上进。

10. 全社会都来帮教违法犯罪的未成年人,＿＿＿这些失足的未成年人铺就一条由违法犯罪走向知法守法的康庄大道。

三、按正确顺序排列句子:

1. A. 入狱后,父母一气之下与他断绝了关系
   B. 入所前,他无恶不作,伤透了父母的心
   C. 来到了湖南省少年犯管教所
   D. 14 岁的小曹因故意杀人罪被判处 18 年有期徒刑

   (1)　　(2)　　(3)　　(4)

2. A. 1992 年正式实施的未成年人保护法规定了对他们的保护
   B. 我国历来重视教育、挽救、改造违法犯罪的未成年人
   C. 其中第 38 条明确规定
   D. 对违法犯罪的未成年人,实行教育、感化、挽救的方针

   (1)　　(2)　　(3)　　(4)

3. A. 认为三人行为情节轻微
   B. 并走访了学校和家长
   C. 依未成年人保护法决定不起诉
   D. 检察官们对案件进行了认真分析

   (1)　　(2)　　(3)　　(4)

4. A. 法院是一座"告别昨天、走向新生"的学校
   B. 对于被判缓刑、管制和免刑的未成年犯
   C. 帮助这些未成年犯树立正确的人生观
   D. 他们联合社会各方帮教力量

   (1)　　(2)　　(3)　　(4)

四、判断正误:

1. 少年犯小曹入狱后与父母失去了联系。(　　)
2. 对违法犯罪的未成年人,中国实行教育、挽救、改造的司法制度和社会帮教制度。
   (　　)
3. 对失足的青少年,坚持教育为辅、惩罚为主的原则。(　　)
4. 检察官说,对违法犯罪的未成年人,批捕、起诉只是手段,刑罚才是最终目的。(　　)
5. 三个中学生干部抢了两个商贩,因为他们平时表现好,检察官决定不起诉。(　　)
6. 中国第一家少年法庭是 1984 年在上海的一个区法院设立的。(　　)
7. 因盗窃罪入狱的小马,因旧病复发再次住进了医院。(　　)
8. 未成年犯几乎 100% 是文盲,在关押期间他们扫除了文盲。(　　)
9. 山东省少年管教所十分重视未成年犯的教育,1995 年 95% 以上的获释人员取得了劳动部门承认的技术证书。(　　)

10. 综合治理要求,从公、检、法、司以及机关团体、企事业单位到社会各界以及家庭,都要肩负起帮教责任。( )

11. 社会帮教对象主要是对被判缓刑、管制的未成年犯和不批准逮捕、被免予起诉和不起诉的未成年人。( )

12. 为了切实解决未成年犯出狱后的学习、就业问题,管教所与未成年犯所在当地政府签订了帮教协议。( )

五、根据课文内容填空:

1. 文中提到,未成年人违法犯罪的原因有:
   (1)_____;
   (2)_____;
   (3)_____;
   (4)_____。

2. 对违法犯罪的未成年人,
   (1)实行_____方针;
   (2)坚持_____原则。

3. 文中列举四件事例来论证作者的论点,从上下文中找出各事例所说明的论点:
   (1)小曹的事例:_____。
   (2)三个高中生的事例:_____。
   (3)小马的事例:_____。
   (4)小朱等三人的事例:_____。

六、快速阅读:(限时 4 分钟)

生孩子有瘾(yǐn)的父母

江 岩

得比夫妇结婚二十年来,共生了十二个孩子。这使他们在平均生育率极低的德国成为当之无愧的超级父母。今年他们最大的孩子正好二十岁,最小的整两岁,而且只要有可能他们还会继续生下去,原因非常简单,这对夫妇爱孩子胜于一切,生孩子上瘾了。每当一个孩子出世,他们都能感受到极大的快乐,并萌生出再生一个的渴望。

在这样的大家庭里,要想让日常的生活起居变得井井有序真是要付出不少辛苦。首先要对付的自然是一日三餐。为此得比太太每天早上五六点必须起床,为一家十四口人准备早餐,等丈夫上班、孩子上学后,她还得照顾几个小的穿衣吃饭,接着马不停蹄地洗碗、整理房间,一边还得想着别错过了给中午回家吃饭的孩子准备午餐。由于人多,食量可观。经常为做一顿晚餐她就得削十几公斤的土豆。而孩子们总是没等她一切就绪就围着特制的餐桌敲得刀叉直响了。有进自然有出,这样家里成员上厕所、洗漱也成了一大问题。为了避免争吵和混乱,得比先生想出奇招,在厕所和卫生间门口,特设一个小小的红绿管制

133

灯,严格规定每次进出人数和时间。即使如此,仍防不胜防,尤其在早上。

得比夫妇一天要做的事实在太多了。好在现在有一半孩子已经长大,可以在节假日帮家里分担一些家务。得比夫妇骄傲地说,他们的孩子现在一旦行动起来,可以在一分钟之内让零乱不堪的房间焕然一新,显出人多的妙用。

今年圣诞节,得比一家再次被德国一个著名的电视专题节目选为特邀嘉宾,并获赠全家到维也纳免费旅游的机会。或许这会更加坚定得比夫妇生孩子的决心,到明年圣诞节,人们说不定会看到他们膝下又多出一个可爱的孩子。

选自《中国青年报》1996 年 12 月 30 日

问题:

你喜欢这个家庭吗? 为什么?

阅 读 (一)

〜〜〜〜〜〜〜〜〜〜〜〜〜〜〜〜〜〜〜〜〜〜〜〜〜〜

女 法 官 的 情 怀
——记石景山法院少年庭

喻家卿

在北京市 18 个区县的人民法院中,独立建立少年案件审判庭的不多,石景山区人民法院少年庭便是其中之一。1994 年,这个庭被评为全国法院少年案件审判工作先进集体。在这荣誉的上面,谁又知道庭里清一色的女法官们洒下了多少辛勤的汗水。

目前,社会犯罪中罪犯的年龄呈下降趋势,青少年犯罪已成为突出的社会问题。1993年,为更有力地打击和预防犯罪而建立的少年案件审判庭,可说是审判制度的一项改革。少年庭审理的主要对象是 14 岁以上不满 18 岁的未成年人。每当谈到这些犯有不同罪行的少年时,石景山区人民法院副院长武爱兵总是那么痛心,“他们也是国家的未来呀!”因此,她经常对少年庭的女法官们说:“未成年人在心理、生理的特点上有别于成年人,这就要求在审理方式、方法上与对待成年被告人有所区别,要严格把住证据事实关,认真研究‘从轻、减轻’的适用法律,使审判最终达到教育、感化、挽救的目的。”

少年犯小陈从小随父母在河北的一个小镇长大,不知道什么是都市生活。当他来到北京的爷爷家生活后,都市中的一切都令他吃惊和兴奋,而每每又会因囊空如洗令他窘迫。钱,逐渐占据了他的整个大脑空间。几个新结识的哥们儿看出了小陈的心思,于是给他指了条发财的捷径。几乎是未做什么思索，小陈便跃跃欲试了。一个月黑风高的夜晚，小陈伙同他人成了蒙面强盗，抢劫了5名过路人，因而走到了法庭上。

一个本来淳朴的少年，为什么刚进入大都市就走上犯罪道路了呢？对小陈，少年庭的审判人员不是简单依法量刑，而是深思他的犯罪原因。女法官们深入到小陈的家庭了解他的一切，用他感受极深的现实，告诉他怎样做人才算正直，用他终日辛勤劳动的家长为例，教育他不劳而获可耻，使他明白了依靠自己的合法劳动才能创造财富的道理。面对像大姐姐般的女法官，小陈不知流下了多少次眼泪。

根据小陈的作案情节及悔罪表现，少年庭依照法律的有关条文，从轻判处他有期徒刑2年，缓期执行2年。带着难言的悔恨，小陈又回到了河北的父母家，进了一家工厂当了临时工。小陈人离开了北京，可心却没有离开少年庭的女法官们，他除了努力工作外，还经常向法院汇报思想和生活状况。当他听说法院将为几名缓刑少年犯向希望工程捐款而举行仪式时，刚做完阑尾炎手术3天的小陈，起了个大早，忍着刀口的疼痛赶到法院，郑重地向希望工程捐献出了他用汗水换来的所得。

在审判工作中，少年庭的女法官们无论是对执行所判刑期的少年犯，还是对判缓刑的少年犯，都同样倾注心血，热情地教育、挽救。1993年12月，6名石景山某中学在校生与另两名无业少年结伙在八角地区抢劫16起，严重地扰乱了社会治安。他们以抢劫罪受到了应有的审判。3名首犯被送到少管所执行刑期，另外5名少年犯被判缓刑。

审判结束了，但女法官们的帮教工作却又开始了。对3名送少管所的少年犯，少年庭的审判人员一方面做好他们家长的思想工作，使其千万不能嫌弃自己的孩子，用亲情去呼唤他们认罪服法，改造自新的决心；另一方面把挽救之手伸进大墙，定期去少管所帮教、鼓励少年犯们在改造中多创好成绩。过年了，武爱兵副院长、侯桂珍庭长带领女法官们又来到少管所，与少年犯们座谈。侯庭长拉着少年犯刘某的手，对他说："你犯了法，给你的父母的打击该有多大呀！你的父母在流泪，可心里流的却是血。一个人，首先爱父母，才会爱他人，爱国家。"刘某听着这亲切感人的家常话，把头深深地垂在胸前。

对那些案中判缓刑的少年犯，女法官们不但经常家访，进行有针对性的教育，而且，还定期把他们的家长请到法院，询问在教育孩子上存在的问题，尽全力帮助解决缓刑少年犯们在继续完成学业上的困难。正是在女法官事无巨细的关怀和家长们的全力配合下，5名缓刑少年犯在缓刑期间都继续了学业，有的还上了夜大和职业培训学校。

小姚在上高中时曾是班干部，可他却犯有抢劫罪。最后，在一次他抢了烟摊后，被判刑3年，缓刑3年。缓刑期间，经少年庭多方奔走，终使小姚能在学校中继续读高中。小姚没有辜负法官和家长的期望，不但学习成绩好，而且还光荣地加入了共青团，并获得了减刑的奖励。前年，当因差几分，小姚与大学失之交臂时，女法官们及时帮助他从落榜的阴影中走出来，鼓励他从头开始。在去年的高考中，小姚如愿以偿，考上了沈阳的一所大学。小姚告别家乡父老要去大学报到了，临行前，他特意来到少年庭，无比感激地向女法官们深深地鞠了一躬。

在石景山人民法院少年庭有一间荣誉室，在满墙的锦旗和各种材料中，有几本精美的相册引人注意,那里面每张彩照上都有一名满脸笑容,朝气勃勃的少年。这些都是少年庭审判过,又花了心血帮教过的昔日浪子,如今他们中有的上了大学,有的参加了工作。一翻开这些相册,少年庭的女法官们便会流露出一种自豪感。

选自《北京晚报》1996年3月1日

生　词

1. 清一色	（形）	qīngyīsè	比喻全部由一种成分组成或全部一个样子。 all of the same colour; homogeneous
2. 囊空如洗	（成）	náng kōng rú xǐ	口袋里空得像洗过了一样,形容一个钱都没有。 with empty pockets; penniless
3. 窘迫	（形）	jiǒngpò	非常穷困,十分为难。 very poor; hard pressed
4. 捷径	（名）	jiéjìng	近路,比喻能较快地达到目的的巧妙手段或办法。 shortcut
5. 跃跃欲试	（成）	yuèyuè yù shì	形容心里急切地想试试。 be eager to have a try
6. 月黑风高	（成）	yuè hēi fēng gāo	没有月亮,风又很大的漆黑夜晚。 a moonless and windy night
7. 淳朴	（形）	chúnpǔ	诚实朴素,也作纯朴。 honest; simple
8. 不劳而获	（成）	bù láo ér huò	自己不劳动而取得别人劳动的果实。 reap without sowing; profit by or reap the fruits of other people's toil
9. 阑尾炎	（名）	lánwěiyán	由于病菌等侵入阑尾引起的病症,俗称盲肠炎。 appendicitis
10. 夜大	（名）	yèdà	夜大学的简称,利用晚间上课学习大学知识的高等院校。 evening university
11. 辜负	（动）	gūfù	对不住(别人的好意、期望或帮助)。 let down

12. 失之交臂	（成）	shī zhī jiāo bì	形容当面错过,失掉了好机会。
			just miss the person or opportunity
13. 落榜		luò bǎng	指考试没有被录取。
			fail in an entrance examination
14. 阴影	（名）	yīnyǐng	阴暗的影子。
			shadow
15. 如愿以偿	（成）	rú yuàn yǐ cháng	像所希望的那样得到满足,指愿望实现。
			have one's wish fulfilled

练　习

一、选择正确答案:

1. 少年案件审判庭审理的对象是——
   A. 14 岁以下的未成年人
   B. 14 岁以上的未成年人
   C. 14 岁以上不满 18 岁的未成年人
   D. 18 岁以下的未成年人

2. 从河北小镇来到北京的小陈常常感到窘迫的原因是——
   A. 没钱
   B. 没朋友
   C. 一切都令他吃惊
   D. 不知道什么是都市生活

3. 小陈被判处“有期徒刑 2 年,缓期执行 2 年”。意思是——
   A. 两年以后才去服刑两年
   B. 缓刑 2 年期间,没有再犯新罪,就不再服刑 2 年了
   C. 缓刑 2 年期间,如果犯了新罪,就服刑 2 年
   D. 服刑两年后,表现不好,再服刑两年

4. 曾抢过烟摊的小姚,高中毕业后——
   A. 与大学失之交臂,没考上大学
   B. 如愿以偿,当年考上了外地的一所大学
   C. 虽然考上了大学,但榜上无名
   D. 第一年没考上,第二年才考上大学

5. 女法官们翻开相册便会流露出一种自豪感。原因是——
   A. 相册里有许多满脸笑容的彩照

B.许多经她们帮教的昔日浪子走上了新生之路

C.彩照记录了她们辛勤工作的情景

D.她们被评为先进集体,取得了许多荣誉

6.这篇文章主要介绍的是——

A.青少年犯罪已成为突出的社会问题

B.为了打击和预防未成年人犯罪,建立了少年庭

C.少年庭的女法官们辛勤工作,教育、感化、挽救青少年犯

D.许多青少年犯悔过自新,走上了新的生活道路

阅 读(二)

高 墙 铁 网 里 的 创 造

——来自北京市监狱的报告

王 比 学

提起监狱,人们习惯地把它和高墙铁网联系在一起,可坐落在京郊大兴县团河的北京市监狱却是个超乎人们想象的地方:具有现代气息的办公楼、排列有序的厂房,使人容易想到这是一座现代化的工厂;花园式的监区,又会使人以为这是一所学校。

北京市监狱的前身是北京市收容所,始建于 1982 年,担负着全市判处 10 年以下男性财产型罪犯的收押、调运和监管改造任务。

十几年前这里仅有几栋陈旧的房舍,周围一片荒凉。他们仅用 12 年时间就建成了一座初具规模的现代化文明监狱,创造出一个又一个的令人瞩目的成绩:连续 12 年调运罪犯无事故,刑满释放人员重新犯罪率连续 3 年低于 3%,1992 年至 1994 年连续 3 年被

评为"首都文明单位",监狱现拥有 18 个经济实体,固定资产达亿元以上。

这些成绩是怎样创造的? 不久前,记者采访了北京市监狱。

新颖的考核奖惩制

北京市监狱在对犯人进行改造的过程中,除了一些常规的管理措施之外,还摸索出了一套别具特色且行之有效的方法。

监狱对犯人实行计分考核、分级待遇和劳动报酬相结合的办法,即除保障犯人基本生活费外,同时将其劳动报酬与生产效益、改造表现挂钩,每月计分考核,其累计分数作为发放奖金、实施分级待遇及减刑假释奖励的依据。

国家规定对每一犯人每月都补助基本生活费，北京市监狱还根据犯人的生产效益，核发一定数额的奖金。犯人的基本生活费、奖金、邮汇存款，统一由监狱存入每人的账户上，犯人需要购物时，即可以记账的方式，由监狱统一购买，再分发到个人。这种监狱内特有的购物方式还真有点像社会上流行的"信用卡"消费。

杨某，因诈骗被判处9年有期徒刑，他对记者说："监狱实行劳动报酬的办法，体现了奖有依据，罚有凭据，增强了大家的竞争意识。以前，家里人每月来探监时，都要送些钱来。现在，我每月能拿到奖金，给家庭也减轻了负担。"其他犯人每月基本上也能拿到一定数量奖金，有的还表示打算存点钱，将来出狱时带回家。

一些犯人的家属写信给监狱说："我们的亲人犯了法，政府不仅费尽心血挽救他们，还让他们挣钱拿工资，只有共产党领导的社会主义中国才会有这样的事。"

监狱长周凯东在介绍监狱劳动报酬制时说："过去我们对犯人实行供给制，最大的缺点是吃大锅饭，不利于调动犯人的积极性。而实行劳动报酬制，便可以革除这一弊端。除了实行劳动报酬制外，依据犯人的表现，对犯人在生活待遇、文体活动及各种奖励等方面给予不同处理。"

对于这一套有序的制度，犯人心服口服，因为每月的奖惩情况都向他们公布，这样无形中就形成了一个公开竞争，互相监督的管理体系。

刑期变学期

监狱在改造工作中，注意对犯人的思想道德进行教育。他们注重用良好的狱内氛围，使犯人在潜移默化中得到改造。

每周一上午，犯人在操场举行庄严的升旗仪式，由监狱长带头，风雨无阻，同时集体唱"没有共产党就没有新中国"。他们还组织犯人在监狱的围墙上绘制了长达1600多米的巨型"祖国江山万里厅"的山水画，以陶冶犯人的情操。

除此之外，监狱还特别注意对犯人进行文化技术教育。他们不仅开办了高小班、初中班、高中班和自修大专班，还举办了汽车维修、缝纫、电气焊和油漆培训班，使犯人刑期变学期，学有专长，为回归社会作准备。

犯人石某，入监前大字不识，几年来他妻子没来探过一次监，他自己又不会写信，通过在监狱上扫盲班，终于学会了写信，他立即给妻子写了封信。他妻子在接到他亲笔写的信后激动不已，在探监时对丈夫说："这几年你没白混，监狱不仅改造了你的思想，还教你学到了文化，你要好好改造，报答政府对你的恩情。"

犯人戴某，入监时什么都不会，在监狱学习了汽车修理技术，1992年刑满释放后被北京一家国营单位录用，由于他积极肯干，又有技术专长，被提拔为公司副经理。他多次来监狱进行回访，用亲身经历教育在监的犯人，并感谢监狱干警对他的培养教育。

通过各种技能培训班，许多犯人已获得了各种职业技术证书。不少犯人表示，凭着在监狱学到的知识、技术，重返社会后一定能自食其力，靠自己的劳动致富。

事实上，这些犯人掌握了正当的谋生技能，是减少重新犯罪的重要途径，同时也是维护社会长治久安的措施之一。

这里有群任劳任怨的奉献者

犯人走了一拨又一拨，而干警得长期在这里工作、生活下去。这些燃尽生命之烛，照亮他人的干警总是容易被人遗忘。

大墙外的人没有亲身经历，又有谁能体味他们的艰辛呢？

"两眼一睁，干到熄灯，两眼一闭，还得提

高警惕。"这是流行在监狱干警当中的一句顺口溜。的确，没有人能够说出他们究竟花费了多少心血，度过了多少不眠之夜，牺牲了多少个与家人团聚的日子……

副监狱长杨地感慨地对记者说："犯人生产还可以三班倒，可咱们干警倒不起。一个中队有 200 名左右的犯人，而干警却不足 10 名，白天黑夜都得盯着，一天得干十五六个小时，眼睛熬得血红血红。有些人不理解，问我们这样没日没夜地干，到底能挣多少钱，说到底，我们的干警还是继承了老一辈干警那种艰苦奋斗，无私奉献的精神。"

22 岁的干警孙涛，是监狱最年轻的副中队长，在中队里直接管理生产。今年 4 月正值生产旺季，他姐姐患癌症住在北京医院，他只去看了一次，还是监狱长硬拖着他去的。从医院回来，他就直接回单位了，连家也没回。4 月份，他没回一趟家，每天晚上都是深夜才上床睡觉，早上 6 点就起床了。最忙的时候连饭都顾不上吃，一天就以两袋方便面打发，瘦得只剩下一个小脸了。

一段时间，监狱中层干部家庭矛盾较多，原因只有一个，就是干警经常不回家。干警徐宝华负责基建，他家就在施工现场旁边，当时孩子还不到一岁，他也顾不上回家几次。有时回家看饭还没熟，扭头到食堂吃两个馒头就上工地了。他妻子经常抱怨，一度曾出现家庭危机。后来通过监狱领导耐心解释做工作，把徐宝华的岳母接来带孩子，这个家庭才稳定下来。

像孙涛、徐宝华这样的干警，在北京市监狱不胜枚举。他们把青春，把热血奉献给了监狱，奉献给了我国的监狱事业。

（图为北京市监狱正在举行升旗仪式。**张　实**摄）

选自《人民日报》1995 年 10 月 17 日

生　词

1. 监狱　　（名）　jiānyù　　监禁犯人的处所。
prison

2. 瞩目　　（动）　zhǔmù　　注目，把视线集中在一点上。
focus one's attention upon

3. 刑满释放　　xíng mǎn shìfàng　　犯人服刑期满，出狱恢复人身自由。
be released upon completion of a sentence (or one's term)

4. 固定资产　　gùdìng zīchǎn　　具有一定限额价值和使用期限，能作为劳动资料或其他用途的财产，如房屋、机器、运输设备、家具、图书等。
fixed assets

5. 假释　　（动）　jiǎshì　　在一定条件下，把未满刑期的犯人暂时释放。
release on parole (or on probation)

6. 账户	(名)	zhànghù	会计上指账簿中对各种项目设置的分类。
			account
7. 探监		tàn jiān	到监狱里看望被关押的人（多为亲友）。
			visit a prisoner (usu. a relative or a friend)
8. 大锅饭	(名)	dàguōfàn	供多数人吃的普通伙食,比喻平均主义的分配形式。
			food prepared in a large canteen cauldron —— equalitarianism
9. 潜移默化	(成)	qián yí mò huà	指人的思想或性格受其他方面的感染而不知不觉地起了变化。
			imperceptibly influence
10. 情操	(名)	qíngcāo	由感情和思想综合起来的,不轻易改变的心理状态。
			sentiment
11. 电气焊		diàn-qìhàn	电焊和气焊,利用电的两极接近产生电弧和利用可燃气体火焰焊接金属。
			electric welding and gas welding
12. 混	(动)	hùn	只顾眼前,得过且过,苟且地生活。
			muddle along
13. 自食其力	(成)	zì shí qí lì	凭自己的劳力养活自己。
			support oneself by one's own labour
14. 长治久安	(成)	cháng zhì jiǔ ān	指社会秩序长期安定太平。
			a long period of peace and order
15. 任劳任怨	(成)	rèn láo rèn yuàn、	做事不辞劳苦,不怕别人埋怨。
			work hard regardless of criticism
16. 顺口溜	(名)	shùnkǒuliū	民间流行的一种口头韵文,句子长短不等,纯用口语,念起来很顺口。
			doggerel
17. 三班倒		sān bān dǎo	把人员分成三个班组轮流上岗工作。
			three shifts, the system of three shifts used in factories whereby workers take turns working the early, middle, and night shifts
18. 旺季	(名)	wàngjì	营业旺盛或生产繁忙的季节。
			peak period; busy season
19. 癌症	(名)	áizhèng	恶性肿瘤。
			cancer
20. 基建	(名)	jījiàn	基本建设的简称,指国民经济各部门增

添固定资产的建设,如矿山、厂房、铁路、桥梁、农田水利、住宅及机器设备、运输工具等。

capital construction

21. 不胜枚举　　（成）　　bù shèng méi jǔ　　不可能一个个列举出来,形容同一类的人或事物很多。

too numerous to mention individually

练　习

一、判断正误:

1. 北京市监狱里关押的犯人都是判处 10 年以下徒刑的男犯。（　）

2. 这座监狱有着花园式的环境,所以被评为"首都文明单位"。（　）

3. 这个监狱特别之处在于建立了一套新颖的考核奖惩制度。（　）

4. 这里的犯人凭自己的信用卡去购买东西。（　）

5. 这里的犯人除基本生活费外,还可以依据劳动成绩得奖金。（　）

6. 这里过去实行供给制,吃大锅饭,现在实行劳动报酬制,生活待遇不一样。（　）

7. 这个监狱每月向犯人公布奖惩情况,犯人可以公开竞争,互相监督。（　）

8. 监狱在改造工作中主要是对犯人进行文化技术教育。（　）

9. 由于许多犯人学有专长,他们举办了汽车维修、缝纫、电气焊等多种培训班。（　）

10. 犯人石某,入监前是个文盲,经过学习现在可以给家人写信了。（　）

11. 犯人戴某刑满释放后被一家国营单位录用,后来还当了公司副经理。（　）

12. 犯人掌握了谋生技能,有助于减少重新犯罪,有利于社会长治久安。（　）

13. 狱中的干警日夜三班倒,他们受不了。（　）

14. 干警徐宝华负责基建特别忙,他的妻子经常称赞他。（　）

15. 文章赞扬了监狱干警任劳任怨的奉献精神。（　）

二、回答问题:

1. 北京市监狱取得了哪些优异成绩?

2. 这个监狱在改造犯人工作中实行了什么新办法?

3. 监狱为什么特别注意进行文化技术教育?

4. 文章是怎样赞扬监狱干警的?

第 10 课

课　文

~~~~~~

特 区 还 是 要 "特"

——祝贺深圳经济特区创建 15 周年

<div align="right">——本刊评论员</div>

我国经济特区的创建,从深圳算起已经过去 15 个年头。在庆贺深圳特区 15 周岁的日子,回顾特区走过的道路和成就,展望一下特区未来发展的前景,也许是有意思的。

深圳,原先只不过是一个边陲上荒僻、落后、真正称得上是"一穷二白"的乡镇,但划为经济特区的 15 年间,这块 300 多平方公里土地上发生了巨变,国民生产总值每三年翻一番,工业总产值每两年翻一番,别的地方"三年一小变,五年一大变"已是了不起的"腾飞",深圳却是一年一大变。现在,深圳已经成为拥有 300 万人口、几万家工商企业的著名现代化城市,年国民生产总值已达 560 亿元,论城市综合实力,深圳目前已是仅次于沪、京、津、穗而居全国第五位,连最保守的人也不能不承认中国人创造了世界城市发展史上的奇迹。深圳的现实极具说服力地证实,中国共产党独具匠心创建经济特区的政策正确和伟大。

有人说,深圳嘛,是全国钞票堆起来的。否,这是极大的误会。我们且算两笔"投入产出"账。第一笔,国家对深圳的投入。15 年来,国家给深圳的投入是 1 亿元,其余全靠深圳自身谋划和滚动。15 年特区产出是多少?将近 500 亿元!这包括深圳市直接上交中央和广东财政的 48 亿元,由深圳海关、银行、邮政、铁路等系统间接上交给国家的税收约 450 亿元。是 1∶500! 这还不包括深圳自身积累起来的近 600 亿元国有固定资产。第二笔,各省市及中央各部委的投入。这笔投资对深圳的繁荣发展当然发挥了很大作用,但"回报"也是惊人的。15 年间各地投入深圳的资金总额为 120 亿元,同期深圳向内地投资总额是 130 亿元。深圳作为有 200 多万外来人口的城市,每年单是打工者寄回内地的劳务收入就超过 60 亿元,15 年总计是一笔好大的数字，这对内地工农业的发展无疑是个大助力。

深圳最重要的贡献，是实现了创办经济特区的两大任务，"窗口"的任务和"试验场"的任务。这里是技术、外贸、信息的窗口。15年来，无数项国外高新技术先在深圳生根、发芽，然后"引种"到内地开花结果；全国20多个省市的商品，通过深圳销往世界各地；深圳是国内外信息的交汇点，国内企业从这里了解世界，国外客商从这里了解中国。

经济特区对推进全国改革开放的贡献最大。许多改革政策、方针、措施率先在特区试验。就像人们说的，失败了，改了就是，损失较小；成功了，推广开来，收效极大。有一个统计，在改革开放和建立社会主义市场经济体系方面，深圳先行一步的试验，多达200余项，为这些改革措施的大面积推广提供了宝贵经验。人们从近些年通过的法律、法规和建立市场经济体制的若干决定中，可以看到特区试验的印痕。

深圳特区走过了15年辉煌的岁月，现在面临了新的问题。有人说，经济特区之"特"，是因为中央给了特别优惠的政策，是处于临近港澳特别有利的区位；经济特区之所以能超速发展，是凭借了"政策优势"和"区位优势"。现在，曾经是特区独享的优惠政策，已经普及到沿海城市和内地城市，"特惠"牌变成"普惠"牌；曾经有过的区位优势，也因近些年各地、特别是广州、珠江三角洲和沿海城市交通、电讯事业的迅猛发展，也大大弱化了。经济特区还"特"得起来吗？

在纪念特区创建15周年的日子里，深圳上上下下讨论的正是这个问题。他们的结论是，经济特区还要"特"。政策优势、区位优势弱化了，但15年建设给深圳增添了新的优势。这就是：深圳城市综合实力的优势；市场机制比较完善、健全的优势；知识层次、人才素质较高的优势；得改革风气之先和全国人大赋予的地方立法权的体制优势，最重要的还有，深圳15年间的率先改革形成的有利于市场经济生长发育的良好舆论和观念环境，或者叫做观念的优势。凭借这些优势，深圳特区还可大有作为。

深圳人说得好，今后，深圳所需要的不再是国家特许的减免税等优惠政策，而是允许深圳"先行一步"的政策。在哪些方面"先行一步"？

——我国将要实行的符合国情的国际惯例，在深圳先试办；

——我国复关需要调整的政策，在深圳先试用；

——我国建立社会主义市场经济体制需要改革的措施，在深圳先试行。

说到底，这个"三先"就是率先和世界经济接轨，它体现了特区"试验场"功能的发挥，表现了深圳人浩大气魄和"拓荒牛"的敢闯、敢试、敢为人先的革命精神。这个"三先"，不也正道出了我国企业、事业界人们普遍关注的大问题吗？深圳率先闯出一条路来，或成或败，对全国都将是无可估量的功绩。这个"三先"，还显示了深圳人的远见：尽快地在经济运行机制和市场运作上与香港衔接融合，互补互利，那是大有利于香港1997年平稳过渡的。

深圳特区已经创造了第一个辉煌的15年，我们相信，它也将能创造第二个更为辉煌的15年。

选自《瞭望》新闻周刊1995年第34期

生　词

1. 边陲　　　（名）　　biānchuí　　　　边境。
   border

2. 荒僻　　　（形）　　huāngpì　　　　荒凉偏僻。
   desolate and out-of-the-way

3. 一穷二白　　　　　yī qióng èr bái　　"穷"、"白"指经济不发达,文化水平
   不高。指经济文化基础差,底子薄
   的落后状态。
   poor and blank

4. 腾飞　　　（动）　　téngfēi　　　　飞腾,指迅速向前发展。
   develop rapidly

5. 保守　　　（形）　　bǎoshǒu　　　　维持现状,不求改进;指思想跟不上
   形势的发展。
   conservative

6. 独具匠心　　　　　dú jù jiàngxīn　　匠心:巧妙、高明的构思和设计。指
   具有独特的想法和创造性。
   show ingenunity

7. 滚动　　　（动）　　gǔndòng　　　　翻转移动。
   roll

8. 间接　　　（形）　　jiànjiē　　　　通过第三者发生关系的(与"直接"相
   对)。
   indirect

9. 税收　　　（名）　　shuìshōu　　　　国家征税所得的收入。
   tax revenue

10. 积累　　　（动）　　jīlěi　　　　逐渐聚集。
    accumulate

11. 劳务　　　（名）　　láowù　　　　劳动服务;指不以实物形式而以劳动
    形式为他人提供某种效用的活动。
    labour services

12. 率先　　　（副）　　shuàixiān　　　带头,首先。
    be the first to do sth.

13. 若干　　　（数）　　ruògān　　　　多少(指不定的数量)。
    a certain number or amount

14. 印痕　　　（名）　　yìnhén　　　　痕迹,留下的迹象。
    mark; trace

15. 凭借　　　（动）　　píngjiè　　　　依靠。
    rely on

16. 结论	（名）	jiélùn	对人或事物所下的最后论断。
			conclusion
17. 机制	（名）	jīzhì	指一个系统所具有的规律或功能。
			mechanism
18. 赋予	（动）	fùyǔ	交给（重大任务、使命等）。
			bestow on
19. 国情	（名）	guóqíng	一个国家的基本情况和特点。
			national conditions
20. 国际惯例		guójì guànlì	国际上通常的做法；国际交往中所形成的一些习惯和先例，后被各国承认和沿用，因而具有法律上的约束力。
			international practice
21. 拓荒	（动）	tuòhuāng	开垦荒地。
			open up wasteland
22. 融合	（动）	rónghé	不同的事物合在一起。
			mix together

专　名

1. 深圳	Shēnzhèn	经济特区名。
		name of a special economic zone
2. 穗	Suì	广州市的别称。
		another name for Guangzhou
3. 珠江三角洲	Zhūjiāng Sānjiǎozhōu	地域名。
		name of a region

注　释

1. 国民生产总值

　　按市场价格计算的国民生产总值的简称。它是一个国家所有常住单位在一定时期内收入初次分配的最终成果（即以货币表现的全部产品和服务的总价值），是一个收入概念。英文缩写为 GNP。

2. 复关

　　指恢复中国在关贸总协定中的地位，中国加入世界贸易组织（WTO）。

报刊词语、句式示例

一、深圳，原先只不过是一个边陲上荒僻落后的乡镇，但划为经济特区的 15 年间，这块 300

多平方公里土地上发生了巨变。

句中的"只"、"不过"都是副词,表示限于某个范围,含有往小处说的意思。同义词"仅仅"。后边的"但"是连词,表示转斩。例如:

1. 这件事我只不过说说而已,但他却十分认真,非要弄个水落石出不可。

2. 昨天的比赛只不过是小胜对方,但通过比赛可以看出,自新教练执教以来,中国队的自信心增强了,整体配合上也有了显著进步。

3. 小李只不过是一名普通的售票员,但她在日常工作中表现出来的良好职业道德十分可贵。

二、论城市综合实力,深圳目前已是仅次于沪、京、津、穗而居全国第五位。

介词"论"有"拿……来说"的意思。"论"及其宾语用在主语前,表示在某方面。例如:

1. 论水平,北京国安足球队能取胜,可是今天他们的运气不佳,就是不进球。

2. 论学习,全班 18 个同学没有一个比得上他的。

3. 要论吃鸡吃得绝,还得数中国人,烧、烤、蒸、煮、馏、炒、燉、扒、名堂不下数百种。

三、深圳一年一大变,连最保守的人也不能不承认中国人创造了世界城市发展史上的奇迹。

句中的介词"连"表示强调,有"甚至"的意思。后边与"也"、"都"相呼应。例如:

1. 台湾是中国不可分割的一部分,连美国政府也承认,世界上只有一个中国。

2. 不到 24 小时就降了两尺厚的大雪,高速公路上看不到汽车的影子,连四轮驱动的越野车也无法前进。

3. 为了改变山村的贫困面貌,全村人人动手,家家植树,连荒山野岭上都种满了果树。

四、深圳在三个方面"先行一步"。说到底,这个"三先"就是率先和世界经济接轨。

句中"说到底"的"底",名词,指物体的最下部分,事物的根本和内情。由"说到底"引出后边的句子,进一步指明事理。例如:

1. 要致富,先修路。可这个村至今没有一条公路。说到底,还是一个资金问题。

2. 近年来,我国经济持续发展,成绩显著,但广大群众在就业、住房、交通等方面困难仍然很多,说到底,根子还是人口太多,负担太重。

3. 国家成立信息产业部是为了更好地推动我国信息制造业特别是计算机和计算机软件的发展,说到底是为经济和社会的信息化奠定物质、技术基础,实现现代化。

练 习

一、选词填空:

| 一穷二白 | 大有作为 | 上上下下 | 开花结果 |
| 敢为人先 | 互补互利 | 国际惯例 | 独具匠心 |

1. 为了实现祖国的统一,邓小平_____地提出了"一国两制"的主张,即在中国大陆实行社会主义制度,在台湾、香港和澳门实行资本主义制度。

2. 许多国外的高新技术通过深圳引进消化,然后推广到内地_____。

3. 四十年来,经过全国人民的艰苦奋斗,使我们国家摆脱了_____的落后面貌。

4. 按照_____,各国政府对驻在本国的外交官员给予外交特权和豁免。

5. 大学毕业生到边疆去,到基层去,到祖国最需要的地方去,在那里可以实现自己的理想,可以_____。

6. 中国资源丰富,劳动力多,而欧共体拥有资金和技术,双方进行技贸交流,可以_____。

7. 为了准备总统的心脏手术,整个医院_____都忙个不停。

8. 创立经济特区是史无前例的,深圳人发扬了敢闯、敢干、_____的大无畏精神。

二、用指定词语改写句子:

1. 在庆贺深圳特区创立 15 周年的时候,回过头来看看走过的道路,预测一下特区未来发展的前景,是很有意义的。(回顾 展望)

2. 十五年间,深圳每三年国民生产总值就增长一倍。(翻一番)

3. "三年一小变,五年一大变"已经是不平凡的"腾飞"了,而深圳却是一年一大变。(了不起)

4. 对于深圳的繁荣发展,各省市的投资无疑起了很大作用,然而深圳向内地的"回报"也是惊人的。(当然……但……)

5. 深圳经济特区能够超速发展的原因,最重要的是其凭借了政策优势和区位优势。(之所以)

6. 深圳 15 年的率先改革形成的良好舆论与观念对于市场经济的生长与发展十分有好处。(有利于)

三、概括段意:

1. 深圳,原先只不过是一个边陲上荒僻、落后、真正称得上是"一穷二白"的乡镇,但划为经济特区的 15 年间,这块 300 多平方公里土地上发生了巨变,国民生产总值每三年翻一番,工业总产值每两年翻一番,别的地方"三年一小变,五年一大变"已是了不起的"腾飞",深圳却是一年一大变。现在,深圳已经成为拥有 300 万人口、几万家工商企业的著名现代化城市,年国民生产总值已达 560 亿元,论城市综合实力,深圳目前已是仅次于沪、京、津、穗而居全国第五位。

2. 深圳最重要的贡献,是实现了创办经济特区的"窗口"的任务。这里是技术、外贸、信息的窗口。15 年来,无数项国外高新技术先在深圳生根、发芽,然后"引种"到内地开花结果;全国 20 多个省市的商品,通过深圳销往世界各地;深圳是国内外信息的交汇点,国内企业从这里了解世界,国外客商从这里了解中国。

3. 经济特区对推进全国改革开放的贡献最大。许多改革政策、方针、措施率先在特区试验。就像人们说的,失败了,改了就是,损失较小;成功了,推广开来,收效极大。有一个统计,在改革开放和建立社会主义市场经济体系方面,深圳先行一步的试验,多达 200 余项,为这些改革措施的大面积推广提供了宝贵经验。人们从近些年通过的法律、法规和建立市场经济体制的若干决定中,可以看到特区试验的印痕。

4.15 年建设给深圳增添了新的优势,这就是:深圳城市综合实力的优势;市场机制比较完善、健全的优势;知识层次、人才素质较高的优势;得改革风气之先和全国人大赋予的地方立法权的体制优势,最重要的还有,深圳 15 年间的率先改革形成的有利于市场经济生长发育的良好舆论和观念环境,或者叫做观念的优势。凭借这些优势,深圳特区还可大有作为。

四、选择正确答案:
1. 深圳在哪一方面排列在全国第五位?
   A. 经济发展速度
   B. 国民生产总值
   C. 城市综合实力
   D. 人民生活水平

2. 深圳创建经济特区 15 年来,累计上交给财政和税收多少钱?
   A. 约 120 亿
   B.130 亿
   C.450 亿
   D. 近 500 亿

3. 文中说,创办深圳经济特区的两大任务是什么?
   A. 改革和开放的任务
   B. 窗口和试验场的任务
   C. 引进和出口的任务
   D. 中国了解世界和世界了解中国的任务

4. 深圳的"区位优势"指的是什么?
   A. 深圳成了特区
   B. 深圳临近香港澳门
   C. 深圳离广东省会广州市不远
   D. 深圳位于物产丰富的珠江三角洲

5. 文中说,"15 年的建设给深圳增添了新的优势",主要表现在几个方面?
   A.5 个方面
   B.6 个方面
   C.7 个方面
   D.4 个方面

6. 特区还是要"特"。这句话的主要含义是什么?
   A. 深圳经济应该继续腾飞,一年一大变
   B. 深圳人具有拓荒牛的敢闯、敢试、敢为人先的革命精神
   C. 发挥深圳的新优势,先行试验闯出一条路,实现与世界经济接轨
   D. 通过深圳,在经济上与香港衔接融合

五、根据课文内容填空:
   1. 深圳概况:
      (1)面积_____;
      (2)人口 _____;
      (3)年国民生产总值_____;
      (4)城市综合实力_____。
   2. 深圳的新优势表现在:
      (1)_____;
      (2)_____;
      (3)_____;
      (4)_____;
      (5)_____。
   3. 深圳要在三个方面"先行一步",即:
      (1)_____;
      (2)_____;
      (3)_____。

六、快速阅读:(限时5分钟)

　　戒毒所离北京市区不远。据负责人介绍,来戒毒的20至30岁之间的年轻人约占总人数的80%,其中三分之一是女性。

　　这是一栋三层楼房,一楼设有警卫。身穿制服的警卫坐在一张桌子背后,出入者均需获得他的许可。他手边有一个登记本,记载着来这里戒毒的人员的姓名、年龄、地址。不过,他说,登记本上的姓名大都是假的,来戒毒的人员很复杂,但基本上是北京人,他们不愿透露自己的真实身份,拒绝接受采访。

走 进 戒 毒 所

雪 梅

　　楼里设有治疗室、医务人员办公室、会议室、娱乐室以及20个供戒毒者住宿的单人房间。我们被允许观看了暂未住人的7个房间中的一个。房子面积有十几平方米,一张席梦思单人床,两个带茶几的单人沙发,一台彩电,同时备有单独的卫生间。窗外是一个小花园,撩开窗帘,能看到停在外头的小汽车。这样的条件同其他戒毒所相比是很优越的。

　　空房的隔壁有人住。我们走过时,正有人进去,瞥了我们一眼,随即掩上门。

150

戒毒所的规定是"自愿戒毒,强制管理"。一楼大厅的墙壁上挂着两排镜框,里面是有关的规章制度。其中有一条是不准带通讯工具,不准陪住,不准探视,不准外出。

负责人介绍说,制定这些制度的目的是保证戒毒者在戒毒期间避免与外界联系,不与毒品接触。从前每间房几个人共住,难免相互影响,只要一个人带进毒品,就会带动其余的人一并吸毒。因此,现严格规定一人独居一室。

所里的医生跟我们讲,这些自愿的戒毒者很难管理。一个疗程15天,能够帮他们基本摆脱对毒品的躯体依赖,但是要完全解决心理依赖很难。戒毒者的复吸率很高,就是因为在心理上依然依赖毒品。

节选自《中国青年报》1996 年 6 月 24 日

问题:

从哪些方面可以看出戒毒所实行"强制管理"?

阅 读（一）

珠海,为新世纪奠基

于有海 蒋志敏

说起最近15年珠海跟相邻的澳门之间的比赛,人们常常想起跑道上起跑线的差异:在澳门早跑了近百年、远远超前之后,原本鲜为人知的边陲小镇珠海才起跑,差距太悬殊了。

1980年珠海刚办经济特区时,在竞争对手面前显得十分尴尬。包括珠海在内的广东和其他内地人,当时到澳门走私"洋货",打工赚钱,甚至把澳门、香港的垃圾堆当作聚宝盆,似乎那里是高不可攀的天堂。

记者前不久登上珠澳的通道拱北海关,看到15年后今天的景象大出所料。

澳门那边的住宅和其他建筑物比过去虽也有变化,而珠海更胜一筹,鳞次栉比的各类建筑拔地而起,且掩映在五颜六色的绿树和鲜花丛中,后者比新、比美、比高都胜过前者。

在实地察看的近一个小时内,我们更为惊奇的是,通过拱北海关的竟然难得见到珠海和内地的其他人,几乎清一色的是到珠海购物的澳门居民。澳门居民采购带出海关的主要是蔬菜等农产品,也有玩具、棉套、服装、录音机之类,大袋、小包接连不断。

据当地同志介绍,这些不过是容易见到的表面现象,初来乍到的内地人一时难得看到的一点是:澳门人移居珠海和前来打工的人日渐增多。

然而,澳门毕竟是在资本主义制度下经营了近一个世纪的城市,总的水平现在比香港不足,比珠海有余,且不说若干大款腰缠万贯,即使那些中上层居民的收入也远比珠海等内地人丰厚,因此对特区建设取得的成就万万不可自我陶醉,忘乎所以。

　　珠海市委书记梁广大很清楚这一点。早在80年代初,他就正视澳门先于珠海的巨大落差,反复琢磨本经济特区如何加快发展,迅速赶上。如今,当珠海与澳门距离拉近、珠海令澳门刮目相看的时候,梁广大感到欣慰的是,港澳同胞从与深圳、珠海的比较中意识到,社会主义在生产力发展、人民生活改善的速度上能够超过而毫不逊色于发达的资本主义国家和地区,但他又未释重负。不敢懈怠。

　　和其他经济特区一样,珠海的干部、群众创业伊始,便感受到肩上的份量。底子薄、人口多、100多年来贫困落后的中国要追赶发达的资本主义国家和地区任务艰巨,珠海等地被批准建设经济特区乃邓小平和党中央实施追赶战略的关键一着,成功与否事关有中国特色社会主义的荣辱兴衰。巨大的责任,促使珠海人不能按部就班,而是要运用国家改革开放的特殊政策、灵活措施超常规地跳跃式前进。

　　和澳门相比,珠海的15年正是这么干过来的。

　　截至1994年底的资料显示,珠海国内生产总值人均16978元,已高于全国城市平均水平的2.5倍,在19个超万元的城市中名列第四。对照澳门,其跳跃尤为显眼。在此前的14年中,无论国内生产总值的年均递增率、新开工的建筑竣工面积,还是居民在银行存款的增幅、人均居住面积之多,珠海都超过了澳门。

　　中国政府在1997、1999年将相继对香港、澳门恢复行使主权,祖国同胞接着就要跨进新的21世纪,珠海创业者们目前的心情振奋而又紧迫。临近港澳回归,临近新世纪,梁广大强调的是努力"抢占发展经济的制高点,为新世纪奠基"。

选自《半月谈》1996年第一期(1月10日)

~~~~~~

生　　词

1. 奠基	(动)	diànjī	打下基础。
			lay a foundation
2. 鲜为人知		xiǎn wéi rén zhī	很少有人知道。
			rarely known to people
3. 悬殊	(形)	xuánshū	相差很远。
			great disparity
4. 尴尬	(形)	gāngà	处境困难,不好处理。
			awkward

5. 更胜一筹		gèng shèng yī chóu	比另一个更好,比另一个高出一等。 superior to
6. 鳞次栉比	(成)	lín cì zhì bǐ	像鱼鳞和梳齿一样,一个挨着一个 地排列着(形容房屋密集)。 (of buildings) like fish scales and comb teeth; in tight rows
7. 大款	(名)	dàkuǎn	指拥有大量钱财的人。 tycoon; moneybags
8. 陶醉	(动)	táozuì	很满意地沉浸在某种环境或思想活 动中。 revel in
9. 忘乎所以	(成)	wàng hū suǒyǐ	由于过度兴奋或骄傲自满而忘记了 一切。所以:真实的情况或适宜的 举动。 forget oneself
10. 琢磨	(动)	zuómō	思索、考虑。 turn sth. over in one's mind
11. 刮目相看	(成)	guā mù xiāng kàn	用新的眼光来看待。 look at sb. with new eyes
12. 逊色	(形)	xùnsè	差,不及之处。 be inferior
13. 懈怠	(形)	xièdài	松懈懒惰。 slack
14. 伊始	(名)	yīshǐ	开始。 beginning
15. 乃	(动)	nǎi	是,实在是。 be
16. 着	(名)	zhāo	比喻计策、措施或手段,也作"招"。 trick; move
17. 按部就班	(成)	ài bù jiù bān	按照一定的条理,遵循一定的程序。 follow the prescribed order
18. 截至	(动)	jiézhì	停止到(某一个时候)。 by (a specified time); up to
19. 制高点	(名)	zhìgāodiǎn	原指军事上能够俯视、控制周围地 区的高地或高建筑物。文中比喻 能支撑影响经济全局的产业部门。 commanding elevation

专　名

拱北	Gǒngběi	地名。	name of a place

注　释

国内生产总值

按市场价格计算的国内生产总值的简称。它是一个国家(地区)所有常住单位在一定时期内生产活动的最终成果。英文缩写为 GDP。国内生产总值加上来自国外的劳动者报酬和财产收入,减去付给国外劳动者报酬和财产收入等于国民生产总值。国内生产总值是一个生产概念,国民生产总值是一个收入概念。

练　习

判断正误:

1. 文章开始提到,在珠海和澳门的长跑比赛中,澳门队跑在前面,取得了好成绩。(　)

2. 1980 年珠海刚办特区时,有的当地人甚至把澳门和香港看成美好的天堂。(　)

3. 记者在拱北海关近一小时的观察中看到,来珠海和去澳门购物的人都很多。(　)

4. 现在,澳门那边的住宅和建筑比珠海的更高、更漂亮。(　)

5. 珠海人说,现在澳门人来珠海打工的人越来越多。(　)

6. 从总的水平来说,珠海比香港不足,比澳门有余。(　)

7. 通过珠海的发展,许多港澳同胞认识到,社会主义在发展生产力、改善人民生活方面不比资本主义差。(　)

8. 建立经济特区是中国改革开放,实施追赶战略的一项重要措施。(　)

9. 到 1994 年底,珠海的国内生产总值,在全国城市中已经名列第四。(　)

10. 中国政府将于 1999 年在澳门恢复行使主权。(　)

阅读（二）

特区开放新节奏
——访全国人大代表阮崇武

本报记者　袁梦德

今年的全国人大会议，海南省再次成为新闻界关注的焦点。会议开幕前，省委书记、省长阮崇武代表还没到达驻地，海南代表团效率极高的会务组，就接到了几十个海内外媒体记者要求采访阮崇武代表的电话，把会务组弄得紧张不堪。

3月7日下午，当记者在北京中苑宾馆见到阮崇武代表时，这位目前全国唯一省委书记、省长两个职务一肩担的省级领导略显疲惫，但谈起前一日下午江泽民总书记在参加海南代表审议时对海南的评价，又显得非常高兴。

"海南是建立较晚的一个经济特区，但发展比较快。当前和今后一个时期，海南经济特区的发展面临的一个最大课题和主要任务，就是要在全面总结经验的基础上，努力增创新优势，更上一层楼，为全国各地的改革和发展更好地发挥示范、辐射和带动作用。这也是所有经济特区面临的一个共同任务。"总书记的这番话，把5个特区尤其是海南特区在全国发挥的重要"探路"作用，说得非常清楚。

海南以对外开放立省，突出特区之"特"，对于海南至关重要。阮崇武代表告诉记者："'八五'期间，海南在社会主义市场经济体制改革方面的深入程度，还是比较领先的。其中第一个就是真正实行了政企分开，取消了所有的专业厅局，各企业的自主权比较大。其次是省政府特别强调依法行政，不乱批条子、乱签字，这样就为企业减少了许多麻烦。再有就是提倡政府要为企业服务，比如在海南登记一个企业，规定不许超过7天，事实上多数企业在一两天内就可登记完毕。"

为了让记者更清楚地了解海南的现实环境，阮崇武代表举了两个例子："在海南，交税在一个统一的大厅里，自己去交。规定7日以前交税，到了10日，给个误期通知，开始计算滞纳金，如果一个月不交，就可能拿到一个通知，要到纳税法庭去解决这个问题了。海南全省也没有一个道路上的收费站卡，所有的养路费、管理费、过路费、过桥费，统统在燃油附加费中收取。这样，到海南你会感觉到路非常通畅，一踩油门就可走到底。"

"与过去相比海南的投资环境好多了。"阮崇武代表说。"八五"期间，海南对外开放领域不断扩大，外贸进出口总额年平均增长19.2%，接待中外旅游者人数年平均增长23.4%,旅游外汇收入年平均增长24.4%,5年累计实际利用外资47.6亿美元。在海南的投资份额中,不仅港台的投资量较大,美国和欧洲的投资也在上升,而且一些知名大企业逐渐进入海南。海南的土地、劳力、水都很便宜,光投资农业,就有意想不到的效果:"所有到海南经营农业的农场主,都赚了钱,我还没有听说谁没赚钱的。"阮崇武代表笑着说。

"可以说,海南已经初步建立了社会主义市场经济的框架,今后还会不断去完善、巩固它。"但是,阮崇武代表同时认为:海南的对外开放,还需在"九五"期间继续增加利用外资数量,提高利用外资质量和效益,扩大对外贸易和对外经济技术交流与合作。

这些开放新节奏包括"继续抓好洋浦经济开发区"。由于对洋浦经济开发区仍执行国务院批准的有关保税区的税收管理政策,现在洋浦成了全国政策最优惠的地区之一。明年通车的海口至洋浦高速公路,将使今后5年洋浦开发区在工业、贸易、金融等产业方面取得更大的突破。而加强招商引资工作,吸引若干重大现代化工业项目在洋浦落户,已是当务之急。

更重要的是,新节奏中还包括"进一步发挥海南对外开放试验田的作用"。如充分利用海南经济特区具有的综合试验功能的有利条件,深化改革,以及在国家产业政策指导下,着重吸引大企业、大财团进入海南,在继续吸引劳动密集型、房地产和服务性项目的同时,着重于基础设施、农业、资金技术密集型产业和金融业。

另外,海南还将进一步增强出口创汇能力。主要措施是加快省内出口商品基地的建设,努力扩大本省产品的出口。

"海南的开放政策不会变。我们的目标是把海南建成我国新兴的工业省、热带高效农业基地和旅游度假胜地。"阮崇武代表把这一条说得很坚定。但对于有些人所说"建议取消5个经济特区一切优惠政策,全国在一个平等的水平上发展"的观点,他的回答是:"每个地方都有它特殊的环境和条件,西藏和广东的条件就不一样。所以简单地说平等、说共同水平,是不现实的,不客观的。沿海地区先发展以后,通过财政转移,把资金用于西部地区解决基础设施条件的问题,这是今后应当发展的。"

选自《中国青年报》1996年3月11日

生 词

1. 节奏	(名)	jiézòu	比喻有计划有规律的工作进程。 rhythm
2. 媒体	(名)	méitǐ	指广播、电视、报刊等传播信息的事物。 medium
3. 辐射	(动)	fúshè	从中心向各个方向伸展出去。 radiation

4. 滞纳金	（名）	zhìnàjīn	因超过规定日期缴纳税款或费用而需额外缴纳的钱。
			overdue fine
5. 赚	（动）	zhuàn	获得利润（与"赔"相对）。
			make a profit
6. 保税区	（名）	bǎoshuìqū	一个国家（或地区）在其境内划出一块"封闭"的特定区域实行免税等优惠政策。主要包括"出口加工区"和"保税仓储区"。
			duty free zone
7. 金融	（名）	jīnróng	指货币的发行、流通和回笼,贷款、存款、汇兑的往来等经济活动。
			finance; banking
8. 当务之急	（成）	dāng wù zhī jí	当前急切应办的事。
			urgent matter
9. 财政	（名）	cáizhèng	机关、企业、团体等单位中有关财产管理或经营以及现金的出纳、保管、计算等事务。
			（public）finance

专　名

洋浦	Yángpǔ	地名,	name of a place

练　习

回答问题:

1. 江泽民总书记是怎样评价海南经济特区的?
2. 举例说明海南在社会主义市场经济体制改革方面是领先的。
3. 简要介绍海南在对外开放方面所取得的成就。
4. 海南在对外开放方面将有哪些新举措?
5. 海南的发展目标是什么?
6. 阮崇武是怎样看待中国的东西部发展不平衡问题的?

第11课

课　文

―――――――――――――――――――――――――――

从"书同文"到"语同音"

任继愈

　　中华民族的伟大成就不可胜数,秦汉以后的"书同文"就是一项不朽的伟业,怎么估价都不会过高。秦始皇顺应历史潮流,统一了中国,可惜时间太短,"书同文"没有最后完成。汉朝按照秦朝的设计,继续完成了统一文字的任务。

　　秦汉创建的大一统的政治格局受到中华民族的认同,经历几千年,不断完善,形成中华民族的共同体。维系这样一个大国的统一,主要的文化工具是汉字。有了汉字,才把全国五十六个民族紧紧地团结在一起。假若中国没有"书同文"这样得力的措施,古代中国采用拼音文字,中国将不会是今天统一的格局,也许分成多少个独立割据的小国。欧洲土地面积和中国不相上下,当年缺了个"书同文"的措施,现在还是列国林立,纷争不止。近半个世纪,特别是近二三十年来,欧洲各国已感到长期分隔的不便,萌发了统一的愿望,愿望归愿望,欧洲统一不是短期可以办到的。

　　"书同文"给中国带来的好处,"民到于今受其赐"。我们在前人的基础上,要有所创造、有所前进才对得起我们的后人。看来,我们应该在"书同文"的基础上,进而走向"语同音"。

　　国家的统一,民族的团结,是建设社会主义现代化国家的前提。我们有了全国通用的交际工具"汉字",但人们的交际还受某些地区方言的制约。人们还习惯用当地方言。当前国际、国内经济交流、文化交流越来越频繁,只有汉字统一,而缺少语音统一,不但给人们造成不便,甚至造成损失。

　　我国元朝从皇帝到各级官员绝大多数不识汉字,会汉语的也很少,官吏处理民事要通过翻译,所以不能有效地进行治理,统治时期只有九十几年。

　　明、清两代,政府科举考试,以《四书》、《五经》为国家教材,全国应试举子各操方言,但他们读书时必须用"官话"来诵读、讲解。应试诗也不允许用方言的读音来押韵。因为朝廷选拔各地官员都为这个统一的大国服务,在朝的及地方官员相互交往,都要讲官话(当时的普通话),在当时的历史条件下已经尽到最大的努力,从而收到实效。

今天面临开放的时代,国际、国内交流频繁,除书面文字外,交际双方直接对话的机会比任何时代都多。举行国际会议,中文已成为国际通用文字,汉语的标准化、普及化已刻不容缓,应提到日程上来。

中华民族沿着现代化的道路已走了一百多年,并取得举世瞩目的成就。但与发达国家相比,还处在发展中国家的行列。衡量一个国家现代化的程度,有很多标志,如科学发展,教育普及,生活富足,法制健全,国民有公德,环保完善等等。对地域辽阔、多民族的大国来说,还要加上两条:民族之间团结和睦,语言无障碍通行。(民族问题这里且不谈)除了"书同文",还要"语同音"。

当今世界上土地辽阔的大国有俄罗斯、美国、加拿大、中国和印度。俄罗斯地跨欧亚大陆,从圣彼得堡到海参崴,美国从波士顿到旧金山,却不感到东西部地区方言的隔阂。加拿大地域比美国还大,也没有语言的障碍。亚洲的印度有先进的科技文化,但印度境内语言梗阻比较严重,仅这一方面也制约了印度进一步现代化,难以冲出第三世界。

我国工农业生产、科技文化建设,具有独特的优势,有些领域处在世界先进地位。我们做到了"书同文",却远远没有做到"语同音"。要使国家现代化,语言统一这一关还没有过去。有的地方教学用普通话,出了学校用地区方言;在公共集会用普通话,回到家里用地区方言。福建省与台湾省仅一水之隔,台湾推行国语(普通话)比福建省成效显著。台湾同胞在现代化的道路上步子迈得比较快。

秦汉以来,中华民族得力于"书同文"。有了"书同文",加强了国家政令统一,增强了民族凝聚力,汉字书写的图书经历几千年的积累,浩如烟海,丰富了人类思想宝库。"书同文"给中华民族奠定了万世不朽的基业。我们有幸承袭了祖先遗泽,我们应有义务为后辈添置一份新的产业——"语同音"。

我们有现代化传播工具,电视、广播已普及到千家万户,比秦始皇当年推行"书同文"的情况不知要优越了多少倍。我们有责任、也有能力把"语同音"这一事业做成,做好。

选自《人民日报》1996 年 1 月 5 日

生　词

1. 不可胜数	(成)	bù kě shèng shǔ	胜,尽。数都数不过来。形容非常多。countless
2. 不朽	(形)	bùxiǔ	永不磨灭;永不消失。immortal
3. 顺应	(动)	shùnyìng	顺从;适应。conform to
4. 假若	(连)	jiǎruò	如果。if
5. 割据	(动)	gējù	一国之内,拥有军队的人占领部分地

159

区,形成对抗局面。

set up a separatist regime by force of arms

6. 萌发　（动）　méngfā　原指种子发芽,此指开始发生。也说
"萌生"。

sprout; shoot

7. 制约　（动）　zhìyuē　指一种事物的存在和变化是另一种事
物存在和变化的条件。

restrict

8. 科举　（名）　kējǔ　封建王朝考选官吏后备人员的制度。

imperial examination system

9. 应试　（动）　yìngshì　参加招考的考试。

take an entrance examination

10. 举子　（名）　jǔzǐ　科举时代去应试的读书人。

a candidate for the imperial examinations

11. 押韵　　　　yā yùn　诗、词中某些句子的末一个字使用韵
母相同或相近的字,使音调和谐优美。
也写成"压韵"。

rhyme

12. 朝廷　（名）　cháotíng　以君主为首的中央统治机构;也指君
主听政的地方。

royal or imperial government

13. 举世瞩目　（成）　jǔshì zhǔmù　全世界的人都注视着。

attract worldwide attention

14. 跨　（动）　kuà　超越数量、时间或地区之间的界限。

cut across; go beyond

15. 隔阂　（名）　géhé　彼此情意不通,有障碍。

barrier

16. 梗阻　（动）　gěngzǔ　阻塞;拦挡。

obstruct

17. 奠定　（动）　diàndìng　使稳固;使安定;确立。

establish

18. 承袭　（动）　chéngxí　继承和袭用。

adopt; carry on

19. 遗泽　（名）　yízé　前人留下的好处或实物。

benefit left behind by the deceased

专　名

1. 秦　　　　　Qín　　　　　　　中国古代朝代名(公元前 221—前 206)
　　　　　　　　　　　　　　　　　the Qin Dynasty
2. 汉　　　　　Hàn　　　　　　　中国古代朝代名(公元前 206—公元 220)
　　　　　　　　　　　　　　　　　the Han Dynasty
3. 元　　　　　Yuán　　　　　　　中国古代朝代名(公元 1206—1368)
　　　　　　　　　　　　　　　　　the Yuan Dynasty
4. 明　　　　　Míng　　　　　　　中国古代朝代名(公元 1368—1644)
　　　　　　　　　　　　　　　　　the Ming Dynasty
5. 清　　　　　Qīng　　　　　　　中国古代朝代名(公元 1616—1911)
　　　　　　　　　　　　　　　　　the Qing Dynasty
6. 圣彼得堡　　Shèngbǐdébǎo　　城市名。
　　　　　　　　　　　　　　　　　name of a city
7. 海参崴　　　Hǎishēnwǎi　　　　城市名。
　　　　　　　　　　　　　　　　　name of a city
8. 旧金山　　　Jiùjīnshān　　　　城市名。
　　　　　　　　　　　　　　　　　name of a city

注　释

1. 秦始皇

　　秦始皇即嬴政(前 259—前 210),战国时秦国国君,秦王朝的建立者,中国历史上第一个皇帝。

2. 关于古代汉字的演变和统一

　　迄今发现的最早的汉字是商代的甲骨文,刻在龟甲上,有图形特征。由甲骨文发展而来的是铸在青铜器上的金文,又叫钟鼎文,笔划比较规范,盛行于周代。春秋战国时代,各国文字异形。秦始皇统一中国后,把小篆(zhuàn)定为全国统一的文字。因秦朝统治只有 16 年时间,文字统一工作未能最后完成。汉朝按秦朝的设计,继续文字统一工作,并最后完成了“书同文”的任务,为今天的方块字奠定了基础。

3. 新中国文字改革和现代汉语规范化

　　1955 年 10 月,全国文字改革工作会议和现代汉语规范问题学术会议在北京召开。接着,中共中央作出《关于文字改革工作问题的指示》,国务院通过《关于公布〈汉字简化方案〉的决议》和《关于推广普通话的指示》,全国人大批准《汉语拼音方案》,后来又把推广普通话写入《宪法》。改革开放后,国家又颁布了一些语言文字的规范和标准,为解决汉字的输入、存储、输出创造了条件,促进了中文信息处理技术的突破和发展。

4. 四书

　　指《大学》、《中庸》、《论语》、《孟子》四种书,科举时代认为是儒家的经典著作。

5. 五经

　　指易、书、诗、礼、春秋五种儒家经书。

报刊词语、句式示例

一、当前国际、国内经济交流、文化交流越来越频繁,只有汉字统一,而缺少语言统一,不但给人们造成不便,甚至造成损失。

　　"只有……而……"这一格式原表示转折关系;"不但……甚至……"这一格式原表示递进关系。两种格式连用,一般前者表示条件或原因,后者表示结果。例如:

　　1. 一个刚毕业的青年学生,只有丰富的书本知识,而缺少实际经验,不但工作起来不会很顺利,甚至会因为脱离实际而造成错误。

　　2. 在中国传统的观念中,结婚的主要目的之一是为了传宗接代,只有女儿而没有儿子的人,不但被人看不起,甚至被认为是对父母最大的不孝。

二、"书同文"给中华民族奠定了万世不朽的基业。

　　"给……奠定……基础",表示为某事物的稳固、安定发展提供了条件。也说"为……奠定……基业"。例如:

　　1. 他在大学期间学到的文化科学知识,为他以后从事研究工作奠定了坚实的基础。

　　2. 中国大力发展幼儿教育事业,使母亲们能够放心地把孩子交给托儿所和幼儿园,这无疑为妇女们有更多时间和精力参与社会工作奠定了基础。

　　3. 安娜小姐在大学一年级学习时非常刻苦,并取得了良好成绩,这给以后的学习奠定了良好的基础。

三、秦汉以来,中华民族得力于"书同文"。

　　"得力于"是"在……方面得到帮助或好处"的意思。也说"得益于"。例如:

　　1. 这位作家能如此深刻地反映当代中国农民的思想变化,主要是得力于他深厚的农村生活基础。

　　2. 张教授有这样健康的身体来从事繁重的科研教学工作,得益于他能长年坚持体育锻炼。

　　3. 这次任务他能如此顺利地完成,很大程度上得益于几个朋友的大力相助。

练　习

一、选择恰当的字填空:

　　1. 人类创造了不可＿＿＿数的伟大成就。

　　2. 当前国际国内经济、文化交流越来越＿＿＿＿繁,但人们的交往还受到某种地区方言的

162

___约。

　　3.中国的改革开放已取得了举世____目的成就,但她仍处在发展中国家的____列。

　　4.民族是否团结和____,语言是否能无障____通行,是一个国家现代化程度的重要标志。

　　5.我国科技文化建设具有独特的____势,有些领____处在世界先进行列。

二、解释句中划线的词语:

　　1.欧洲土地面积和中国不相上下,当年缺了个"书同文"的措施,到现在还是<u>列国林立</u>,纷争不止。

　　2.我们应该在"书同文"的基础上,进而走向<u>"语同音"</u>。

　　3.在明、清时代,在<u>朝</u>的及地方的官员相互交往,都要讲当时的普通话(官话)。

　　4.对地域辽阔、多民族的大国来说,还要加上两条:民族和<u>睦团结</u>,语言无障碍通行。

　　5.我们有幸<u>承袭了祖先遗泽</u>,我们应有义务为后辈添置一份新的产业——"语同音"。

三、选择正确答案:

　　1.在历史上,中国统一文字的任务是在什么时候完成的?

　　　A.秦朝以前

　　　B.秦朝

　　　C.汉朝

　　　D.汉朝以后

　　2.作者认为,欧洲至今仍列国林立的一个重要原因是什么?

　　　A.早年未建立大一统的政治格局

　　　B.未曾实现过"书同文"

　　　C.未曾实现过"语同音"

　　　D.从来没有过统一的愿望

　　3.元朝统治中国时间比较短,只有90多年,作者认为其中一个重要原因是什么?

　　　A.没有科举考试制度

　　　B.各级官吏大多不识汉字,而且全国缺乏通用语言

　　　C.缺乏统治经验

　　　D.没有人懂汉语

　　4.明、清时代,朝廷选拔各地官员都要为这个统一的大国服务,在朝的及地方官员相互交往,都要讲官话(当时的普通话),在当时的历史条件下已经尽到了最大的努力,从而收到了实效。这里"收到了实效"是什么意思?

　　　A.指比较有效地治理了国家,统治时间较长

　　　B.实现了"书同文"

C. 实现了"语同音"

D. 政府官员交往方便

5. 本文表达了作者什么样的愿望?

A. 实现国家现代化

B. 实现国家统一

C. 实现全国文字统一

D. 实现全国"语同音"

四、根据课文判断正误:

1. 作者认为,秦始皇没有完成统一文字的任务。( )

2. 中国"书同文"的工作开始于汉朝。( )

3. 汉字是几千年来维系中国统一的主要文化工具。( )

4. 欧洲各国萌发统一的愿望并非最近几十年才有的事情。( )

5. 迄今为止,中国只有汉字这种统一的文字,还没有一种统一的语音。( )

6. 参加明、清两代科举考试的举子,不仅要掌握全国统一的汉字,而且还要掌握当时的普通话——官话。( )

7. 语言是否统一是一个国家现代化程度的唯一标志。( )

8. 语言梗阻比较严重是妨碍一个国家发展进程的重要原因之一。( )

9. 福建省普及普通话的成效比只有一水之隔的台湾省显著。( )

10. 秦汉以来,中国从"书同文"中获得的益处是多方面的,而能够维系国家统一,加强民族团结,纪录数千年中华文化,丰富人类思想宝库是其中主要方面。( )

11. 中国曾经在明、清两代实现过全国"语同音"。( )

五、快速阅读:(限时7分钟)

你敢做好人吗?

舜 尧

什么是好人?这个定义不大好下。不过,我们可以宽泛点说:凡是有益于他人、有益于社会的人都是好人。

这话又是说着轻松,现实是我们常常听到这样的叹息:"做好人难啊!"这一声叹息平平常常,细细一想,果真是这样。那么,做好人到底难在哪里?答案或许很多,我先随便说上三条,就这三条,想做好人的人听的时候也要注意,站直喽,别趴下。

好人受穷。做好人就要踏踏实实、勤勤恳恳地工作,就要遵纪守法,那样你就不会一夜暴富。做好人就会得到人民的信任,就有可能身居高位、手握重权。但职位越高责任也就越大,你就要夜以继日、寝食难安,不能有丝毫懈怠,尤其不能拨自己的小算盘,打自己的小九九。常言说"马无夜草不肥,人无外财不富",不捞外财,你就只能独守清贫,清贫就没有你涉足"灯红酒绿"的"绿卡",你就不能"过把瘾",你就"潇洒"不起来。做好官就要秉公用权、两袖清风,那样就不会有人揣着提着扛着抬着去敲你的门,你就不会吃得大腹便便,喝得红光满面,享受不到"工资基本不动,烟酒基本靠送"。做好官你就要身正影直,你的老婆孩子就要与你一道食清茶淡饭。能耐住清贫不容易,要做好人,你能行吗?

好人受气。这一点可能不少人都有体会。现实生活中,多少好人做了好事反而善招恶报,被倒打一耙? 有多少好人被放暗箭、使绊子? 好人的大脑"版本低",不精于算计,好官又没时间算计,他们最大的弱点就是"既无害人之心,又无防人之心"。这样就常常是身上受伤、眼里流泪、心里淌血。实在是好人的又一个弱点,说实话就会伤人,办实事就会触及一些人的利益,就有可能捅到"马蜂窝",就会落个鼻青脸肿。好人受了委屈,又不知报复,只得忍气吞声、忍辱负重。不再多说,这些窝囊气你能享受得了?

好人寿短。真不忍心举这些让人心痛的例子,焦裕禄、孔繁森,多少好人英年早逝!"鞠躬尽瘁死而后已",好人都是累死的啊! 做好人、当好官就不能贪安逸图享受,就要把事业看得比泰山还重,把生死看得比鸿毛还轻。人最宝贵的是生命,好人当然也知道珍惜自己的生命,他们生命之所以短暂,都是为了别人生活得更幸福、更美好,因此好人"吃的是草,挤出的是牛奶",他们"春蚕到死丝方尽,蜡炬成灰泪始干"。

不敢再说了,仅此三条就足以让一些人望好兴叹、望好生畏、望好却步了。可是,因为这些,我们就有理由不做好人了吗? 答案当然是否定的。因为好人再难也要做,好人再难也能做。从大处讲,如果没有好人,我们这个世界就不可想像。从小处讲,做好人可以让你神清气爽,让你内心无愧,可以不怕半夜敲门,却可以时时体会到人间的真情。如要一生如此,就应"任凭风浪起,我志做好人"。

大家都来做好人吧。

选自《中国青年》97 第 8 期

问题:

1. 作者认为什么是好人?
2. 做好人难的原因有哪些?
3. 你对这篇短文的观点有什么评论?

阅 读（一）

略谈中国语言文化　陈鲁直

读初中时，我见过一次学生演讲比赛，后来上高中、进大学，再也没有见过这种"比嘴皮"的事。看来我们对于口才的训练没有西方人那么重视。在我国的传统美德中，好像"讷于言"也算一条，因为孔子说过："君子欲讷于言而敏于行。"先生解释说，真正的仁者不讲大话而干实事。但是，在现实生活中，有真知灼见，不能用语言圆满地表达出来，确也是问题。西汉大儒扬雄所说的"言为心声"这句话，对于口讷的人来说，恐怕是难办的，因为他的满腹心意可能讲不出来或讲不清楚。

不过，在我们的传统文化中，"言为心声"的要义是说听其言即可知其用心之所在，扬雄认为据此"君子小人见矣"，所以重要是修身养性，而不在于把话讲得好听。孔子把"巧言"提到"鲜矣仁"的高度来批判，正是着眼于此。夫子的作风是"温、良、恭、俭、让"，这个"俭"字一般说是节省、不浪费，我认为还不止此，应该包含"行为约束而有节制"之意，言谈也在其内。在儒家的熏陶之下，我们的语言文化不是表现在能说会道上，而是表现在言谈俭约，能说出合乎道理的心意上。

我国古代的军事学成就，已为举世公认。孙子兵法现已用之于商战，其实，我国古代以舌战著称的纵横家如苏秦、张仪的成就也是了不起的。可惜《苏子》31篇、《张子》10篇均已散失，帛书所存苏秦家书和游说辞16章又与《史记》苏秦列传所说不同。看来，自罢黜百家、独尊儒术以后，纵横家学说没有得到发展，否则我们很可能有"游说术"、"言谈技巧入门"之类的典籍留下。唯其如此，自汉以来，孔子温、良、恭、俭、让的风格，逐步成为我国语言文化的主流，他称赞学生闵子骞的话"夫人不言，言必有中"则成为我国语言艺术的核心。

在国际交往中，我们大概都有这样的经验：从一个人的谈吐就能觉察出他的文化根源。记得1971年我国恢复在联合国的席位后，我国代表的发言引起广泛的兴趣。美国普林斯登大学一位联合国专家考察了我国代表在联合国大会连续6年的发言，得出的结论是：简明扼要，坦诚精确，论点合乎逻辑，分析有说服力。一位欧洲代表对他说："中国代表发言一般较短，故很受欢迎，"据我在联合国工作的感受，这位专家的评语是有代表性的。显然，外国人看我们也正如我们看他们一样，都不自觉地用自己的语言文化同别人的相比。我们的特点在别人眼里大概是更清楚的。

我也听到过西方朋友的批评，说我们的讲话或论文大多太原则，不够深入具体，或说太

166

宏观,微观不足。也许我们比较喜好综合,而西方人则比较讲究分析。这可能同中文的特点有关,我们几个字的概括,有时外文需作较长的论述。1955年周恩来总理在万隆会议上针对其他代表的发言提出"求同存异"四字,真是要言不烦,一语中的。邓小平同志就香港问题提出"一国两制"的方案,也是含义深远,而表达凝练。这都显示了中国语言文化的特色。当然,外国也有它们的语言文化特色,并不亚于我们。在这一点上,不必强分高低。

我国传统教育很重视言谈举止的训练,尽管没有口才教育这一科,却比单纯的口才教育更全面。我觉得把语言同文化结合起来,是我们今后语言教学必须注意的一点。

选自《人民日报》(海外版)1995年5月22日

～～～～～～～～～～～～～～～～～～～～～～～～～～

生　词

1. 博大精深　（成）　bódà jīngshēn　形容思想学识广博高深。
have extensive knowledge and profound scholarship

2. 讷　（形）　nè　（说话)迟钝。
slow of speech

3. 敏　（形）　mǐn　灵敏;敏捷。
quick; agile

4. 真知灼见　（成）　zhēn zhī zhuó jiàn　正确而透彻的见解。
real knowledge and deep insight

5. 大儒　（名）　dàrú　学问渊博而有名的学者。
scholar

6. 巧言　（名）　qiǎoyán　指花言巧语。
sweet words

7. 矣　（助）　yǐ　古汉语助词,表示感叹。
(auxiliary)

8. 仁　（名、形）　rén　儒家的一种道德规范。一般指有仁德的人。
benevolence; kindheartedness

9. 商战　（名）　shāngzhàn　指商业竞争。
competition for markets

10. 舌战　（名）　shézhàn　辩论。
argue; debate

11. 罢黜　（动）　bàchù　贬低、排斥或免除。
dismiss from office

12. 儒术	（名）	rúshù	儒家学说。
			Confucianism
13. 帛书	（名）	bóshū	中国古代写在丝织品上的书。
			a book copied on silk
14. 夫	（助）	fū	古汉语词，用在一句话的开始，表示要发表议论。
			（auxiliary）
15. 求同存异	（成）	qiú tóng cún yì	找出共同的地方，保留不同的地方。
			seek common ground while reserving differences
16. 凝练	（形）	níngliàn	（文笔）紧凑、简练。
			concise

注　释

1. 扬雄

   （公元前53—后18），西汉时期的文学家、哲学家和语言学家。

2. 孙子兵法

   中国古代最优秀的军事著作，为春秋末年著名的军事家孙武所著。全书共13篇，总结了中国春秋末期及其以前的战争经验，揭示了战争的重要规律，受到国内外的普遍推崇，有日、英、法、德、俄等译文本。

3. 纵横家

   中国战国时代从事政治外交活动的谋士。南与北合为纵，东与西合为横。苏秦主张合纵，使当时的楚、齐、燕、韩、赵、魏六国联合起来抵抗秦国；张仪主张连横，使六国不能真正联合而各自与秦国和好。

4. 史记

   书名。原名《太史公书》。西汉司马迁著，共130篇，是中国第一部传记体通史，时间跨越约3000年左右，其体例一直为后世各史书所沿用。

5. 万隆会议

   也叫"亚非会议"。1955年4月18日到24日在印度尼西亚万隆举行。是获得独立的亚非国家第一次在没有殖民国家参加的情况下，讨论亚非人民切身利益问题的大规模的国际会议。会议最后通过了《亚非会议最后公报》。

练　习

回答问题：

   1. 作者认为，中国语言艺术的核心和特点是什么？形成这种特点的历史原因又是什么？

   2. 同你自己的母语相比，你觉得汉语有哪些特点？

阅读（二）

悄然变化问候语

不知您是否留意，在我们的日常生活中人们惯用的语言正悄然发生着变化。

多少年来，由于温饱问题始终是人们关心的第一要素，所以在北京人中逐渐形成了"您吃了吗?"这句首问语。且不论何时何地，它随时有可能传到您的耳际。如今，人们关注的焦点已由温饱转向各自的事业。为充分体现自身价值，很多人开始谋求第二、第三职业。时下虽然有些人仍习惯性地使用那句"首问语"，但更多的人已将其改为"您最近忙些什么呢?"

漫画／朱建一

以前人们常说："您孩子挺好的吧，又长高了?"现在谈到孩子首先问到的是："您孩子上几年级了，功课怎么样?"一句简短的问语，使我们不难看出，目前人们对孩子身体状况的关心已转向了对孩子智力的关心。

"你们单位奖金多吗?"这句前两年使用率较高的问语也在不知不觉中变为"你们单位效益好吗?"同是对经济利益的关注，人们过去只注重表面收入，而现在更多的人开始懂得：各企业实际经济效益的高低，才真正是职工收入的寒暑表。

此外，在互不相识的人们之间，问语和称呼也在发生变化。从"同志"到"师傅"，从"师傅"到"先生、小姐"。如此称呼依然，只是因人而异、因地而异。在商店或公共汽车上，年岁较大的人多数仍称售货员、售票员为"同志"；另有一些人则称"师傅"；而看似文雅、尤其是南方人则称"小姐"或"先生"；但在饭店里，绝大多数的顾客均称服务员为"小姐"，尽管有时显得不那么自然。总之，无论您走到哪里，现在直呼其"嘿"的人的确不多见了。

上述这些变化已充分显示出，人们的物质生活质量与精神生活品位已经发生了质的变化。从"吃了吗?"到"忙什么呢?"表明人们的生活从温饱型逐步向小康型迈进。从"又长高了?"到"功课怎么样"? 表明人们关心孩子的未来胜过关心他们的身体。"从奖金多吗?"到"效益好吗?"，表明市场经济的概念逐渐地并且更深地为人们所接受。而这一系列的变化，无不透出人们精神面貌的变化。因此，从悄然变化的问候语中我们更多地领略了生活的多彩。

（大铭）

选自《北京青年报》1995 年 12 月 17 日

~~~~~~

生　词

1. 悄然	（副）	qiǎorán	寂静无声地。
			quietly
2. 耳际	（名）	ěrjì	耳边。
			in the ears
3. 寒暑表	（名）	hánshǔbiǎo	测量气温的温度计。
			thermometer
4. 领略	（动）	lǐnglüè	欣赏；领会。
			realize; appreciate
5. 小康	（名）	xiǎokāng	指温饱基础上的中等生活水平。
			a relatively comfortable life

练　习

根据文章内容判断正误：

1. 现在大多数北京人见面时的问候语仍然是说"您吃了吗?"（　）
2. 过去北京人最关心孩子的身体状况，而现在最关心孩子的教育和智力状况。（　）
3. 如今的北京人只关注企业的经济效益，而并不关注奖金的多少。（　）
4. 在北京人的生活中间，"小姐"、"先生"、"师傅"的称呼已完全取代了"同志"的称呼。

（　）
5. 北京人问候语的变化是社会生活变化的反映。（　）

第 12 课

课　文

〰〰〰〰〰〰〰〰〰〰〰〰〰〰〰〰〰〰〰〰〰〰〰〰

坚持"一国两制"方针
维护香港繁荣稳定

本刊评论员

　　1997 年 7 月 1 日,香港的历史翻开了崭新的一页。从这一天起,历经百年沧桑的香港,终于摆脱殖民统治,回到祖国怀抱,成为中华人民共和国的一个特别行政区。中华民族百年耻辱得以洗雪,香港同胞和内地同胞得以团圆,邓小平同志"一国两制"的伟大构想在香港得以实现,这是整个中华民族的大喜事。近日来,中华大地地无分南北、人无分长幼,到处诵诗放歌,擂鼓起舞,举国一片欢腾,喜迎香港回归。正像一位诗人说的:谛听洪钟响,一洗百年羞;归复此其时,举国喜如狂。真可谓民心大畅,民气大张。

　　现在,摆在我们面前的重要任务是,保持香港的长期繁荣稳定。实现这一目标,关键是坚定不移地执行"一国两制"方针,严格执行香港特别行政区基本法。在香港问题上实施"一国两制"方针,已经作为我国的基本国策,载入我国宪法。香港特别行政区基本法使"一国两制"、"港人治港"、高度自治的方针法律化,具体化,实行这个重要的法律,依法办事,是香港长期繁荣、稳定的最有力的保证。

　　邓小平同志首创的"一国两制"构想,"一国",体现了国家的统一和国家主权的不可分割;"两制",则是不改变内地的社会主义制度,也不改变香港现行的资本主义制度,保留两种制度在一国之内并存。这个方针的提出,既是从我国长期发展战略和我国当前社会主义建设需要出发,有利于我国长远发展和改革开放、经济繁荣;也是从香港的历史和现实以及600 多万香港同胞的利益出发,称得上是"两全其美",既符合全国利益,顺国人心,也符合香港利益,顺港人心。

　　"这岂不和从前一样,没有变化啦?"应当说:一样,又不一样;有变化,又没有变化。说不一样、有变化,是指外国对香港的殖民统治从此结束,政权回到中国手里,香港成为中华人民共和国中央人民政府直辖的地方行政区域,中央人民政府负责与香港特别行政区有关的外交和防务。中国人民解放军进驻香港。从前是英国人掌握香港大权,现在是香港人自己当

171

家作主人,按照香港基本法的规定通过选举或协商产生特区行政长官和行政机关主要官员,由中央人民政府任命。这样的事情以前有过吗?没有,不可能有。这是香港回归后最大的、最根本的变化。

说同从前一样、没有变化,是指我国政府对香港实行的是"一国两制"、"港人治港"、高度自治的基本方针,保持香港原有的社会、经济制度和生活方式不变,法律基本不变,自由港的地位不变。

香港基本法规定,香港特别行政区享受高度自治,享有行政管理权、立法权、独立的司法权和终审权;实行财政独立,自行决定本身的财政政策和税收制度;自行制定适用于香港的经济、贸易、文化、教育等多方面的政策;可以"中国香港"的名义在经贸、通讯、航运、旅游、体育等诸多领域,单独同各国家、地区发展关系。中央人民政府不干预特别行政区的具体事务,中央各部门和各省、自治区、直辖市也不得干预香港特别行政区自行管理的事务;中央在内地实行的政策方针法规不适用于香港,中央不向特区行政机关派遣一名行政官员,不在特区征收任何税款,不拿走一文钱。派驻香港的人民解放军费用,也由中央人民政府负担。

这就叫"一国两制"。特别行政区的"特别",就特别在这里。现在,香港特别行政区已经成立,特区行政长官和主要官员已宣誓就职,特别行政区行政机关已开始运作,香港正在爱国、爱港、拥护基本法的港人治理下迈出新步伐。要维护香港的长期繁荣稳定,要坚持"一国两制"的方针长期不变,就要不折不扣地按"一国两制"的原则办事,不折不扣地按香港基本法的要求办事,不做任何损害香港利益、国家利益的事。这,不只是政府的事,也是全国人民共同的责任。

我国政府提出"一国两制"的方针意义深远,其根本目的是为实现祖国的和平统一大业。香港回归,是祖国和平统一大业迈出的重要一步。我们还要用"一国两制"的方针解决澳门问题,实现海峡两岸的统一。在香港实施"一国两制"方针,关系整个国家的和平统一大业,我们要兢兢业业去做,一定要做好。

某些外国人不相信中国人能够管好香港,预言香港将从此衰败,这是殖民者的偏见。某些中国人也随声附和,这是殖民统治遗留下来的自卑心态。香港过去的繁荣,主要是以中国人为主体的香港人创造出来的;现在,香港回归祖国,殖民枷锁被打掉,爱国、爱港、拥护基本法的香港人自己管理自己,他们的聪明才智必将更加焕发,又有全国人民作坚强后盾,香港的明天必将更为辉煌灿烂。对此,我们坚信不疑。

选自《瞭望》1997 年第 27 期

生　词

1. 沧桑	(名)	cāngsāng	沧海桑田的略语。原指沧海变成桑田,桑田变成大海。比喻世事变化很大。桑田,指农田。 from seas change into mulberry fields and mulberry fields into seas-time brings great changes to the world

2. 耻辱	(形、名)	chǐrǔ	名誉上受到损害;可耻的事情。	
			shame	
3. 洗雪	(动)	xǐxuě	除掉(耻辱、冤屈等)。	
			wipe out (a disgrace)	
4. 长幼	(名)	zhǎngyòu	大人和小孩。	
			groum-up and children	
5. 谛听	(动)	dìtīng	仔细地听。	
			listen carefully	
6. 洪钟	(名)	hóngzhōng	巨大的钟。	
			large bell	
7. 畅	(形)	chàng	舒畅。	
			happy; entirely free from worry	
8. 张	(动)	zhāng	发扬。	
			develop	
9. 构想	(动、名)	gòuxiǎng	构思;形成的想法。	
			conception	
10. 防务	(名)	fángwù	防卫任务,特指国家安全方面有关防御的事务。	
			defense	
11. 进驻	(动)	jìnzhù	指军队进入某地区驻扎下来。	
			enter and garrison	
12. 派遣	(动)	pàiqiǎn	(政府、团体等)派人去某地完成某项任务。	
			send; dispatch	
13. 宣誓		xuān shì	在担任某项任务或参加组织等情况时,在一定仪式上公开说出表示决心的话。	
			make a vow	
14. 就职		jiù zhí	开始担任职务。	
			assume office	
15. 不折不扣	(成)	bù zhé bù kòu	不打一点折扣,表示完全的、十足的。	
			hundred-percent	
16. 兢兢业业	(形)	jīngjīng yèyè	小心谨慎,认真负责。	
			cautious and conscientious	
17. 衰败	(动、形)	shuāibài	衰落。	
			decline; wane	

18. 附和	（动）	fùhè	别人说什么,自己跟着说什么。形容没有主见。
			chime in with; echo
19. 枷锁	（名）	jiāsuǒ	枷和锁链,比喻受到的压迫和束缚。
			yoke; chains

注　释

1. 香港回归

　　香港自古就是中国的领土。1840 年鸦片战争以后被英国占领。从 1841 年 1 月至 1898 年 57 年间,英国先后强迫清朝政府签订了《南京条约》、《北京条约》和《拓展香港界址专条》三个不平等条约,并使其侵占香港岛、割占九龙半岛、强租"新界"99 年。1984 年 12 月 19 日,中英两国政府签署了关于香港问题的联合声明,确认中国政府于 1997 年 7 月 1 日恢复对香港行使主权,英国政府于同日将香港交还给中国。

2. 香港特别行政区基本法

　　即《中华人民共和国香港特别行政区基本法》。1985 年 7 月,即在中英联合声明签署半年后,全国人大即成立了香港特别行政区基本法起草委员会,邀请香港和内地社会名流、专家学者、各界代表 59 人为起草委员会成员。12 月香港成立了由香港各界人士 180 人组成的咨询委员会。在长达两年零八个月的时间里,起草委员会共举行各种会议 115 次,于 1988 年春天写出初稿。此后又经过两年时间的多次修改,终于在 1990 年的 4 月 4 日经七届全国人大三次会议审议通过 。

　　香港基本法以宪法为依据,全面体现了"一国两制"的构想,对香港特别行政区的社会制度、居民的基本权利和义务、特区的政治体制、经济制度、民间往来、对外事务等方面都作了明确的规定,是香港特别行政区的最高法典,也是香港特别行政区居民的行为准则。

报刊词语、句式示例

一、这岂不和从前一样,没有变化啦?

　　"岂",副词,表示反问,有"哪里"、"怎么"、"难道"的意思,与"有"、"敢"、"能"、"肯"等词配合使用,表示否定;与"不"、"不是"、"非"等词配合表示肯定。可带"啦"、"吗"、"呢"等加强语气。例如:

　　1. 对于那些损坏国家财产的事,我们岂能袖手旁观,置之不理?

　　2. 再过一年多时间,我们即将大学毕业,在通往胜利的道路上,我岂肯半途而废?

　　3. 这岂不和从前一样,没有任何进步吗?

　　4. 如果说,"爱国货"就是"爱国","爱洋货"就是"卖国",那么,我们每天生产那么多出口商品到外国去,岂不也有让外国人"卖国"的嫌疑吗?

　　5. 请老鼠领导灭鼠,让贪官领导反贪,真是岂有此理!

二、说不一样、有变化,是指外国对香港的殖民统治从此结束,政权回到中国手里;说一样、没有变化,是指保持香港原有的社会、经济制度和生活方式不变,法律基本不变,自由港的地位不变。

"说……是指……"也写成"所谓……指的是……"。其中"是指……"或者"指的是……"的意思是"其所指的意思是……"或"其所包含的意思是……"。

这一句式可用来对某种概念、某个词语或语段等进行说明、解释等。例如:

1. 所谓传统伦理观念,指的是历来存在于广大人民群众中的,带有一定价值观念的社会行为的规范。

2. 所谓小康水平,是指在温饱的基础上,生活质量进一步提高,达到丰衣足食。

3. 毛泽东同志在《论人民民主专政》一书中所说的"大同",指的是共产主义,是共产党人的理想境界。

三、特别行政区的"特别"就特别在这里。

在"特别就特别在这里"这一句式中,头一个形容词"特别"是主语,第二个相同的形容词"特别"是谓语,副词"就"表示强调,强调代词"这里"所代表的内容。类似的有"高明就高明在这里"、"好就好在这里"等等,可以概括为"A就A在这里"。例如:

1. 他的汉语水平比我高就高在这里。

2. 中国革命的胜利使五分之一的人类摆脱了半殖民地半封建的社会制度,从而走上了独立发展的道路,中国革命伟大就伟大在这里。

3. 家庭是社会的细胞,只有千万个家庭的祥和团结,才会有国家的安定昌盛。家庭重要就重要在这里。

练　习

一、选择恰当的汉字填空:

1. 历经百年沧＿＿＿＿的香港,终于摆脱殖民统治,回到了祖国的怀抱。

2. 实行"一国两制"称得上是"两全其＿＿＿＿",既符合全国利益,顺国人心,也符合香港利益,顺港人心。

3. 按照香港基本法的规定,通过选举或协商产生特区行政长官和行政机关主要官员,由中央人民政府＿＿＿＿命。

4. 现在,香港特别行政区已经成立,特区行政长官已经＿＿＿＿誓就职。

5. 要维护香港的长期繁荣稳定,就要不折不＿＿＿＿地按"一国两制"原则和香港基本法的要求办事。

6. 我们还要用"一国两制"的方针解决澳门问题,实现台湾海＿＿＿＿两岸的统一。

二、解释句中划线部分的词语:

1. 香港回归,举国一片欢腾,真可谓民心大畅,民气大张。

2. 中华民族百年耻辱得以洗雪,香港同胞和内地同胞得以团圆,这是整个中华民族的大喜事。

　　3. 这<u>岂不是</u>和从前一样,没有变化了吗?

　　4. 我们还要用"一国两制"的方针解决澳门问题和<u>实现海峡两岸的统一</u>。

　　5. 香港的明天将更加辉煌,我们<u>对此坚信不疑</u>。

三、选择正确答案:

　　1. 回归后,香港成为中华人民共和国一个什么样的行政区?
　　　　A. 省
　　　　B. 经济特区
　　　　C. 特别行政区
　　　　D. 自治区

　　2. 文章认为,香港回归后实行"一国两制"是"两全其美"的主要原因是什么?
　　　　A. 两种不同制度可以在一国并存
　　　　B. 既符合香港的历史,又符合香港的现实
　　　　C. 既符合中国眼前利益,也符合中国长远利益
　　　　D. 既符合全中国的利益,也符合香港的利益

　　3. 回归后,保持香港长期繁荣稳定的关键是什么?
　　　　A. 坚持执行"一国两制"方针和香港特区基本法
　　　　B. 执行港人治港方针
　　　　C. 执行香港高度自治方针
　　　　D. 执行中国宪法

　　4. 中国提出"一国两制"的根本目的是什么?
　　　　A. 解决台湾问题
　　　　B. 实现国家和平统一
　　　　C. 解决香港和澳门问题
　　　　D. 实现台湾海峡两岸的统一

　　5. 下列哪些事务不属于香港特别行政区的管辖范围?
　　　　A. 立法、司法、终审和行政管理
　　　　B. 制定香港的经济、贸易、文化政策
　　　　C. 同世界其他国家和地区发展经贸关系
　　　　D. 与香港有关的防务和外交

四、判断正误:

　　1. 1997 年 7 月 1 日,香港回归,全国上下,一片欢腾。(　　)

2. 保持香港的长期繁荣稳定是香港回归后的重要任务。（　）

3. "一国两制"方针是香港特区基本法内容的具体体现。（　）

4. 从 1997 年 7 月 1 日起，在香港实行两种社会制度。（　）

5. 香港特区政府不负责香港地区的防务和驻香港的人民解放军的费用。（　）

6. 回归后，香港原有的社会、经济制度和生活方式不变，自由港的地位不变，法律也不变。（　）

7. 从今以后，香港任何案件的审判都可以在香港本地进行终审判决。（　）

8. 在中国，无论是各级地方政府还是中央政府都不得干预香港特别行政区自行管理的事务。（　）

9. 回归后，香港特区政府每年应向中央缴纳一定的税款。（　）

10. 这篇文章认为，无论是中国人还是外国人，说香港将从此衰败是没有根据的。（　）

五、简答问题：

1. 文章说，香港回归的主要意义有哪些？

2. 香港回归后的重要任务和关键是什么？

3. "一国两制"的主要含义是什么？

4. 香港回归前后的异同点主要有哪些？

5. 文章在谈到香港特别行政区享有高度自治权时，是从哪几个方面来说明的？

6. 中国政府提出"一国两制"方针的根本目的是什么？香港回归与这个根本目的有什么关系？

六、快速阅读：(限时 5 分钟)

优先发展什么？

杨 勤 明

今年一月，曾到泰国一游。从北京到曼谷的飞行距离是三千三百多公里，飞行时间为四小时四十分。但从曼谷机场到市内，三十多公里却走了二个多小时。导游给我们介绍的第一件事便是："曼谷人口一千三百万，有汽车四百万辆，'塞车'已成为曼谷一大难题。"以后也曾多次遇到交通堵塞，十公里路程，却要走二三个小时。因此如想准时到达某目的地，必须留出充分的时间，宝贵的时光往往在"塞车"中白白浪费了。

由曼谷的"塞车"就想到北京的"堵车"，北京有一千多万常住人口，目前有汽车一百零五万辆，虽然修建了二环路、三环路和正在建设的四环路，还修建了一百多座立交桥和许许多多人行过街桥，扩展了许多公路。但在上下班高峰时间，仍经常发生堵车现象。而汽车的增长速度很快，照此下去，如发展到二百万辆三百万辆，曼谷的严重堵车情况必然会在北京出现，空气污染程度也将进一步加重。

"行"是衣食住行中的重要环节之一,不能像曼谷那样严重堵塞后再去解决。前一阵子,有人提出"汽车进入家庭",我认为这是一个不合时宜的口号。世界上有许多国家,先是无限制地发展,等吃尽苦头再来限制,已为时晚矣。北京市除一百多万辆机动车外,还有八百多万辆自行车,已呈饱和状态,自行车占据道路面积太大,不是解决交通问题的发展方向,目前也已成为交通堵塞的因素之一。那么,究竟如何解决呢? 北京市政协委员杨大忠提出:应优先发展公共交通,这是一个值得思考的建议。一辆小汽车,只能坐三四个人,而一辆大型公共汽车,可坐上百人,一辆面包车,也可坐十多人或二十多人。当然,发展地铁和高架有轨车也是方向,但造价太高。

选自《北京晚报》1997 年 8 月 5 日

问题:
1. 作者认为,泰国曼谷和中国北京的共同点和不同点是什么?
2. 作者对北京的公交车、私人汽车和自行车有什么看法?

阅 读(一)

找回中国人应有的尊严

汤恩佳

去年底选举香港特别行政区首任行政长官时,我作为推委会委员向候选人之一的董建华先生提一个问题:"假如你被选中,你将怎样带领港人以做中国人为荣?"

董先生回答得非常好。他说:"要在家庭、学校、社会传媒各方面开始,使社会认同我们以身为中国人为荣,对中国传统的优秀价值观的推进,要一步步,有计划,希望整个社会都可以参与。"

以中国传统文化作为回归后香港思想观念和文化的主导,这是历史发展的必然,也是香港开启新纪元的正确选择。

回想过去的 150 多年里,英帝国主义为了统治和奴役香港,除了军事征服、政治控制和经济掠夺之外,还通过宗教活动、奴化教育、新闻媒体以至日常生活等途径,千方百计向香港居民灌输殖民主义文化和意识形态。那是中国传统文化受压制的岁月。

比如在教育方面,1901 年设立的港英政府教育委员会提出的第一份报告书宣称,要使华人"以英语作为学习媒介,吸收西方知识,……若由于华人接受英语教育,从而对帝国产生好感,那么,英国在这方面所得利益,将使政府在教育上的经费支出显得渺小"。这反映港英政府办教育的目的,是为了维护其殖民统治。长期以来,港府选人用人完全以是否受过英国文化教育为标准。以华语为主学校毕业的学生,往往得不到好的职位。

在日常生活中,这种殖民主义文化思想的灌输更是无孔不入。港英当局通过街道的命名,政府官员的职衔,机构的命名,节日和日常的用语等,使香港文化形成一种非华非洋的殖民主义色彩。这些殖民主义现象所留下的痕迹是十分深刻的。

香港要开启新的时代,找回中国人应有的尊严,就要洗却这些强加在身上的殖民主义色彩。很难想象,一个不懂得民族历史和传统的人,会懂得爱自己的祖国;一个没有自己历史和传统文化的民族,能够自立于世界民族之林,赢得世人尊重。

事实上,香港同胞长期在中华民族爱国传统和儒家思想观念的熏陶下,蕴藏着深厚的民族意识和强烈的爱国情感。这种思想情感同强加在他们身上的殖民统治是不相容的。祖国实行改革开放政策以来,每逢传统佳节,特别是春节、清明,都有上百万人扶老携幼回内地探亲。近年来在香港同胞中自觉地学习中国历史、地理和语言文化等更是蔚然成风。香港之所以没有像英国在亚洲的其他殖民地那样被英国人同化,沦为积弱积贫的境地,正是由于香港人有着深厚的民族意识和强烈的爱国爱乡情感。而这种意识和情感,正是香港社会保持着生机和活力,从而成为亚洲"四小龙"之一的重要因素。

为了标志香港重归祖国的怀抱,就应重新确认中国文化在香港的主导地位。过去中华传统文化在港不受重视,这是殖民统治下的恶果;确认推动重视传统文化的爱国教育,是香港回归后的教育大计。

今天,一个新的时代就要开始了。可以想象,一个以中国传统文化为主导、大力吸收世界上一切先进知识和经验的香港,必将是一个同心同德、友爱和谐的社会,一个繁荣昌盛、机会均等的社会,一个国富民强的社会。

选自《瞭望》1997 年第 27 期

~~~~~~

生　词

1. 尊严	(形)	zūnyán	可尊敬的身份和地位。 dignity
2. 首任	(名)	shǒurèn	第一个担任某种职务。 the first to be appointed to an office
3. 传媒	(名)	chuánméi	传播媒介,特指报纸、杂志、电视、广播电台等。 mass media
4. 开启	(动)	kāiqǐ	打开;开创。 start; initiate

179

5. 纪元	（名）	jìyuán	纪年的开始,比喻历史。	
			the beginning of an era	
6. 掠夺	（动）	lüèduó	抢劫;夺取。	
			plunder	
7. 奴役	（动）	núyì	把人当作奴隶使用。	
			enslave	
8. 渺小	（形）	miǎoxiǎo	微小。	
			tiny	
9. 无孔不入	（成）	wú kǒng bù rù	比喻利用一切机会做坏事。	
			(of a person) seize every opportunily (to do evil)	
10. 熏陶	（动）	xūntáo	长期接触的人对生活习惯、思想品德等逐渐产生好的影响。	
			exert a gradual, uplifting influence on	
11. 蔚然成风	（成）	wèirán chéngfēng	形容一种事物逐渐发展、盛行,形成风气。	
			become common practice	
12. 沦	（动）	lún	陷入(不利的境地)。	
			sink; fall	

注　释

四小龙

　　指亚洲经济发展速度快、比较发达的韩国、新加坡、香港和台湾四个国家和地区。

练　习

判断正误:

　　1. 作者认为,回归后,应当使香港人以做中国人为荣,找回中国人应有的尊严。（　）

　　2. 董建华先生就任香港特别行政区首任行政长官以后,向作者谈了他将怎样带领香港人以做中国人为荣的问题。（　）

　　3. 在一百多年间,英国对香港的统治分为军事、政治、经济和文化四个方面。（　）

　　4. 1901 年设立的港英政府教育委员会提出的第一份报告书上说,他们在教育方面的经费支出是很少很少的。（　）

　　5. 让学生吸收西方知识是港英政府在香港办教育的根本目的。（　）

　　6. 在英国统治期间,香港的街道、机构的名称和官员的职衔,不中不洋,带有浓重的殖民主义色彩。（　）

　　7. 一个不懂得自己民族历史和传统的人,很难懂得爱自己的祖国;一个没有自己历史

和传统文化的民族,也不可能赢得世人的尊重。(　　)

8.近年来在香港同胞中才开始自觉地学习中国历史、地理和语言文化等。(　　)

9.确认中国文化在香港的主导地位,确认推动重视传统文化的爱国教育,是香港回归后的教育大计。(　　)

10.作者认为,香港回归后,应该大力吸收世界上一切先进知识和经验。(　　)

阅 读（二）

香港回归有利于海峡两岸和平统一

夏立平　许　嘉

7月1日,我国恢复对香港行使主权。这标志着采取"一国两制"方针解决香港问题取得成功,也为完成祖国统一大业迈出重要一步。香港的顺利回归和长期稳定繁荣,不仅有助于我国经济的持续发展和提高我国的国际地位,而且对于促进海峡两岸和平统一大业也具有重大而深远的影响。

一、香港回归对以"一国两制"方式实现海峡两岸和平统一有重要垂范作用。

"一国两制"方针是邓小平同志最初为解决台湾问题提出的伟大构想,在香港回归问题上是第一次付诸实践。香港回归的过程,充分显示了"一国两制"方针的正确性和强大生命力,无疑将对台湾问题的最终解决产生重大影响和垂范作用。

近年来,台湾岛内由于经济转型的需要和劳动力价格上涨等因素,迫使台湾产业界寻求扩大投资场所和市场。而海峡两岸在经济上有很强的互补性。在"九五"期间,我国将进一步扩大对外开放推进经济发展,这为海峡两岸与香港经贸关系的发展创造了良好的条件。香港与祖国内地在经济上共同繁荣的经验将为台湾树立良好的榜样。

据今年4月初台湾媒体的调查,台湾民众认为香港的经济繁荣、自由生活、行政效率和政府清廉能够维持现状的比率都比去年增加。其中43%的人认为"九七"之后香港能够维持现有的经济繁荣,比去年底增加了11个百分点;而认为不能维持的人比去年底减少了19个百分点。这表明香港的平稳过渡,大大减少了台湾民众对"一国两制"、和平统一的疑虑。

二、香港回归将促进海峡两岸"三通"。台湾当局长期以来一直反对我"三通"(通航、通邮、通商)的主张。香港回归祖国使台湾当局抵制"三通"的做法难以长期维系下去了。因为过去两岸的间接贸易主要是通过香港进行的,而香港回归后,香港不再是"第三地"了。去年

181

8月,我交通部、外经贸部先后公布了《海峡两岸间航运管理办法》、《海峡两岸间货物运输代理业务管理办法》,受到台湾经济界特别是航运业的普遍欢迎。在这种情况下,台湾当局不得不在两岸直航问题上作出某些松动。现在,台湾经济界正继续就此向台湾当局提出强烈要求。

三、香港回归对台湾当局搞"两个中国"、"一中一台"的活动也是一个打击。例如,香港回归后,那些与中国没有外交关系的国家理所当然就不能在香港设立领事机构,这对那些现在仍承认台湾而在香港设有领事机构的国家来说,就是一个不能不加以考虑的问题。

选自《半月谈》1997年第13期

～～～～～～～～～～～～～～～～～～～～～～～～～～～～～～～～～

生　词

1. 垂范	（动）	chuífàn	为后来者作榜样。
			set an example
2. 疑虑	（名）	yílǜ	怀疑和顾虑。
			doubt

回答问题:

　1. 本文的主要论点和论据是什么?

　2. 为什么说,香港回归对以"一国两制"方式实现海峡两岸和平统一有重要垂范作用?

阅 读（三）

～～～～～～～～～～～～～～～～～～～～～～～～～～～～～～～～～

香港特区首次举办国庆酒会
董建华发表演讲　香港各界数千人参加

本报香港10月1日电　记者张首映报道:香港特别行政区政府今天隆重举行香港回归祖国后的第一个国庆节庆祝酒会,全国政协副主席安子介、霍英东等出席酒会,香港特区行政长官董建华致词。

董建华说,香港特区政府第一次举行庆

祝国庆活动,热烈庆祝中华人民共和国成立48周年;香港回到祖国的怀抱,香港人终于当家作主,在欢度国庆之际,香港人感到非常骄傲。

他认为,我们国家经过了近半个世纪的努力,尤其是经过最近20年的建设和发展,在政治、经济、国际地位和人民生活水平等多方面,都得到蓬蓬勃勃的发展,取得了举世瞩目的成就;身为中国人,我们感到自豪和骄傲。

他说,7月1日,宣告香港回归祖国,进入历史新的纪元。香港得以顺利回归祖国,是国家强大的象征;香港得以享受"一国两制"、"港人治港"和高度自治的大政方针,是国家对发展前景充满信心的标志。香港特别行政区成立3个月来,政府运作如常,经济发展如常,市民自由和生活方式如常。

董建华说,较早前,东南亚国家及香港都受到金融风波的影响,香港凭着丰厚的财政储备,稳健的理财原则,安然渡过这个难关,成功地经受了考验。世界银行和国际货币基金组织在香港举行年会,世界各国财政领导所看到的香港,是秩序井然的稳定景象,是欣欣向荣的繁荣景象,是"一国两制"切实得到执行的景象。

董建华还说,国家在过去20年实行改革开放政策,香港从中获得了巨大利益。现在,国家改革开放步伐加快,为香港的发展提供了更多的机会和更加优惠的条件。香港特区政府在为香港的长期繁荣稳定的同时,也要为国家的富强、民族的振兴,作出我们的贡献。

新华社香港分社社长姜恩柱、外交部驻港特派员公署特派员马毓真、解放军驻港部队司令员刘镇武等出席酒会,香港特区政府主要官员和香港各界知名人士数千人出席了酒会。

选自《人民日报》(海外版)1997年10月2日

〰〰〰〰〰〰〰〰〰〰〰〰〰〰〰〰〰〰〰〰〰〰〰〰〰

生　词

1. 酒会	(名)	jiǔhuì	形式简单的宴会。 cocktail party
2. 象征	(名、动)	xiàngzhēng	用来表现特殊意义的具体事物;用具体事物来表现特殊意义。 symbolize
3. 大政方针		dàzhèng fāngzhēn	重大任务和前进的方向。 fundamental policy (of a state)
4. 运作	(动)	yùnzuò	(组织、机构等)进行工作。 operate
5. 特派员	(名)	tèpàiyuán	为办理某项事务而派到某个地方的工作人员。 special commissioner

6. 公署	（名）	gōngshǔ	公务员的办公处所。
			government office
7. 司令员	（名）	sīlìngyuán	负责军事方面各项工作的主管人员。
			commander

注　释

1. 世界银行

即国际复兴开发银行（International Bank For Reconstruction And Derelopment）。成立于1945年12月27日,1947年11月起成为联合国的一个专门机构,通称"世界银行"。总部设在华盛顿。

2. 国际货币基金组织

联合国专门机构之一,成立于1945年12月27日,总部设在华盛顿。即：International Monetary Fund。

练　习

判断正误：

1. 10月1日,香港特区政府为中国第一个国庆节举行庆祝酒会。（　）

2. 文章说,今年香港人第一次回到中国欢度国庆,感到非常骄傲。（　）

3. 董建华先生说,香港特别行政区成立以来,政府工作、经济发展正常,市民自由和生活方式没有变化。（　）

4. 香港特区政府成立以来,既成功地经受了金融风波的考验,又成功地为世界银行和国际货币基金组织在香港举行了年会。（　）

5. 董建华说,中国的发展使香港获得巨大利益,香港也应为国家的发展作出贡献。

（　）

6. 新华社、外交部、解放军派到香港特区政府工作的官员姜恩柱、马毓真、刘镇武也出席了国庆酒会。（　）

第 13 课

课　文

中国的粮食问题
中华人民共和国国务院新闻办公室
1996 年 10 月·北京

中国政府一向十分重视粮食问题。中国有 12 亿多人口,是粮食生产与消费大国。中国的粮食状况如何? 中国的粮食生产潜力有多大? 中国人民能不能养活自己? 中国将如何发展粮食生产? 是人们普遍关心的问题。中国政府经过科学论证,现就这些问题作出实事求是的问答。

一、新中国解决了人民的吃饭问题

饥饿始终是半殖民地、半封建的旧中国的一大难题。旧中国的农业发展水平极为低下,有 80% 的人口长期处于饥饿半饥饿状态,遇有自然灾害,更是饿殍遍地。1949 年新中国成立时,全国每公顷粮食产量只有 1035 公斤,人均粮食占有量仅为 210 公斤。

中华人民共和国建立后,政府废除了封建土地所有制,带领人民自力更生,奋发图强,大力发展粮食生产,用占世界 7% 左右的耕地,养活了占世界 22% 的人口。1995 年与 1949 年相比,粮食总产量增长了 3 倍多,年均递增 3.1%。目前,中国粮食总产量位居世界第一,人均 380 公斤左右(含豆类、薯类),达到世界平均水平。人均肉类产量 41 公斤、水产品 21 公斤、禽蛋 14 公斤、水果 35 公斤、蔬菜 198 公斤,均超过世界平均水平。据联合国粮农组织统计,在 80 年代世界增产的谷物中,中国占 31% 的份额。中国发展粮食生产所取得的巨大成就,不仅使人民的温饱问题基本解决,生活水平逐步提高,而且为在全球范围内消除饥饿与贫困作出了重大贡献。

纵观新中国建立以来粮食生产的发展,大致分为三个阶段:

第一阶段为 1950—1978 年。1949 年,中国粮食总产量只有 1.132 亿吨,1978 年达到 3.048 亿吨,29 年间年均递增 3.5%。这一时期,中国通过改革土地所有制关系,引导农民走互助合作道路,解放了生产力,同时在改善农业基础设施、提高农业物质装备水平、加快农业科技进步等方面取得了显著成效,为粮食生产的持续发展奠定了基础。

第二阶段为 1979—1984 年,1984 年,中

国粮食总产量达到 4.073 亿吨,6 年间年均递增 4.9%,是新中国建立以来粮食增长最快的时期。这一时期粮食生产的快速增长,主要得益于中国政府在农村实施的一系列改革措施,特别是通过实行以家庭联产承包为主的责任制和统分结合的双层经营体制,以及较大幅度提高粮食收购价格等重大政策措施,极大地调动了广大农民的生产积极性,使过去在农业基础设施、科技、投入等方面积累的能量得以集中释放,扭转了中国粮食长期严重短缺的局面。

第三阶段为 1985 年至今。1995 年,中国粮食总产量达到 4.666 亿吨,11 年间年均递增 1.2%。这一时期,中国政府在继续发展粮食生产的同时,积极主动地进行农业生产结构调整,发展多种经营,食物多样化发展较快。猪牛羊肉、水产品、禽蛋、牛奶和水果产量分别达到 4254 万吨、2517 万吨、1676 万吨、562 万吨和 4211 万吨,比 1984 年分别增长 1.8 倍、3.1 倍、2.9 倍、1.6 倍和 3.3 倍。虽然这一时期粮食增长速度减缓,但由于非粮食物增加,人民的生活质量明显提高。

新中国之所以成功地解决了人民的吃饭问题,主要经验是:始终坚持以农业为基础,把农业放在发展国民经济的首位,把发展粮食生产作为农村经济工作的重点,千方百计争取粮食总量稳定增长;改革农村生产关系,实行以家庭联产承包为主的责任制和统分结合的双层经营体制,扩大粮食的市场调节范围,合理调整粮食价格,调动农民发展粮食生产的积极性;不断改善农业生产基础条件,加快农业科技进步,提高农业装备水平,增加农业投入,保护生态环境;在决不放松粮食生产的前提下,综合开发利用国土资源,积极发展多种经营,增加农民收入。

现在,中国城乡居民的温饱问题已经基本解决,中国政府今后的任务是在进一步增加粮食总量的同时,努力发展食物多样化生产,调整食物结构,继续提高人民的生活质量,向小康和比较富裕的目标迈进。当然,中国政府也清醒地看到,目前中国粮食供需平衡的水平还有待进一步提高,供需偏紧的状况还将长期存在。由于一些地区自然环境恶劣,耕地和水资源短缺,到 1995 年底,全国还有 6500 万人没有解决温饱问题(约占总人口的 5%)。中国政府正在实施的"扶贫攻坚计划",就是要力争到本世纪末基本解决这部分人的温饱问题。

二、未来中国的粮食消费需求

未来中国城乡居民食物消费要走与国民经济增长相适应、与农业资源状况相适应的路子,建立科学、适度的消费模式。中国政府将通过引导消费,既挖掘粮食生产潜力,又挖掘非粮食物生产潜力,避免粮食需求超过供给能力过快增长。

1984 年以来,中国人均占有粮食相对稳定,但由于动物性食品增加较多,人民的营养水平明显改善,平均每人每天供给的热量达到 2727 大卡,蛋白质和脂肪分别达到 70 克和 52 克,高于同等人均国民生产总值的国家,基本达到世界平均水平。

按照《九十年代中国食物结构改革与发展纲要》和城乡居民的饮食习惯,今后中国人民的食物构成将是中热量、高蛋白、低脂肪的模式,在保留传统膳食结构的基础上,适当增加动物性食品数量,提高食物质量。由于食物构成的变化,直接食用的口粮将继续减少,饲料粮将逐渐增加。这样,通过坚持不懈地发展粮食生产,到 2030 年中国人口出现高峰值时,人均占有粮食 400 公斤左右,其中口粮 200 多公斤,其余转化为动物性食品,就可以满足人民生活水平提高和营养改善的要求。

中国政府相信,实现上述消费模式是有可能的。这是因为:第一,虽然中国人均占有粮食不可能增加很多,但发展食物多样化生产的前景广阔,随着肉类、禽蛋、水产品、水果、蔬菜等供给量的继续增加,对口粮消费的替代作用将进一步增大。第二,通过推进养殖业科技进步,提高饲料报酬率,提高食草型畜禽和水产品等节粮产品的比重,可以减缓对商品饲料粮的过快需求。第三,中国目前处在一个食物消费低增长时期。从世界上许多国家的经验看,食物消费达到一定水平后将趋于稳定。中国作为低收入国家,达到目前城市的食物消费水平已具有超前性,这是由于家庭投资渠道单一,购买力相对集中在食物消费领域所致。今后随着医疗、住房等社会保障制度的改革,人民增加的收入将较多地用在住和行等方面,食物支出占消费支出的比重将逐步下降,食物消费的增长将会低于收入的增长。

根据上述消费模式的发展趋势以及人口增长规模,未来几十年中国粮食需求量为:2000 年人口接近 13 亿,按人均占有 385 公斤计算,总需求量达到 5 亿吨;2010 年人口接近 14 亿,按人均占有 390 公斤计算,总需求量达到 5.5 亿吨;2030 年人口达到 16 亿峰值,按人均占有 400 公斤计算,总需求量达到 6.4 亿吨左右。

节选自《新华文摘》1996 年 12 期

生　词

1. 半殖民地	(名)	bànzhímíndì	指形式上独立,实际上在政治、经济、文化各方面受帝国主义控制和压迫的国家。 semi-colony
2. 半封建	(名)	bànfēngjiàn	封建国家遭受帝国主义经济侵略后,原来的封建经济遭到破坏,资本主义有一定的发展,但仍然保持着封建剥削制度。 semi-feudal
3. 饿殍遍地		èpiǎo biàndì	饿死的人到处都有。 the fields strewn with the bodies of the starved
4. 豆类	(名)	dòulèi	豆的总称。 pod-bearing plant or its seeds
5. 薯类	(名)	shǔlèi	白薯、马铃薯等作物的总称。 tuber crops
6. 谷物	(名)	gǔwù	稻、麦、玉米等作物的总称。 grain
7. 份额	(名)	fèn'é	整体中分占的数目。 share; portion
8. 纵观	(动)	zòngguān	放开眼界观察(形势等);从历史上看。 make a comprehensive survey
9. 装备	(名)	zhuāngbèi	配备的武器、技术、器材等。

187

equipment

10. 能量	（名）	néngliàng	一般指物质做功的能力,如动能、热能、 电能等。

energy

11. 得以	（助）	déyǐ	（借此）可以。

so that . . . can . . .

12. 释放	（动）	shìfàng	把含有的物质或能量放出来。

release; set free

13. 有待	（动）	yǒudài	需要等待。

remain (to be done)

14. 紧	（形、动）	jǐn	不宽松,紧张。

in short supply

15. 恶劣	（形）	èliè	很坏。

odious

16. 短缺	（动）	duǎnquē	（物资）缺少,不足。

in short supply

17. 大卡	（名）	dàkǎ	热量实用单位,等于 1000 卡路里,也叫 千卡。

kilocalorie

18. 蛋白质	（名）	dànbáizhì	天然高分子有机化合物,由多种氨基酸 组成,是生命的基础。

protein

19. 脂肪	（名）	zhīfáng	一种有机化合物,存在于人体和动物皮 下组织以及植物体中,是储存热能最高 的食物,能供给人体所需要的大量热能。

fat

20. 膳食	（名）	shànshí	日常吃的饭和菜。

food

21. 致	（动）	zhì	导致;引起(后果)。

lead to

注　释

1.《中国的粮食问题》

　　这是中国政府当时公布的关于粮食问题白皮书的前两部分。第三、四部分分别是:《中国能够依靠自己的力量实现粮食基本自给》、《努力改善生产条件,千方百计提高粮食综合生产能力》。

2.封建土地所有制

封建地主占有土地,用以剥削农民(或农奴)的一种私有制。其特征是:地主占有土地,农民只有很少土地或全无土地,只能耕种地主的土地,绝大部分产品被地主剥夺,农民世代被束缚在小块土地上。中国的封建土地所有制存续了两千多年。

3.中国改革土地所有制关系

历史上称土地改革,简称土改。旧中国,占农村人口百分之九十的贫农、雇农、中农只占有耕地百分之二十至三十;而只占农村人口百分之十的地主、富农却有耕地百分之七十至八十。地主利用占有的土地,残酷地剥削农民,严重阻碍了生产力的发展。解放后,1950 年 6月,中央人民政府颁布《中华人民共和国土地改革法》,在全国范围内实行土地改革运动,发动农民起来没收地主的土地和生产资料,分给无地和少地的农民。到 1952 年 9 月,全国有三亿农民分得了七亿亩土地,使农民每年不再向地主交纳三千万吨的粮食地租,基本上完成了土地改革。

4.互助合作运动

一般称做农业合作化或农业集体化运动。中国在 1952 年完成土地改革之后,根据农民自愿原则,用合作社的组织形式,把个体的、分散的农业经济改变成比较大规模的、集体的社会主义农业经济。中国在农业集体化过程中采取了三个互相衔接的步骤和形式:首先组织带有社会主义萌芽性质的互助组,接着发展以土地入股、统一经营为特点的半社会主义性质的初级农业合作社,然后再建立土地和主要生产资料集体化的、完全社会主义性质的高级农业合作社。这一运动到 1956 年底则基本上胜利结束。

5.统分结合的双层经营体制

在家庭联产承包责任制的基础上,实行统一和分散经营相结合的经营体制。如土地承包到户后,种什么,怎么种,怎么管理等事项均由农户独立决定,而科技、良种、大型农机具、水利、生产资料供应等则由乡村政府和集体根据农产的需要统一进行系列化社会服务。农民如脱离农业生产或自动出让土地,政府则将土地收回集体,集中承包给种田能手和种田大户,充分发挥个体的积极性,政府和集体则对他们进行更精密的系列化社会服务。

报刊词语、句式示例

一、政策极大地调动了广大农民的生产积极性,使过去在农业基础设施、科技、投入等方面积累的能量得以集中释放,扭转了中国粮食长期严重短缺的局面。

"得以",助词,表示"借此可以……"的意思。用在别的动词前面,不能单独回答问题,没有否定形式。例如:

1.只有改革一切不合理的规章制度,调动一切积极因素,才能使中国建设四化的目标得以早日实现。

2.政府和学校行政部门要为科研和教学人员创造条件,使他们的工作得以顺利完成。

3.这个重大问题得以在短期内顺利解决,全靠领导的大力支持和同事们的真诚协助。

二、新中国之所以成功地解决了人民的吃饭问题,主要经验是始终坚持以农业为基础,把农业放在发展国民经济的首位等。

"之所以"是一个固定词组,相当于"的原因"的意思,后边常跟"是因为"、"是由于"连用,对"之所以"提出的事实、结果的原因加以说明。一般的因果句,是先因后果,用"因为……所以"格式来表示,但为了强调因果关系,突出原因或理由,常用"之所以……是……"格式置于主语后边,是一种先果后因的格式。例如:

1. 他之所以要学习外语,主要是由于工作的需要。

2. 她之所以取得如此优秀的学习成绩,主要是因为她平时刻苦努力的结果。

3. 有个名作家曾经说过,散文之所以比较容易写是因为它更接近于我们口中的语言。

三、中国政府始终坚持以农业为基础,把农业放在发展国民经济的首位,把发展粮食生产作为农村经济工作的重点,千方百计争取粮食总量稳定增长。

"把……作为……"也写作"把……当作"等,表示的意思与"以……为"相同。例如:

1. 我们是学生,理所当然应当把学习作为我们的主要任务。

2. 把经济建设作为中心任务,把坚持改革开放和坚持四项基本原则作为基本点,就是中国共产党基本路线的主要内容。

3. 父母的言行对孩子的影响是巨大的,因为父母是孩子的第一任老师,孩子开始总要把父母作为自己的榜样。

四、未来中国城乡居民食物消费要走与国民经济增长相适应、与农业资源状况相适应的路子,建立科学、适度的消费模式。

"……与……相……"这一格式中"与"可用"和"、"同"、"跟"等来代替,表示一个主体和另一个主体发出同样的动作、行为,并交互涉及到对方。例如:

1. 所谓统分结合的双层经营体制就是在家庭承包生产责任制基础上实行统一与分散经营相结合的经营体制。

2. 理论必须与实际相联系;与实际相脱节的理论,是空洞无用的理论。

3. 我们学习外国的先进经验必须同本国的实际情况相结合,适用的就拿来,不适用的就不要。

练　习

一、选择词语填空:

| 人均 | 供需平衡 | 饿殍遍地 |
| 之所以 | 相对集中 | 发展趋势 |

1. 到 2030 年,中国人口达到 16 亿时,按_____占有粮食 400 公斤计算,总需求量将达到 6.4 亿吨左右。

2. 旧中国农业生产水平极低,粮食供应严重不足,有 80% 的人口长期处于饥饿半饥饿状态,遇到水旱等自然灾害,更是_____。

3. 无论是城市还是乡村,过去那种四代五代同堂的大家庭已不多见,而小型化则已成为中国家庭的_____。

4. 过去一段时间由于家庭投资渠道比较单一,购买力较多地用在食物消费方面,今后随着医疗、住房等社会保障制度的改革,人民增加的收入将_____地用在住和行方面。

5. 这次汉语节目表演_____获得巨大成功,是因为全体同学和老师付出了极大的努力。

二、解释下列句中划线部分的词语:

1. <u>纵观</u>新中国建立以来粮食生产的发展,大致可以分为三个阶段。

2. 1979—1984年,中国粮食生产能够快速增长,主要<u>得益于</u>中国政府在农村实施的一系列改革措施。

3. 中国政府采取的各项重大措施,调动了农民的生产积极性,使过去在农业基础设施、科技、投入等方面积累的<u>能量得以集中释放出来</u>,扭转了中国粮食长期严重短缺的局面。

4. 中国政府解决人民吃饭问题的经验之一是:改革农村生产关系,实行<u>以家庭联产承包为主</u>的责任制和统分结合的双层经营体制,调动了农民发展粮食生产的积极性。

5. 中国城市居民达到目前的食物消费水平是超前的,这是由于家庭投资渠道单一,购买力相对集中在食物消费领域所致。

三、选择正确答案:

1. 新中国成功地解决人民吃饭问题的主要经验是——

　　A. 坚持以农业为基础,把农业放在发展国民经济首位,争取粮食总量稳定增长

　　B. 改革农村生产关系,调整粮食价格,调动农民发展粮食的生产积极性

　　C. 加快农业科技进步,提高农业装备水平,保护生态环境

　　D. 坚持以农业为基础,改革农村生产关系,不断改善农业生产基础条件,积极发展多种经营

2. 根据《九十年代中国食物结构改革与发展纲要》和城乡居民的饮食习惯,中国人民的食物构成将有什么变化?

　　A. 动物、谷物方面的食品都增加

　　B. 动物性食品增加,谷物性食品减少

　　C. 动物性食品减少,谷物性食品增加

　　D. 动物性和谷物性食品都减少

3. 1984年至1995年期间,中国粮食增长速度减缓,但人民的营养水平——

　　A. 高于世界平均水平

　　B. 高于同等人均国民生产总值的国家

　　C. 基本达到同等人均国民生产总值的国家

　　D. 低于第三世界平均水平

4. 今后中国人民食物消费的增长将会低于收入增长,其主要原因是——
    A. 人均占有的粮食不可能增加很多
    B. 人民超前的食物消费要求无法满足
    C. 食物消费达到一定水平后将不再增加
    D. 人民增加的收入将相对集中于住、行方面

四、判断正误:

    1. 在新中国成立以前,中国是一个半殖民地半封建的国家。( )
    2. 在旧中国,有80%的人口长期处于饥饿半饥饿状态。( )
    3. 新中国成立时,全国平均每公顷粮食产量1035斤,人均占有粮食只有210斤。( )
    4. 新中国成立以来,占世界人口22%的中国人口是靠占世界7%的耕地生存的。( )
    5. 在20世纪80年代,中国的谷物产量占世界谷物总产量的30%。( )
    6. 目前,中国的人口、粮食产量和人均粮食占有量均居世界第一。( )
    7. 现在,中国人均粮食占有量达到世界平均水平,而肉、蛋、水果、水产品等副食品则超过了世界平均水平。( )
    8. 1979年至1984年6年间,是新中国成立以来粮食增长速度最快的时期。( )
    9. 中国最近11年,由于粮食增长速度减缓,因此,人民的生活质量也不可能有明显的提高。( )
    10. 直至现在,中国城乡居民的温饱问题还没有全部解决。( )

五、根据课文内容填空:

    本文(节选部分)是从以下两方面来说明中国的粮食问题的:
    1. _____;
    2. _____。

六、快速阅读:(限时4分钟)

    明亮的联合国大厦,各国代表欣喜地走上前去,同新任命的联合国秘书长科菲·安南握手,祝贺他担任第七任联合国秘书长。这是联合国大会1996年12月17日通过一项任命后的情形。

    58岁的科菲·安南是出色的外交活动家。从1962年他在日内瓦担任世界卫生组织行政官员算起,历经30多个春秋,他肩负使命足迹遍布中东、非洲、欧洲、美洲。他做过联合国助理秘书长、维持和平事务的副秘书长,并担任过秘书长特使处理过前南斯拉夫、伊拉克等地区的维和与战后难民遣返问题。阅历很深、经验丰富,对处理纷繁复杂的事务熟练精通。

    安南1938年4月8日出生于西非的加纳。富裕的酋长之家为他提供了良好的生活与学习条件。青年时代曾经在加纳库马西理工大学接受高等教育,因品学兼优被送往美国明尼苏达州圣保罗的麦卡莱斯特学院攻读经济学,取得经济学士学位;33岁时进入美国著名的麻省理工学院学习,获得管理学硕士学位。

安南性情直率,讲话温和,待人诚恳,头脑冷静,富有幽默感。在联合国平易近人,人际关系很好,人们形容他"有才干、为人沉着而不失幽默感"。他在联合国外交官中享有较高的声誉,并能讲英语和法语。

作为联合国第一位黑人秘书长,他对未来充满信心。他认为当前首要的任务是组建一个讲求效率的班子,谨慎地对待联合国的改革。他强调:联合国应是一个民主的机构,不能被一两个超级大国操纵,联合国的改革应由各成员国来决定。他认为联合国的现实问题是资金匮乏,他正在敦促美国缴纳拖欠的会费。

安南夫妇都是再婚,有三个孩子。安南 88 岁高龄的母亲得悉儿子出任联合国秘书长后感到自豪,她对儿子的忠告是"他的成功来自辛勤工作,我希望他持续下去。"

(据有关资料编写)

问题:

请读后用一句话概括本文的内容。

阅 读（一）

农业部部长刘江在中外记者招待会上说

中国人完全有能力养活自己

本报讯　记者许宝健报道

中国能否实现既定的粮食增产目标? 21 世纪中国能否养活自己? 这个问题成为本次人代会人大代表和中外记者关注的热点。在 3 月 7 日两会新闻中心举行的中外记者招待会上,农业部部长刘江着重强调,中国人完全有能力养活自己。

刘江说,怀疑中国人能养活自己的观点并非今天才有。早在新中国成立前夕,当时的一位美国著名人士就曾预言:中国每一届政府都将无法解决中国人的吃饭问题。40 多年的历史证明,中国用占世界 7% 的耕地养活了占世界 22% 的人口,目前正在向小康目标迈进,这一事实宣告了美国人预言的破产。

刘江坚信中国能够实现自己的粮食增产目标。他说,到 2030 年,我国人口达到 16 亿峰值时,预计需要粮食 6 亿多吨。按照这个目标,今后 35 年间平均每年粮食产量增加近 40 亿公斤,年递增不到 1% 就可以实现,而建国 46 年来,我国每年平均增产粮食近 80 亿公斤,年递增 3%。

刘江同时也指出,实现粮食增产目标的

难度是相当大的,不能盲目乐观,那种认为只要采取一二项措施就可以大幅度增产粮食,轻而易举地解决中国的粮食问题的观点,是不切实际的。既要看到未来增产粮食的潜力和光明前景,又要看到实现目标的艰巨性。

为了确保实现粮食增产目标,刘江强调要采取几条硬措施:一是严格保护耕地,有计划地开发利用后备资源;二是努力改善生产条件,大力改造中低产田,充分挖掘现有耕地资源的潜力;三是实施科教兴农战略,大幅度提高科技在农业增长中的贡献率;四是加快发展农用工业,提高农业的装备水平;五是调整生产结构,正确引导消费;六是按照建立社会主义市场经济体制的要求,进一步深化农村改革,保护和调动农民的生产积极性。

刘江说,中国能实现既定的粮食增产目标,更为重要的原因是,全党全国高度重视农业,确立了把加强农业放在发展国民经济首位,立足国内基本解决粮食供给的方针。

选自《经济日报》1996 年 3 月 8 日

〰〰〰〰〰〰〰〰〰〰〰〰〰〰〰〰〰〰〰〰

生　词

1. 人代会	（名）	réndàihuì	全国人民代表大会的简称。 National People's Congress
2. 预言	（动）	yùyán	事先说出(将来要发生的事情)。 foretell
3. 破产		pò chǎn	比喻事情失败。 go bankrupt
4. 盲目	（形）	mángmù	眼睛看不见,比喻认识不清。 blind
5. 硬	（形）	yìng	强硬、坚决的。 strong; unyielding

注　释

新中国成立前夕一位美国人士的预言

这位美国人士是指当时的美国国务卿艾奇逊。1949 年 8 月 5 日,美国国务院发表了题为《美国与中国的关系》的白皮书,而艾奇逊则在 7 月 30 日给当时的美国总统杜鲁门写了一封信。

艾奇逊预言说:"中国人口在十八、十九两个世纪里增加了一倍,因此,使土地受到不堪负担的压力。人民的吃饭问题是每个中国政府必然碰到的第一个问题。一直到现在没有一个政府使这个问题得到了解决。……国民党政府之所以有今天的窘况,很大的一个原因是

194

它没有使中国有足够的东西吃。中共宣传的内容,一大部分是他们决心解决土地问题的诺言。"

练　习

回答问题:

1. 什么样的事实宣告了那位美国人士预言的破产?

2. 刘江说,中国人完全有能力养活自己,其根据是什么?

3. 为了确保实现粮食增产目标,中国将采取哪几条硬措施?除此之外,还有什么有利条件可以确保粮食增产目标的实现?

阅　读（二）

粮食问题须警钟长鸣
——写在世界粮食首脑会议召开之际
王　忠

　　举世瞩目的世界粮食首脑会议定于今天在联合国粮农组织所在地罗马举行。一百多个国家政府首脑将聚集一堂,就人类生存和发展的最基本问题——粮食问题进行会商,并发表会议宣言和行动计划。在新世纪到来之前召开的这次会议,无疑将把近几年持续进行的世界粮食问题的讨论推向高潮,也将再次告诫世人:无论是现在还是将来,粮食问题须警钟长鸣。

　　当今世界面临的主要难题中,粮食与水源问题最为突出。继70年代中世界粮食危机告一段落,从1994年冬季开始,"世界粮食危机"的问题再次成为世界的热门话题。首先是未来学派中悲观论的代表人物、美国世界观察研究所所长莱斯特·布朗提出了"下个世纪将产生世界粮食危机"的观点,而近三年世界粮食总产量和粮食库存持续下降的情况,又增加了粮食危机的紧迫感。不少人在问,下个世纪真会成为"饥饿的世纪"吗?

　　经过世界范围的研讨和论争,对世界粮食问题应该说有个比较明确的回答了。诚然,世界粮食总产量已连续三年下降,每人平均粮食产量比十年前少55公斤;世界粮食总库存连续四年下降,一度低于世界粮食安全系数17—18%约3—4个百分点。与此相关,自1995年8月起,世界粮价一路上扬,频频创造最高纪录,对于进口粮食占世界总贸易量71.5%的发展中国家(尤其是低收入的缺粮国)无异雪上加霜。据统计,目前全世界约有8亿人缺粮,其中有两亿是5岁以下的儿童。这些都说明,世界粮食形势确实相当严峻。

"民以食为天",世界粮食问题是影响世界全局的大事,不可等闲视之。认定世界粮食危机,必须同时具备可以量化的四个具体条件,即世界粮食生产国是否同时大幅度减产;世界粮食库存量是否持续下降到警戒点以下;世界粮价是否持续大幅度上涨;世界粮食航运的主要通道是否已遇到障碍或梗阻。而目前的情况是:1995年以来虽有美国、独联体等粮食产量大幅度减产,但另一些粮食主产国如中国、加拿大、澳大利亚、印度等则是增产或丰收的,世界粮食库存量虽连续下降,但仍不低于警戒点。况且联合国粮农组织已预测1996年谷物总产将回升;至于世界粮价也因受前述因素影响,目前已开始回落;而就世界范围而言,局部性战火和动乱对世界粮食运输并没有产生太大影响。综上所述,当前世界粮食形势尚未发展到危机的程度,但存在的问题不容忽视。

未形成世界粮食危机并不意味着不要世界粮食危机意识。众所周知,人口的过快增长以及对自然的过度索取,导致自然生态环境和农业资源不断恶化,耕地减少,地力下降,土地沙漠化,气候变暖,自然灾害加剧等等,所有这一切,已使世界粮食增长的速度显著放慢甚至下降。据联合国预测,到2030年,世界人口将由目前的58亿增加到85亿。另据联合国粮农组织预测:在今后30年内,

粮食生产必须增加75%以上才能跟上人口的增长速度。可见,人口增加的压力将首先表现在粮食方面,"地球村"对粮食问题时刻不能懈怠!

另一方面还要看到,尽管人类已经并仍在改造世界,但"天灾"包括旱、涝、病虫害及气候周期性变动导致农业歉收,仍难以改变。美国农业部近日发布的谷物供需情况报告显示,1995—1996年度美国玉米总产量下降幅度为22.5%。减产的原因包括长期阴雨导致播种推迟和病虫害严重。俄罗斯农业部估计今年俄粮食将比去年减产1200多万吨,其主要原因也是不良的气候条件所致。人类还难免"人祸",除由于战争引起的突发性危机,价格上涨引起的循环性危机,破坏生态环境造成的污染性危机而外,最经常、最值得注意的是由于粮食主要输出国出于某种政治考虑限制出口造成的危机。

总之,人类在新旧世纪之交确实面临着粮食难题,而解决这一难题固然要靠大农业的发展(如提高单产,增加复种指数,科技兴农等等),同时,还要限制自身人口增长过快,减少"天灾人祸"。而加强国际合作,显然有助于这些问题的解决。就此而言,世界粮食首脑会议召开十分必要。中国以占世界7%的土地养活占世界22%的人口,早已证明中国能够解决粮食问题。实践还将证明,中国还将使自己的生活质量一年比一年提高。中国不但不会对世界粮食安全构成威胁,还将为世界粮食发展作出更大的贡献。

选自《经济日报》1996年11月13日

生　词

1. 警钟长鸣　　　　　　　jǐngzhōng chángmíng　　警钟是报告发生意外或遇到危险的
   　　　　　　　　　　　　　　　　　　　　　　　　　钟。警钟长鸣比喻要对某事保持警
   　　　　　　　　　　　　　　　　　　　　　　　　　惕,高度重视。
   　　　　　　　　　　　　　　　　　　　　　　　　　sound the alarm bell

2. 会商　　　（动）　　　huìshāng　　　　　　　　共同商量。
   　　　　　　　　　　　　　　　　　　　　　　　　　consult

3. 告诫　　　（动）　　　gàojiè　　　　　　　　　（上级对下级）警告劝戒。
   　　　　　　　　　　　　　　　　　　　　　　　　　warn

4. 危机　　　（名）　　　wēijī　　　　　　　　　严重困难的关头。
   　　　　　　　　　　　　　　　　　　　　　　　　　crisis

5. 库存　　　（名）　　　kùcún　　　　　　　　　仓库中现存的物资和现金。
   　　　　　　　　　　　　　　　　　　　　　　　　　stock; reserve

6. 紧迫　　　（形）　　　jǐnpò　　　　　　　　　急迫。
   　　　　　　　　　　　　　　　　　　　　　　　　　urgent

7. 一路上扬　　　　　　　yīlù shàngyáng　　　　一直在上升。
   　　　　　　　　　　　　　　　　　　　　　　　　　sharp rise

8. 频频　　　（副）　　　pínpín　　　　　　　　连续不断地。
   　　　　　　　　　　　　　　　　　　　　　　　　　frequently

9. 无异　　　（动）　　　wúyì　　　　　　　　　没有什么不同。
   　　　　　　　　　　　　　　　　　　　　　　　　　the same as

10. 雪上加霜　　（成）　　xuě shàng jiā shuāng　　比喻灾难一个接一个,使受害程度
    　　　　　　　　　　　　　　　　　　　　　　　　　加重。
    　　　　　　　　　　　　　　　　　　　　　　　　　snow plus frost—one disaster after an-
    　　　　　　　　　　　　　　　　　　　　　　　　　other

11. 民以食为天　（成）　　mín yǐ shí wéi tiān　　百姓以食物为生存的根本。
    　　　　　　　　　　　　　　　　　　　　　　　　　the masses regard food as their heaven
    　　　　　　　　　　　　　　　　　　　　　　　　　(i.e. as their prime want)

12. 等闲视之　　（成）　　děngxián shì zhī　　等闲,平常。只看作平常的事,不加
    　　　　　　　　　　　　　　　　　　　　　　　　　以重视。
    　　　　　　　　　　　　　　　　　　　　　　　　　regard as unimportant

13. 具备　　　（动）　　　jùbèi　　　　　　　　具有;齐备。
    　　　　　　　　　　　　　　　　　　　　　　　　　possess; have

14. 警戒　　　（动）　　　jǐngjiè　　　　　　　进行特别的防备或警惕。
    　　　　　　　　　　　　　　　　　　　　　　　　　warn; guard against

15. 障碍　　　（名）　　　zhàng'ài　　　　　　阻碍;阻挡前进的东西。
    　　　　　　　　　　　　　　　　　　　　　　　　　obstacle

16. 动乱	（名）	dòngluàn	社会骚动变乱。
			turmoil
17. 尚未	（副）	shàngwèi	还没有。
			not yet
18. 索取	（动）	suǒqǔ	要。
			ask for
19. 歉收	（名）	qiànshōu	收成不好(与"丰收"相反)。
			poor harvest
20. 复种指数		fùzhòng zhǐshù	一块土地上,一年内播种和收获两次或两次以上的次数。
			multiple crop index

专　名

| 罗马 | Luómǎ | 城市名。 | Rome, name of a city |

练　习

判断正误:

1. 举世瞩目的世界粮食首脑会议的主要任务是会商粮食问题并发表会议宣言和行动计划。(　)

2. 世界粮食首脑会议的召开说明粮食问题必须警钟长鸣。(　)

3. 文章认为,当今世界面临的难题中,粮食问题是最突出的问题。(　)

4. 作者认为,近三年来世界粮食总量和库存的持续下降,证明了美国学者莱斯特·布朗的观点是有道理的。(　)

5. 认定世界粮食危机的四个条件是:生产量、库存量、价格和运输航道。(　)

6. 当前世界粮食的形势十分严峻,但还没有发展到危机的程度。(　)

7. 现在尚未形成世界粮食危机,因此,也就不需要粮食危机意识。(　)

8. 人口增长过快和天灾人祸是导致粮食增长速度放慢的主要原因。(　)

9. 文章认为解决世纪之交的世界粮食难题需采取四个办法:发展农业、控制人口增长、减少天灾人祸和加强国际合作。(　)

10. 作者认为,中国不但不会对世界粮食安全造成威胁,而且还将为世界粮食发展作出更大的贡献,因此,不需要警钟长鸣。(　)

第 14 课

课　文

~~~~~~

"再就业"事关大局

卡林

　　随着企业下岗职工不断增多,再就业工作的压力越来越大,实施再就业工程越来越重要。

　　单从人数看,1995 年全国下岗职工仅 400 多万人,1996 年增至 800 多万人,今年上半年已进一步增加到 1000 万人左右。应该说明,有关部门对下岗职工的定义和统计口径是,由于企业生产经营困难等原因,职工离开企业回家,但仍与企业保留名义上的劳动关系。这包括放长假、下岗待工的职工,不包括下岗后仍在企业参加转岗培训的职工,更不包括企业破产、倒闭后的失业职工。如果这三部分职工加起来,要远远超过 1000 万人。

　　职工大量下岗,是企业不适应市场、生产经营面临困难和重复建设所必然出现的问题,也是调整结构、提高效益特别是实行以减人增效为主要内容的改革必须付出的代价。现在,国有企业不提高竞争力,不提高经济效益,走高效率、低成本的道路,就难以摆脱困境,难以获得生存和发展。走这条道路则需要解决两个突出的矛盾,一是企业富余人员过多,人浮于事;一是经济结构不合理,"大而全、小而全"和重复建设现象颇为严重。以煤炭行业为例,全国重点煤矿有 360 万人,每年光是工资支出就有 200 多亿元,全员效率每人每工仅 1.33 吨。我国煤炭产量与美国相当,但人员却是美国的 7 倍。人员过多是煤炭行业效益低、亏损重的一个主要原因。不采取减人增效、转产分流,煤炭行业就难以摆脱困境。其他行业如纺织、机械、军工等也都存在类似问题。而在减人增效、调整结构过程中,必然会伴随有大量富余职工走下生产岗位。这两年,下岗职工虽然不算少,但广大企业要求精减的富余人员与已经下岗的人数仍相差甚远。据统计部门测算,我国城镇企业职工富余量在 30% 以上,按目前职工总数 1.5 亿人计算,今后还将有 4000 万以上的职工下岗分流。这个数字不可能很准确,不过,无论怎么讲,随着以减人增效为主要内容的改革力度逐渐加大,下岗职工的大量增加将是一个不可避免的问题。

　　按理说,在社会主义制度下,我们能够妥善处理好职工下岗问题。从实际情况看,中央对此非常关心和重视,各地区和各部门也抓得很紧,采取了一系列积极措施。这些措施分两个方面:一是保证下岗职工最低生活费的发放,其费用主要由企业或者政府主管部门提供;二是促进下岗人员实现再就业,主要是大力实施再就业工程,走企业安置、个人自谋职业和社会帮助安置相结合的道路。目前,两方面的工作都很有成效。据统计,全国已有156个城市建立了居民最低生活保障制度,有30个省市和自治区建立了帮困基金;已先后组织500多万下岗职工参加了再就业工程,组织100万人开展生产自救,使245万人实现了再就业。

然而问题在于,我国劳动力供大于求的矛盾尖锐,目前城镇登记失业人数已达550多万人,今后每年还要新增劳动力1000多万人,再加上1.3亿农村剩余劳动力中需要城市消化的农转非等因素,城镇就业压力很大。由此,为下岗职工提供充分再就业无疑有很大难度,这是一。二、职工的择业观念还存在很大问题,现在许多城市不是没有就业岗位,关键是人们的择业观念没有转变,一些职工仍就认为只有在国有单位工作才算就业,有的则依恋于过去的"等、靠、要",希望再捧一个打不破的"铁饭碗",缺乏对多种就业方式的认同,更不愿从事各种非正规就业。统计表明,眼下有4500多万农民在城市务工,其中许多岗位都是下岗职工可以干的。三、下岗职工的转业培训工作仍较薄弱。北京市调查表明,参加转业转岗培训的下岗失业职工再就业率为80%,没有参加培训的再就业率仅为20%。而劳动部反映,在全部下岗职工中,目前只有74万人参加了转业培训。这些问题都对再就业工作造成了较大影响。

必须指出,下岗职工的再就业是稳定社会、稳定职工队伍的一件大事。各级党委和政府都要以高度政治责任感来做好这项工作,切实解决一些重点和难点问题。除了加快建立社会保障制度,确保最低生活费的发放,要大力开发就业岗位,对于能够大量提供就业机会的第三产业、劳动密集型产业和中小企业,应从资金、信贷、税收等方面给予优惠;要大力开展舆论宣传,促进职工转变观念,面对现实,甩掉包袱,克服心理障碍,树立新的就业观和择业观,逐步适应新的就业制度,主动寻找新的就业机会;要大力组织转业培训,加强劳动力市场建设,鼓励国有企业职工通过劳动力市场自谋职业,鼓励国有企业职工向非国有单位流动。

总之,再就业既牵涉下岗职工生计的"饭碗",又直接关系到广大企业减人增效和结构调整能否顺利进行。从这个意义上讲,再就业事关改革、发展和稳定的大局。它有赖于每一个下岗职工的进取和奋斗,更有赖于各级政府和全社会的共同努力。

选自《经济日报》1997年10月15日

生　词

1. 下岗		xià gǎng	离开工作岗位。 be laid off
2. 定义	(名)	dìngyì	对于一种事物的本质特征或一个概念的确切而简要的说明。 definition
3. 统计	(动)	tǒngjì	指对某一现象有关数据的收集、整理、计

算和分析等。总括地计算。

statistics; add up

4. 口径	（名）	kǒujìng	原指器物圆口的直径,比喻对问题的看法和处理问题的原则。

requirements; line of action

5. 倒闭	（动）	dǎobì	工厂、商店因亏本而停业。

go bankrupt

6. 精减	（动）	jīngjiǎn	去掉不必要的(留下必要的)。

simplify; reduce

7. 富余	（形）	fùyú	足够而有剩余。

have more than needed

8. 人浮于事	（成）	rén fú yú shì	工作人员的数目超过工作的需要,人多事少。

more staff than needed

9. 煤炭	（名）	méitàn	煤。黑色固体矿物,主要用做燃料和化工原料。

coal

10. 军工	（名）	jūngōng	军事工业。

war industry

11. 亏损	（动）	kuīsǔn	支出超过收入,损失本钱。

loss

12. 转产		zhuǎn chǎn	企业停止原产品的生产而生产别的产品。

(of a factory) switch to the manufacture of another line of products

13. 安置	（动）	ānzhì	使人或事物有着落。

arrange for the placement of

14. 失业		shī yè	有劳动能力的人找不到工作或失去工作。

lose one's job

15. 农转非		nóng zhuǎn fēi	农业户口转成非农业户口。

become a city resident

16. 铁饭碗	（名）	tiěfànwǎn	比喻非常稳固的职业或工作岗位。

iron rice bowl—a secure job

17. 认同	（动）	rèntóng	承认,认可。

approve

18. 正规	（形）	zhèngguī	符合正式规定的或一般公认的标准的。

regular

19. 转业		zhuǎn yè	由一种行业转到另一种行业。

change one's profession

20. 包袱	（名）	bāofu	用布把东西包起来的包儿,比喻某种负担。
			load; burden
21. 牵涉	（动）	qiānshè	一件事关联到其他的事情或人。
			involve
22. 有赖(于)		yǒu lài(yú)	表示一件事要依赖另一件事的帮助促成。
			depend on

注 释

1. 再就业工程

    1995 年劳动部宣布全面实施"再就业工程",旨在做好失业者和下岗职工的再就业工作。要求走企业安置、个人自谋职业和社会帮助安置的道路,开拓就业渠道和领域,扩大就业规模,增加就业数量;逐步建立覆盖全部职工、费用由国家、单位和个人三方合理负担的失业保险制度;开展再就业人员的技术培训,全面推进就业服务事业发展。再就业工程已被列入各级政府的工作目标,计划五年内将组织 1000 万人参加再就业工程,力争实现 800 万人再就业。

2. "大而全,小而全"

    指企业规模不论大小,一律追求机构设置与生产设施齐全。在落后的管理体制下,这种自成体系、自给自足的多功能型工厂各自为政,重复生产,造成人力物力大量浪费。这种状况与专业化、社会化大生产发展的客观要求相违背,经济效益难以提高。

报刊词语、句式示例

一、随着企业下岗职工不断增多,再就业工作的压力越来越大,实施再就业工程越来越重要。

    介词"随着"与其宾语组成介宾短语,并与后面小句中"越来越"连用,表示后面的事物随着前面事物的发展而发展,且程度进一步增加。例如:

    1. 随着国民经济的快速发展,中国人民的物质生活越来越好,精神生活也变得更加丰富多彩。

    2. 随着职位提高,他的脾气越来越大,越来越听不进不同的意见了。

    3. 随着电子技术的突飞猛进,人们的通讯方式越来越多,速度也越来越快捷。

二、国有企业不提高竞争力,不提高经济效益,就难以摆脱困境,难以获得生存和发展。

    这种句式表示如果不这样,就会怎样。以其结果强调前面条件的重要。例如:

    1. 不发动社会各有关部门的力量进行综合治理,个体经济中出现的问题就难以彻底解决。

    2. 邓小平讲,改革开放胆子要大一些,不敢闯,就迈不开步子,就走不出一条新路,就干不出新的事业。

3．人们的择业观念不转变，就不能适应多种经济带来的多种就业方式，就会出现"许多人没事干，许多事没人干"的现象。

三、对于能够大量提供就业机会的第三产业、劳动密集型产业和中小企业，应从资金、信贷、税收等方面给予优惠。

"给予"(jǐyǔ)动词。书面语，给的意思。带多音节动词宾语，可带双宾语。报刊上常见的词组如：～同情、～支持、～重视、～关注、～援助、～优惠等。例如：

1．根据中央制定的方针，对中小股份合作制企业各方面要给予必要的支持，促使其健康发展。

2．在这个国家发生严重水灾、人民生活最困难的时候，国际社会曾给予他们大量的粮食药品援助。

3．听了她的不幸遭遇，很多人都给予同情，有的当场表示要为她打抱不平。

四、为了妥善处理好职工下岗问题，除了加快建立社会保障制度，确保最低生活费的发放，还要大力开发就业岗位。

介词"除了"有多种用法。与"还"、"也"、"要"等配合使用时，具有排除已知，补充其他的意义。例如：

1．残疾人的问题是个社会问题，解决这个问题除了党和政府的努力外，还要依靠全社会的共同努力。

2．除了"书同文"，还要"语同音"。我们应该在"书同文"的基础上，进而走向"语同音"。

3．要解决目前城市交通问题，除了改善道路设施外，还要大力整顿交通秩序，严格执行交通法规。

五、要大力开展舆论宣传，促进职工转变观念，面对现实，甩掉包袱，树立新的就业观和择业观。

"甩掉包袱"也可说"放下包袱"。"包袱"是比喻某种负担。句中指由于认识上的问题而形成的思想负担。例如：

1．看到人口老化带来的一系列社会问题，就把老年人视为包袱，这种观点是不正确的。

2．一个人如果不能正确对待成绩，成绩也会变成包袱。

3．少年犯小黄在管教干警的耐心帮助下，终于放下了思想包袱，用实际行动改造自己，重塑人生。

练　习

一、改正下列句中错误的词语：

1．职工大量下岗，是企业不合适市场、生产经营面临困难所必然出现的问题。

2．国有企业不提高竞争，不提高经济，就难以获得生存和发展。

3．在减人增效、调整结构过程中，必然会伴随有大量富裕职工走下生产岗位。

4. 企业或政府主管部门保障下岗职工生活费的发放。

5. 大力实施再就业工程，走企业安排，个人自谋职业和社会帮助相结合的道路。

6. 当前的问题是，我国劳动力供不应求的矛盾尖锐，就业压力很大。

7. 据劳动部反应，在全部下岗职工中参加了转业培训的不到十分之一。

8. 要大力宣传，促进职工转变观念，建立新的就业观和择业观。

9. 对于能够大量提供就业机会的第三产业，应对资金、信贷、税收等方面给予优惠。

10. 再就业事关改革、发展和稳定的大局，它有利于全社会的共同努力。

二、选择正确答案：

1. "下岗职工"的概念应该是——
   A. 由于企业富余职工过多而提前退休回家的职工
   B. 由于企业生产变化仍在企业参加转岗培训的职工
   C. 由于企业生产经营困难而回家，但仍与企业保留名义上的劳动关系的职工
   D. 由于企业生产经营不善而破产倒闭而失去劳动岗位的职工

2. 职工下岗的原因很多，但有一条不在其中：
   A. 企业不适应市场、生产经营面临困难
   B. 企业富余人员过多，人浮于事
   C. 企业破产倒闭，就业压力很大
   D. 经济结构不合理，"大而全、小而全"，重复建设现象严重

3. 根据统计部门测算，今后职工下岗的人数——
   A. 将会迅速减少
   B. 还会大量增加
   C. 不会大量增加
   D. 难以准确预算

4. 中国劳动力市场的基本情况是——
   A. 供大于求
   B. 供小于求
   C. 供求相当
   D. 供不应求

5. 一些下岗职工仍愿到国有单位工作，这说明——
   A. 国有企业好，是永远打不破的"铁饭碗"
   B. 中国就业方式单一，就业门路少
   C. 非国有企业条件差，不是正规就业
   D. 择业观念没有转变，存在很大的问题

6. 为做好下岗职工再就业工作,各级政府应从几方面解决重点和难点问题?

A.3 方面

B.4 方面

C.5 方面

D.6 方面

三、判断正误:

1. 下岗职工虽然离开企业回家了,但还与企业保留着名义上的劳动关系。( )

2. 有些职工离开了劳动岗位,但仍在企业内参加转岗培训,这不属于下岗职工。( )

3. 有些职工因企业破产倒闭不得不离开劳动岗位,属于下岗职工。( )

4. 文章认为,在实行调整经济结构、提高经济效益的改革中,职工大量下岗是不可避免的。( )

5. 当前国有企业富余人员过多,人浮于事的现象相当严重。( )

6. 国有企业规模大,机构设施功能全,有发展社会化大生产的优势。( )

7. 文中提到,中国煤炭工业的全员效率是美国的七倍。( )

8. 下岗职工的最低生活费由政府主管部门发放。( )

9. 中国农村有 1.3 亿剩余劳动力,已在城市找到出路。( )

10. 由于农民大量进城务工,许多城市里已经没有就业岗位了。( )

11. 大力开发第三产业,劳动密集型产业和中小企业是增加再就业的一个有效办法。

( )

12. 北京的调查表明,加强下岗职工的转业培训可以明显提高再就业率。( )

四、概括段意:

1. 职工大量下岗,是企业不适应市场、生产经营面临困难和重复建设所必然出现的问题,也是调整结构、提高效益特别是实行以减人增效为主要内容的改革必须付出的代价。现在,国有企业不提高竞争力,不提高经济效益,走高效率、低成本的道路,就难以摆脱困境,难以获得生存和发展。走这条道路则需要解决两个突出的矛盾,一是企业富余人员过多,人浮于事;一是经济结构不合理,"大而全、小而全"和重复建设现象颇为严重。

2. 职工的择业观念还存在很大问题,现在许多城市不是没有就业岗位,关键是人们的择业观念没有转变,一些职工仍认为只有在国有单位工作才算就业;有的则依恋于过去的"等、靠、要",希望再捧一个打不破的"铁饭碗",缺乏对多种就业方式的认同,更不愿从事各种非正规就业。统计表明,眼下有 4500 多万农民在城市务工,其中许多岗位都是下岗职工可以干的。

3. 据统计,女职工在国有企事业单位全体职工中的比例为 41.6%,在集体所有制单位的比例占 57.1%,在三资企业中的比例为 49.2%,在其他所有制单位中的比例为 51.5%。

4. 目前我们必须有一个清醒的认识:一个岗位干一辈子的时代已经过去了,每个人都要接受市场的挑战,在尝试、碰撞中寻找自己的最佳定位。失业下岗,既给人的生活带来危机,同时,也给人重新认识自己、调整自己、塑造自己提供了契机,关键在于正确地审视自己,充分发掘自身的潜能。

5. 从失业下岗人员的整体情况来看,35 岁至 40 岁的人较多。这些人长期在同一单位工作,由于历史和环境条件的限制,知识结构和谋生手段都不适应市场经济。尽管社会上的职业介绍机构和招工广告比比皆是,各种就业需求应有尽有,但往往因学历、年龄、专长等方面受到限制,失业下岗人员如果不及时"充电",不尽快掌握一门新知识、新技能,要想找到一份满意的工作是很难的。

五、根据课文内容填空:

1. 当前国有企业需要解决两个突出的矛盾是:

(1)_____;

(2)_____。

2. 解决下岗职工问题的主要措施是:

(1)_____;

(2)_____。

3. 一些下岗职工的择业观念没有转变,主要表现在____个方面,它们是:

(1)_____;

(2)_____;

(3)_____;

(4)_____;

……

六、快速阅读:(限时 3 分钟)

家产就这样分了

一 正

宋朝真宗那会儿,有一宰相叫张齐贤。张齐贤办事儿麻利果断,而且无处不生巧。有一次皇族的姻亲一家子为了家产的分割彼此反目,闹出了一个方圆几十里无人不看热闹的官司纠纷,最后就是让张齐贤断了个令人心服口服。

那官司原告说,被告已分得的财产比他多,不公平。被告也顶着说,原告已分得的财产比他多,欠合理。用现在的官司术语说,被告提出了反诉。双方都嫌自己的少对方的多,想在对方那里切一刀,而且两方都好像有说不完的理由和证据。在开封府,案子就已弄得主审官头晕脑胀,怎么理也理不清。最后闹到了皇上那里,10多天过去了真宗皇上也是没个主意。张齐贤见状,便对皇上说:"我来吧。"

在相府,张齐贤叫来双方,也不看他们有啥证据理由之类的,只说:是不是觉得对方多自己少？如果是就在笔录中留下大名。原被告同声回答"正是",便画押签了字。张宰相暗暗一笑,随即大声宣判:原告已分得的财产归被告,被告已分得的财产归原告,此为终审判决！双方一听,立刻没了词儿,对张大人的判决只能心服口服。既然都嫌对方多自己少,不就等于想要对方的而不想要自己的？

这故事惹人喜爱。

节选自《南方周末》1997 年 10 月 17 日

问题：
1. 请简要介绍这场"官司"。
2. 你对最后的判决怎么看？

阅 读（一）

再就业:一道新的起跑线

王斌来

始于 80 年代后期的职工下岗现象,最初的对象是企业劳动制度改革中优化组合下来的工作懒散者和尚未达到退休年龄的老弱病残人员。而现在的下岗人员,更多的是企业进入市场后,在转换经营机制、调整产业结构过程中,因企业关停并转下岗的。其中也包括相当一部分具有一定劳动技能、素质较好的职工。据劳动部统计,到 1996 年底,全国下岗职工 814 万人。职工下岗问题成为全社会关注的热点和焦点。

目前,我国的失业保险水平很低,还不能用失业保险金来救济下岗职工。另一方面,在市场经济条件下,也不可能完全由政府把失业和下岗职工包下来就业。解决这一难题,最有效的办法就是各有关部门运用各项政策措施和服务手段,创造更多的就业机会,帮助失业与下岗职工再就业。面对现实,下岗失业职工中一部分人自卑、失落、苦闷,依然抱着旧的择业观念不放,等待国家和单位再安排一个"铁饭碗",一部分人在社会的帮助下,通过个人自救,脚踏实地创业,开辟了新天地。

最近，记者在东北部分地区走访了一些失业下岗职工，倾听了他们的酸甜苦辣。

重新认识自我

在市场经济条件下，失业下岗是不可避免的社会现象。随着社会主义市场经济体制的日趋完善，人们的择业观念将不断更新，就业天地也会更加广阔。目前我们必须有一个清醒的认识：一个岗位干一辈子的时代已经过去了，每个人都要接受市场的挑战，在尝试、碰撞中寻找自己的最佳定位。失业下岗，既给人的生活带来危机，同时，也给人重新认识自己、调整自己、塑造自己提供了契机，关键在于正确地审视自己，充分发掘自身的潜能。

原来在辽宁省鞍山焊管厂当会计的崔冬波告诉记者，她在全民企业工作了14年，突然下岗了，一下子很难适应。因年龄偏大、水平一般，多次应聘会计均未成功。全家人只靠爱人的微薄收入，生活比较困难，心情也不好。后来她到环卫处当了一名清扫女工，每天天不亮就去上班。不久，赶上招聘居委会主任，她应聘担任了立山区深北办事处国泰居委会主任。虽然这份工作收入少，但她认为很适合自己。在下岗职工中，还有一些人是主动要求下岗的，吉林市的王玉艳就是其中的一个。1995年，46岁的王玉艳看到所在企业效益不佳，就主动向单位提出要求下岗。她认为，天天混日子不适合自己，既然对做买卖有兴趣，就不妨试一试。经过市场考察，她发现面食产品大有市场，就开了一家面食店。两年时间，因为讲信誉，质量好，她的顾客越来越多，小店生意非常红火。用她的话说，"只要肯吃苦，不愁不能致富。"

提高自身素质

从失业下岗人员的整体情况来看，35岁至40岁的人较多。这些人长期在同一单位工作，由于历史和环境条件的限制，知识结构和谋生手段都不适应市场经济。尽管社会上的职业介绍机构和招工广告比比皆是，各种就业需求应有尽有，但往往因学历、年龄、专长等方面限制，令许多失业下岗人员望岗兴叹。如果不及时"充电"，不尽快掌握一门新知识、新技能，要想找到一份满意的工作是很难的。

在沈阳市铁西区劳动局办的面点制作培训班里，记者遇见了下岗职工郭洪新。他下岗后，在私营企业、个体商店都工作过，但觉得不太满意。他过去没有技术专长，找工作越来越难。他决定学面点制作手艺，争取开个面点部。经过三个月的学习，现在他已经可以做出几十个品种的面食、糕点了。

谈起如何掌握技艺和提高自身素质，吉林省吉林市江城造纸厂下岗职工杨英感触很多。她告诉记者，在下岗的五年中，她卖过小商品，做过公司职员，开过发廊，而现在从事人寿保险推销工作。回顾几年来的经历，她认为在社会这个大课堂里增长了不少知识，只有精一门、通两门、会三门知识才能在就业竞争中立于不败之地。

转变就业观念

失业下岗现象的出现，深深地震撼了数千万中国职工。计划经济体制长期延续下来的"一份工作两人干，人人都有铁饭碗"的旧模式突然被打破，这对人们的观念无疑是一次重大冲击。从记者在东北三省采访了解到的情况来看，失业下岗人员面临的第一大难题，就是如何转变观念。前不久，沈阳自行车厂破产后，沈阳市劳动部门负责安置500名下岗人员。在劳动部门组织的就业洽谈会上，一些人提出了种种意见，如：国有企业、集体企业职工到私营企业工作或干个体，身份怎么定，能不能再找一个不会失业下岗的工作，原来上班路上只需要15分钟，新单位不能离家太远,待遇不能太低等等。这些问题说明部分下岗职工观念陈旧,择业期望值过高,从主观上为自己再就业设置了障碍。

36岁的哈尔滨市八区粮库经济警察王明华在下岗的两年里,市总工会职业介绍服务中心为他介绍了14次工作,他都干不了。经过工会干部多次谈心教育,他终于转变了观念,变得敬业爱岗,现在又回到了原单位当上了经济警察。有一位家住长春市宽平小区的下岗女工,邻居希望她帮忙照顾小孩,并做些家务,月薪300元。她坚决不干,宁愿每天骑自行车往返80分钟跑劳务市场找工作。问她为什么?她说,干侍候人的活儿,连想都没想过。据了解,在劳务市场求职的待业女工中,登记从事家庭生活服务工作的寥寥无几。一方面,社会上对家政服务的需求很大,另一方面,却有很多人不愿意干。这不能不说是"要面子"的老观念在作怪。

抓住机遇拼搏

提起下岗后的创业经历,几乎每个被采访者都有一段三天三夜也说不完的曲折故事。28岁的邱晓华,在沈阳第三机床厂幼儿园工作期间,多次被评为优秀教师、厂新长征突击手,1994年,因工厂破产,她失去了工作。最初,她整天垂头丧气,认为自己再无前途可言。在街道劳动服务公司和妇联组织的教育和开导下,她逐步认识到,失业不能失

志,下岗仍要有作为。她是幼儿师范学校的毕业生,热爱幼教工作,经过积极筹备,她的幼儿园终于成立了。刚开始,送来的孩子大小不一,性格各异,她既当教师又当保姆,辛苦自不必说,但她咬牙挺住了。三年多时间,她的幼儿园从五个孩子发展到几十个孩子,教育质量也受到了家长的好评。蔡春香原来是哈尔滨市道外商业公司批发部的职工,1987年因单位倒闭成了下岗职工,那年她才34岁。面对吃饭穿衣、孩子上学等多处用钱的困难,她开始了创业。第一次做生意,是去东宁县进西瓜回来卖。她与丈夫白天黑夜地卖了一星期,一算帐,除去丢的和雨水泡烂的,只挣回了路费。以后,她又尝试着卖过毛线、买车跑客运,不但没赢利,反欠下了6万多元债务。后来受一个开"兰州拉面馆"的亲戚启发,她和丈夫卖起了油饼豆腐,出色的质量、良好的服务赢得了大量回头客。现在,她不仅还清了债务,还添置了几件家用电器。

在失业下岗职工中,像邱晓华、蔡春香这样的例子不胜枚举。从他们坎坷的经历和艰难的拼搏中,我们可以领悟到:一个人要想成为强者,必须有冷静的头脑和坚忍不拔的进取精神。失业下岗是经济变革中的一种正常现象,是产业结构调整和企业适应市场的必然行为。怨天尤人、自暴自弃、坐等救济都于事无补,机遇往往偏爱付出努力最多的有心人。

选自《人民日报》1997年10月10日

生　词

1. 优化组合	yōuhuà zǔhé	加以选择或改变使组织起来的整体优良。
		optimization of grouping or regrouping

2. 老弱病残	（成）	lǎo ruò bìng cán	指由于年老体弱及其他原因工作能力较差的人。
			the old, weak, sick and disabled
3. 经营机制		jīngyíng jīzhì	企业的筹划、管理的运作过程和方式。
			the mechanism of operation
4. 关停并转		guān tíng bìng zhuǎn	对企业实行关厂关店,停产停业,合并改组,转产转行的简称。
			In response to the need to adjust the national economy, four different methods have been adopted by enterprises with deficits. The four are abbreviated as "close, stop, merge, shift".
5. 救济	（动）	jiùjì	用钱或物帮助受灾或生活困难的人。
			extend relief to
6. 脚踏实地		jiǎo tà shí dì	形容做事踏实认真。
			have one's feet planted on solid ground—earnest and down-to-earth
7. 酸甜苦辣	（成）	suān tián kǔ là	指各种味道,比喻幸福、痛苦等种种生活经历与遭遇。
			sour, sweet, bitter, hot — joys and sorrows of life
8. 契机	（名）	qìjī	事物转化的关键。
			turning point
9. 招聘	（动）	zhāopìn	以公告的方式聘请。
			advertise for (a secretary, teacher, etc.)
10. 会计	（名）	kuàijì	担任监督管理财务的工作人员。
			accountant
11. 望岗兴叹		wàng gǎng xīngtàn	由成语"望洋兴叹"而来,比喻要做一件事而力量不够,感到无可奈何。这里指因自己难以达到劳动岗位的要求而感叹。
			within sight but beyond reach—unattainable
12. 手艺	（名）	shǒuyì	手工业工人的技术。
			craftsmanship
13. 推销	（动）	tuīxiāo	推广货物的销路。
			promote sales

14. 期望值	（名）	qīwàngzhí	对未来的事物或一个人的前途所希望的程度。
			expectation
15. 寥寥无几	（成）	liáoliáo wú jǐ	非常少。
			very few
16. 家政	（名）	jiāzhèng	指家庭事物的管理,如有关家庭生活中烹调、缝纫、编织、养育婴幼儿等。
			household management
17. 批发	（动）	pīfā	成批地出售商品。
			wholesale
18. 坚忍不拔	（成）	jiānrěn bù bá	在艰苦困难的情况下,坚持而不动摇,形容意志坚强。
			firm and indomitable
19. 怨天尤人	（成）	yuàn tiān yóu rén	抱怨天,责备别人。形容对不如意的事情一味归咎于客观原因。
			blame god and man—blame everyone and everything but oneself
20. 自暴自弃	（成）	zì bào zì qì	自己糟蹋自己,自己瞧不起自己。自己甘心落后,不求上进。
			give oneself up as hopeless

练 习

一、选择正确答案:

1. 现在的职工下岗的主要原因是什么?

A. 劳动制度改革,实行优化组合

B. 调整产业结构,企业关停并转

C. 缺少一定劳动技能,素质不高

D. 老弱病残,工作懒散,表现差

2. 文章认为解决下岗职工问题的最好办法是什么?

A. 依靠失业保险

B. 完全由政府包下来

C. 个人自救

D. 创造更多的就业机会

3. 对职工下岗的看法很多,哪一种观点是不正确的?

A. 下岗现象在市场经济条件下是不可避免的

B. 人们应该更新择业观念,就业天地会更加广阔

C. 下岗给人的生活带来危机,一个岗位最好干一辈子

D. 下岗职工应该正确地审视自己,充分发掘自身潜能

4. 许多下岗职工"望岗兴叹",其主要原因是什么?

A. 社会上的职业介绍机构和招工广告太多

B. 长期在同一个单位工作,不适应市场经济

C. 工作岗位要求高,自己缺少技术专长

D. 很难找到一份工资待遇高的工作

5. 一些下岗职工希望"再找一个不会下岗的工作",这说明了什么?

A. 择业观念陈旧

B. 下岗震撼人心

C. 待遇不要太低

D. 社会需要铁饭碗

6. 通过许多下岗职工再就业的经历,告诉人们面对下岗应采取什么态度?

A. 望岗兴叹,失落苦闷

B. 垂头丧气,自暴自弃

C. 怨天尤人,坐等救济

D. 脚踏实地,拼搏进取

二、问题:

1. 中国企业许多职工下岗的原因是什么?

2. 解决下岗职工问题的办法有哪些? 当前最有效的办法是什么?

3. 面对现实,下岗职工首先要解决哪些认识问题?

4. 为了实现再就业,下岗职工应该怎么办?

阅读（二）

城里下岗，农村上岗，汤金泉夫妇志在田野创新业，不仅实现了从"铁饭碗"到"金饭碗"的跳跃，还为三十七名下岗工人解决了再就业困难。请看——

出城种菜苦也甜

成新平

这是一片充满生机和希望的土地。白色的塑料大棚，坚固的简易温室，错落有序的地下排水沟，现代化的喷灌系统。谁能想到，这片土地的主人竟是对下岗夫妻！

36岁的汤金泉，毕业于湖南省机械工业学校，原湖南省衡山县矿石粉厂干部，他的妻子张清华，原是衡山县印刷厂职工。他们做梦也想不到会成为下岗工人。

下岗之后的汤金泉不断用科学知识充实自己，订阅《中国蔬菜》、《湖南科技报》、《土壤与肥料》等报刊。虽然每年花去近2000元积蓄，但他学习了市场营销、作物栽培等方面的知识。

汤金泉认为农业前景广阔，他一边在家搞蔬菜生产试验，一边到上海、广东、福建等地了解土地租营情况。当他发现衡山的蔬菜数量少，品质差，农药污染严重时，便与爱人商定："扎根衡山，种植无公害蔬菜！"

去年10月，他与县农科所签订了租赁50亩田的10年期合同。

签合同的前一天，一向支持丈夫的妻子张清华对他说："金泉，你前30年没种田，快40岁的人了，吃得消吗？"

汤金泉说："我属牛，是奋斗的命，干起事来义无反顾，生活过得太平淡没有意思，只有在激流险滩中闯荡，才能实现自己的人生价值。"

万事开头难。专业人才不足，他广纳良才；资金缺乏，他走遍了所有亲戚朋友，凑齐10万元投入生产；土质差、地下水位高，他按配方施肥，挖沟排水；每天清早6点钟下地，晚上8点多钟收工，一个月下来，白面书生瘦成了猴。为了节省路途往返时间，他连中饭都在田里吃，并在田边搭起一个简易工棚，守在温室大棚观察种子发芽，像母亲守候着婴儿。那夜，月光如水，清风拂面，他躺在工棚里，心情难以平静。半夜，猛觉一团东西在腰间蠕动，掀开被子一看，竟是一条蛇！他找根木棍将蛇赶走后，心却反而静下来，有生命与他作伴也是一种安慰呀！今年3月的一个晚上，汤金泉正在工棚里整理蔬菜种植日记，突然一阵狂风暴雨袭来，他被压在棚下不省人事,幸亏次日两个放牛娃路过将他救起。

汤金泉的执著,终于感化了妻子,她把家搬到了县农科所,与丈夫一道起早贪黑,风里来雨里去。他们先后投入 50 多万元,修建大温室 2 个,塑料大棚 20 个,开挖了地下排水沟,安装了喷灌系统。还从台湾、黑龙江、北京、天津等地引进蔬菜 5 大系列 70 多个品种。汤金泉说:"我要让衡山人一年四季吃上本地产的无公害蔬菜!"

汤金泉生产打前锋,张清华热心搞后勤,夫唱妇随,比翼双飞。功夫不负苦心人,种子发芽了、开花了、结果了。田野上,他们迎来了绿色的收获。

在当地人眼中,汤金泉夫妇犹如一对"田野魔术师",不断变换"法术"。今年上半年,每亩田就种出了两季香瓜(每季亩产 1200 公斤),两季辣椒(每季亩产 1500 公斤),3 批黄瓜,每亩平均收入达 1 万元,今年的产值可达 70 万元。

汤金泉夫妇的种植技术征服了周围的菜农,他们纷纷赶来学技术,汤金泉夫妇有求必应。

汤金泉夫妇还招聘 37 名下岗工人到自己的"露天车间"工作,每人月工资 600 元以上,他们言传身教种植技术,并告诉大家:"再就业的路千万条,国家有困难,我们多体谅;只要动脑筋,土地出黄金。"

选自《人民日报》1997 年 8 月 9 日

～～～～～～～～～～～～～～～～～～～～～～～

生　词

1. 喷灌	(动)	pēnguàn	灌溉的一种方法。利用压力把水喷到空中,形成细小水滴再落到地面或植物体上。
			spray irrigation
2. 公害	(名)	gōnghài	各种污染源对社会公共环境造成的污染和破坏。
			environmental pollution
3. 租赁	(动)	zūlìn	租用,以归还原物并付给一定代价为条件而使用别人的东西。
			rent; lease
4. 义无反顾	(成)	yì wú fǎn gù	在道义上只有勇往直前,绝不犹豫退缩。
			honour permits no turning back
5. 配方	(名)	pèifāng	配制的方法。
			prescription
6. 不省人事		bù xǐng rénshì	指人昏迷,失去知觉。
			lose consciousness; be in a coma

214

7. 执著	（动、形）	zhízhuó	坚持不懈,也作"执着"。
			persistent
8. 有求必应	（成）	yǒu qiú bì yìng	只要有人请求就一定答应。
			respond to every plea
9. 言传身教	（成）	yán chuán shēn jiào	口头上传授,同时行动上以身作则。指言语和行动两方面都起模范作用。
			teach by precept and example

练 习

回答问题:

1. "从铁饭碗到金饭碗",说的是什么意思?

2. 汤金泉夫妇下岗前是从事什么工作的? 下岗后干起了什么?

3. 汤金泉夫妇取得了哪些成绩?

4. 依照你的理解,汤金泉夫妇取得成功的主要因素有哪些?

5. 对于汤金泉的话和他的故事,你有什么感想?

第 15 课

课　文

关于建设有中国特色的社会主义卫生事业

我国的卫生事业必须从中国实际出发,具有中国特色。我们进行卫生改革,必须以马克思列宁主义、毛泽东思想和邓小平建设有中国特色社会主义理论为指导,坚持党的基本路线,总结建国以来尤其是改革开放以来卫生事业发展的实践经验,借鉴国外有益的经验,适应现代化建设的要求,走出一条有中国特色的社会主义卫生事业发展之路。

各级党委和政府要把卫生工作纳入经济和社会发展的总体规划,列入重要的议事日程,增加对卫生事业的投入,切实保证卫生事业同经济、社会的协调发展。卫生事业是社会公益性事业,政府对卫生事业实行一定的福利政策,卫生事业的改革和发展,要始终坚持以社会效益为最高原则。卫生改革的目的在于增强卫生事业的活力,充分调动卫生机构和卫生工作者的积极性,不断提高服务的质量和效率,更好地为人民健康服务,为社会主义现代化建设服务。当前要加快卫生管理体制、卫生服务体系和卫生机构运行机制的改革步伐,积极推进城镇职工医疗保障制度改革。

建设有中国特色的社会主义卫生事业,要着重抓好以下几项工作。

第一,重点加强农村卫生工作。毛泽东同志早就指出,"要把卫生工作的重点放到农村去。"我国农村人口占总人口的绝大多数,农村医疗卫生基础薄弱,比较落后。只有切实搞好农村卫生工作,才能使我国卫生状况在整体上有一个大的改观。经过几十年来的不断努力,三级医疗、预防保健网在广大农村有了一定基础,乡村医生队伍已有一定规模,初级卫生保健工作取得了较大进展,农村人口的健康水平不断提高。但是,从全国情况来看,农村医疗卫生工作基础薄弱的状况仍未根本改变,一部分农民因贫困而看不起病,一部分农民因病致贫、因病返贫,疾病已成为农民脱贫致富的重要制约因素。城乡之间以及不同地区之间医疗卫生条件和人民健康水平差距有进一步拉大的趋势,这是一个十分值得重视、需要认真研究解决的问题。

做好农村卫生工作,保护和增进农民健康,是各级党和政府义不容辞的责任。农村卫生

216

工作对于深化农村改革,对于推进农村经济和社会全面协调发展,对于加强农村物质文明和精神文明建设,具有十分重要的意义。特别是在贫困地区,要把扶贫开发和卫生工作结合起来。现在许多农村发展合作医疗,深得民心,人民群众把它称为"民心工程"和"德政"。看来,加强农村卫生工作,关键是发展和完善农村合作医疗制度。这是长期实践经验的总结,符合中国国情,符合农民愿望。要进一步统一认识,加强领导,积极、稳妥地把这件事情办好。

第二,以预防保健工作为主。预防为主是建国以来卫生工作的一条重要经验。六十年代初我们就已经消灭了天花病,比全球范围内消灭天花提前了十几年。九十年代又将消灭脊髓灰质炎等一些严重危害群众特别是儿童健康的疾病。由于成功地实施了儿童计划免疫接种,我国数亿儿童的健康得到不同程度的保障。这都是坚持预防为主方针的成果。预防保健费用低、效果好,要坚持把预防保健摆在卫生工作的优先地位。要继续增强预防为主的意识,认真落实各项预防保健措施。过去我们已经消灭的传染病、地方病,有的现在在一些地方又死灰复燃甚至蔓延起来,还出现了一些新的危害很大的传染病,这要引起高度重视,集中力量加以预防和控制。

第三,中西医并重,发展中医药。党和政府历来既重视现代医药又重视我国传统医药。中医药是中华民族优秀传统文化的瑰宝。经过广大中医药工作者的勤奋工作,我国中医药事业有了很大的发展。各级党委和政府要继续加强对中医药事业的领导。要正确处理继承与创新的关系,既要认真继承中医药的特色和优势,又要勇于创新,积极利用现代科学技术,促进中医药理论和实践的发展,实现中医药现代化,更好地保护和增进人民健康。中西医工作者要加强团结,相互学习,相互补充,促进中西医结合。

第四,依靠科技进步,提高专业技术水平。医疗卫生是科技密集型行业。防治各种疾病,提高医疗卫生服务的质量,都离不开医学科技的发展和医学人才的培养。必须牢固树立依靠科技进步发展卫生事业的思想。在医学科技领域,要针对严重危害我国人民健康的疾病,在关键性应用研究、医学基础性研究、高科技研究等方面,突出重点,集中力量攻关,力求有所突破。我国有一批长期献身于医学科学事业的杰出人才。要鼓励他们树立赶超世界医学科技先进水平的雄心壮志,为祖国和人类医学的进步作出积极的贡献。要重视通过科技成果的普及应用,尤其是在基层和农村推广适宜科技成果,不断促进我国医疗、预防、保健整体服务水平的提高。

卫生队伍的思想业务素质,直接关系到为人民健康服务的质量。要采取有效措施搞好医学教育,包括继续教育,建立和完善培养人才并充分发挥他们作用的机制,建设一支适应国情和社会需要、多层次、结构合理的卫生专业技术队伍。要大力鼓励卫生工作人员刻苦钻研,在技术上精益求精。特别要面向 21 世纪,抓好学术与技术带头人以及卫生管理人才的培养。各级政府和有关部门要关心和切实改善广大卫生工作者的工作、学习和生活条件,充分调动他们的积极性。

第五,开展爱国卫生运动,动员全社会参与。随着社会的发展和科技的进步,人类对危害自身健康因素的认识逐渐加深,卫生事业的内涵也不断丰富扩大。影响人类健康的因素很多,特别是生活环境、公共卫生以及吸烟、酗酒等不良习惯对人体健康的影响,已经引起社会的广泛关注。对这些因素的控制和改善,单靠卫生部门的工作是不够的。因此,各部门都要关心卫生与健康问题,在全社会树立"大卫生"的观念。开展群众性爱国卫生运动,是我国社会主义卫生事业的一个创造,对于改善城乡环境卫生,提高人民卫生知识和健康水平,发挥了重要作用。这一优良传统,要继承和发扬下去。要继续把"创建卫生城市"、普及"九亿农民健康教育行动",以及农村改水改厕,作为卫生工作的重点,积极加以推进,把这项工作同创建文明城市、文明村镇活动结合起来。要在群众中继续开展健康教育,提高健康意识和自我保健能力,通过普及医学卫生知识,教育和引导群众养成良好的卫生习惯,倡导文明健康的生活方式。总之,要通过政府倡导、部门协调、社会支持、个人参与,从各方面努力,把卫生工作做得更好,进一步提高全民健康素质。

（本文是江泽民主席 1996 年 12 月 9 日《在全国卫生工作会议上的讲话》的第二部分。）

节选自《中国青年报》1996 年 12 月 10 日

生　词

1. 卫生	（名、形）	wèishēng	能防止疾病,有益健康,合乎卫生的情况。
			hygiene
2. 福利	（名）	fúlì	生活上的利益,特指对工作人员在生活上的照顾。
			welfare
3. 薄弱	（形）	bóruò	不雄厚,不坚强。
			weak; frail
4. 改观	（动）	gǎiguān	改变原来的样子,出现了新面貌。
			change the appearance or face of
5. 保健	（动）	bǎojiàn	保护健康。
			health care
6. 返	（动）	fǎn	回到。
			return
7. 拉大	（动）	lādà	使小的距离、缺口等变大。
			enlarge; extend
8. 义不容辞	（成）	yì bù róng cí	道义上不允许推辞,(必须那样)。
			be duty-bound
9. 德政	（名）	dézhèng	有益于人民的政治措施。
			benevolent rule

218

10. 稳妥	（形）	wěntuǒ	稳当，可靠。
			safe；reliable
11. 天花	（名）	tiānhuā	也叫痘或豆疮，一种急性传染病，留下疤痕叫麻子。
			smallpox
12. 脊髓灰质炎		jǐsuǐ huīzhìyán	急性传染病，由病毒侵入血液循环系统引起，部分病毒可侵入神经系统。
			polio
13. 免疫	（动）	miǎnyì	由于具有抵抗力而不会得某种传染病，如天花病。
			immunity（from disease）
14. 接种	（动）	jiēzhòng	把疫苗注射到人和动物的体内，以预防疾病，如种牛痘。
			inoculate
15. 死灰复燃	（成）	sǐhuī fù rán	已经停息的东西又活动起来。（贬义）
			dying embers glowing again-resurgence
16. 蔓延	（动）	mànyán	像蔓草一样向周围发展。
			spread；extend
17. 中医药	（名）	zhōngyīyào	中医和中药的简称。
			traditional Chinese medical science and medicine
18. 瑰宝	（名）	guībǎo	特别珍贵的东西。
			treasure
19. 钻研	（动）	zuānyán	深入研究。
			study intensively
20. 精益求精	（成）	jīng yì qiú jīng	（学术、技术、作品、产品等）好了还要求更好。
			keep improving
21. 危害	（动）	wēihài	损害；使受破坏。
			harm；endanger
22. 酗酒	（动）	xùjiǔ	无节制地喝酒；喝酒后任性胡闹。
			indulge in excessive drinking

注　释

1. 党的基本路线

中共十三大(1987 年 10 月)提出的建设有中国特色的社会主义的基本路线。中共十三大的政治报告中指出:"在社会主义初级阶段,我们党建设有中国特色的社会主义的基本路线是:领导和团结全国各族人民,以经济建设为中心,坚持四项基本原则,坚持改革开放,自力更生,艰苦创业,为把我国建设成为富强、民主、文明的社会主义现代化国家而奋斗。"这一基本路线简称为"一个中心、两个基本点"即以经济建设为中心,坚持四项基本原则,坚持改革开放。

2. 农村三级医疗预防保健网

指县医院、乡镇卫生院和村卫生室为基础的医疗预防保健系统。

3. 合作医疗

中国农民自发创造的、通过互助共济、共同抵御疾病风险的医疗制度。农村实行合作医疗,农民按照家庭人口多少,每年交纳一定数量的合作医疗费,看病时就不交或部分免交防治费用。

4. 爱国卫生运动

即以除四害(老鼠、蚊子、苍蝇、跳蚤)、讲卫生、消灭疾病为中心的群众卫生运动。从1952 年起,在"动员起来,讲究卫生,减少疾病,提高健康水平"的口号下,全国范围内开展起来的这个运动,历年来,在各级爱国卫生运动委员会的领导下,在改善城乡卫生面貌,降低传染病的发病率,提高人民健康水平方面取得了很大成绩。

报刊词语、句式示例

一、卫生事业是社会公益性事业,政府对卫生事业实行一定的福利政策,卫生事业的改革和发展,要始终坚持以社会效益为最高原则。

这里的"性"是后缀,加在某些名词、动词、形容词后边构成抽象名词,表示事物的某种性质、性能。例:

1. 中国要把卫生工作的重点放到农村去的做法是由中国国情的特殊性决定的。

2. 卫生改革的目的在于增强卫生事业的活力,充分调动卫生机构和卫生工作者的积极性,更好地为人民健康服务。

3. 思想性和艺术性的完美结合,是每个严肃的文学艺术工作者所追求的最高目标。

二、过去已经消灭的传染病、地方病,有的现在在一些地方又死灰复燃甚至蔓延开来,还出现了一些新的危害很大的传染病,这要引起高度重视,集中力量加以预防和控制。

"加以",动词,表示对前面提到的事物进行处理。有时前面和"对"连用,构成"对……加

以……"的格式。"加以"后边的动词,不能再带宾语,如不能说"加以解决问题"等。例如:

1. 新中国成立后已经绝迹的吸毒、贩毒现象,改革开放后又在一些地方死灰复燃,甚至蔓延起来,严重危害人民健康和社会安定,对此必须加以重视,并依法严厉打击。

2. 当前,农村卫生工作比较薄弱,一部分农民因病致贫、因病返贫、城乡之间以及不同地区之间医疗设施和人民健康水平差距拉大,对以上问题,各级政府部门需要认真加以研究和解决。

3. 对于人民群众的切身利益问题,有关部门必须密切注视并逐步加以解决。

三、我们要把"创建卫生城市"、农村改水改厕等工作同创建文明城市、文明村镇活动结合起来。

"把……同……结合起来"是"用……和(与)……相结合"的意思。例如:

1. 在进行国际交流的时候,把外国的先进经验同本国的实际情况结合起来,是我们的一条基本原则。

2. 我们应当把课堂学习和社会实践结合起来,以便更快地提高我们的汉语水平。

四、在医学科技领域,要针对严重危害我国人民健康的疾病,在关键性应用研究、医学基础性研究、高科技研究方面,突出重点,集中力量攻关,力求有所突破。

"针对",动词,"对准"的意思,可带"着",不带"了"、"过"。例如:

1. 老师的讲评是针对全班同学的基本情况进行的,而不是针对某个人的具体情况说的。

2. 教练经过深入详细的研究,并针对着每个运动员的具体情况制定了一个周密的训练计划。

3. 针对这些同学的特点,老师在课堂上加强了听和说的训练。

练 习

一、选择适当的词填空:

列入　　　制约　　　义不容辞　　　致　　　精益求精

稳妥　　　借鉴　　　完善　　　倡导

1. 建设有中国特色的社会主义卫生事业,总结本国的实践经验固然十分重要,但是_____外国有益的经验也必不可少。

2. 要采取有效措施搞好医学教育,包括继续教育,建立和_____培养人才并充分发挥他们作用的机制,大力鼓励卫生工作人员在技术方面_____。

3. 疾病已成为农民脱贫_____富的_____因素,因此,做好农村卫生工作,保护和增进农民健康,是各级政府_____的责任。

4. 要进一步统一认识,加强领导,把发展农村合作医疗这件事_____议事日程,积极而又_____地办好这项"民心工程"。

5.教育和引导群众养成良好的卫生习惯,_____文明健康的生活方式是卫生工作者的重要任务之一。

二、解释下列划线部分的词语:

1.从全国情况来看,农村医疗卫生工作的基础仍然比较薄弱,一部分农民因病致贫,因贫返贫,疾病已成为农民脱贫致富的制约因素。

2.城乡之间以及不同地区之间医疗卫生条件和人民健康水平差距有进一步拉大的趋势,这是一个需要认真加以解决的问题。

3.我们的方针是中西医并重,发展中医药。

4.我们要建设一支适应国情和社会需要、多层次、结构合理的卫生专业队伍。

5.政府各部门都要关心卫生与健康的问题,在全社会树立"大卫生"的观念。

三、选择正确答案:

1.文章认为,卫生事业是属于什么性质的事业?
  A.福利性的
  B.经济性的
  C.公益性的
  D.专业性的

2.中国要把卫生工作的重点放到农村去的根本原因是什么?
  A.农村有三级医疗预防保健网
  B.只有搞好农村的卫生工作,才能使全国的卫生状况有大的改观
  C.城乡之间的卫生条件和人民健康水平的差距进一步拉大
  D.农村人口多,卫生基础薄弱

3.为什么说加强农村卫生工作,关键是发展农村合作医疗制度?
  A.因为它符合中国国情和农民愿望
  B.这是"民心工程"和"德政"
  C.十分有利于加强农村双文明建设
  D.这是中国长期实践经验的总结

4.建设有中国特色的社会主义卫生事业为什么要以预防保健工作为主?
  A.这是建国以来卫生工作的一条重要经验
  B.这样做费用低,效果好
  C.一些已消灭的传染病、地方病又死灰复燃甚至蔓延开来

D. 现在一些地方又出现了新的危害很大的传染病

5. 中国要开展爱国卫生运动,动员全社会参与的主要原因是什么?
   A. 因为这是中国卫生事业的优良传统
   B. 要继续"创建卫生城市普及""九亿农民健康教育行动"
   C. 卫生事业是全民事业,单纯靠卫生部门的工作是不够的
   D. 教育和引导群众养成良好的卫生习惯,倡导文明健康的生活方式

四、判断正误:

1. 建设中国的社会主义卫生事业,必须从中国的实际出发,具有中国的特点。( )

2. 文章认为,建设有中国特色的社会主义卫生事业既要总结中国自己的历史经验,也要吸收外国有益的经验以适应中国现代化的要求。( )

3. 文章认为,中国在制定经济和社会发展的总体规划时,经济和社会发展的速度必须同卫生事业的发展速度相同。( )

4. "要把卫生工作的重点放到农村去"的意思是,农村应该成为医疗卫生工作水平最高的地方。( )

5. 在农村发展合作医疗是深受广大农民欢迎之举。( )

6. 中国在60年代就消灭了天花病,比世界各国消灭天花病提前了十多年。( )

7. 无论是消灭天花病还是消灭脊髓灰质炎,都是通过预防的方法来实现的。( )

8. 中医和西医在中国有同等的重要地位,政府希望中西医加强团结,相互学习,相互补充,相互结合起来。( )

9. 文章认为,卫生事业既是科技密集型行业,又是一项全民性的事业,因此,她既需要一批献身于医学事业的杰出人才,又需要通过开展爱国卫生运动,动员全社会来参与。( )

10. 本文的中心内容是阐述中国卫生事业的主要特点。( )

五、快速阅读:(限时10分钟)

普 通 话 在 西 藏
索 穷

武汉小伙子刘中平大学毕业自愿申请来藏工作。对西藏艰苦的物质环境,他早有思想准备,然而,由于父母和同学们担心他到了西藏语言不通,会给工作带来不便,所以他踏上征途后,心中总是忐忑不安,顾虑重重。

刘中平分配到拉萨市一个政府机构工作,办公室除了他,还有3位藏族同志。上班第一天,他自己不知道怎样向同事们打招呼,藏族科长土旦桑布大大方方地站起来,用标准的汉语普通话说:"刘中平同志,欢迎你到西藏工作!我和我的同事很高兴与你共事!请坐!……"刘中平心里暖乎乎的,一切顾虑和

担心一下子烟消云散了。

几年前，在一次全国性的汉语普通话大赛中，一个藏族妇女"舌战群儒"，技压群芳，勇夺桂冠，成为大赛的新闻人物。人们问她是电台的专业播音员吗？怎么会说如此漂亮的汉语？这位藏族妇女骄傲地回答，"不，我只是一名普普通通的中学教员，而且参加工作才三年。"

今天，你走在西藏的城市、乡村，遇见的藏族同胞多多少少都能讲标准的汉语普通话，就连深山沟里没有出过远门的老头老太太见到陌生的汉族同志，也会风趣地来几句："什么？""你好你好你好……"，更不要说受过良好教育的藏族干部。

在西藏，除了少数民族同胞依照《民族区域自治法》自愿使用本民族语言，汉语标准普通话已经成为应用范围最广的族际共同语。一些外地人初到西藏，惊叹西藏的普通话推广工作如此之好。一些汉族公职人员在自己的家乡说汉话时还带有明显的方音，但是到西藏工作几年，惊异地发现自己的普通话大有长进，他们说西藏真称得上是进修普通话的特殊学校。笔者认识四川宣汉县一个叫吴富仁的打工小伙子，他来自贫困山区，只有小学毕业文化。刚来西藏时，他满口土腔土调没人能听懂，把鞋子叫成"孩子"，把钱叫成"经济"，把不知道叫成"懂不起"，听他说话，用他自己的话来回敬真是"懂不起"。但是，去年年底，当他离藏准备回家时，用标准的普通话和我道别，高兴地说，我到西藏不但赚了钱，而且学会了"说话"。而他的"老师"则是他的藏族房东。

西藏普通话推广成果较好的地区是拉萨、山南、林芝、阿里等地。而昌都东北部江达、贡觉等地，因与四川交界，与川人交往，当地人善操四川方言。昌都东南部的芒康、盐井等地，因与云南接壤，当地人说汉话又带有明显的滇西土音。拉萨、山南等西藏腹地，没有外来语言影响，推广汉语普通话条件更好，阻力更小。"一张白纸，可画最新最美的图画。"

人们认为，藏民族的语言才能是汉语普通话在西藏得以推广的重要因素。也有人认为，是藏族人的模仿能力强使然。但说到底，普通话在西藏"吃香"，要归因于改革开放、兼容并蓄、吸收外来优秀文化的大环境。

哪个地方推普工作搞得好，哪个地方的精神文明建设也搞得好，人的整体素质高，就必然有吸引力，有引进资金、技术、人才的先决条件。拉萨市近几年的飞速发展也充分证明了这一点。

选自《人民日报》1996 年 8 月 17 日

问题：
1. 刘中平、吴富仁和那位藏族女教师的经历说明了什么？
2. 文中认为汉语普通话在西藏得以推广的主要原因有哪些？

阅读（一）

编者按：我国企业职工的劳保医疗制度是 50 年代初期建立的。近些年来，随着经济的发展和改革的深化，这一制度本身存在的弊端已日益显现。主要表现在医疗费用全部由国家和企业包揽，缺乏有效的制约机制，致使医疗费严重超支，已成为企业的沉重负担；缺乏合理的经费筹集机制和稳定的经费来源；有的职工缺乏节约意识，容易造成医疗费的严重浪费。这里介绍北京市西城区有关大病统筹改革方面的情况，希望能给企业职工劳保医疗制度改革一点启示。

北京市西城区，1991 至 1992 年区属企业累计为在职职工支付的医疗费高达 3902 万元，平均每年超出可提取福利基金的 46%，致使一些企业无力正常报销医疗费，只好采取限期、限额报销的办法。部分企业医疗费债台高筑。沉重的医疗负担迫使旧的医疗体制必须改革。

1993 年 12 月，《北京市西城区大病统筹试行办法》正式出台，并首先在区属企业进行试点。截至 1995 年 7 月 20 日，已累计为 6681 名次患大病职工支付了医疗费，统筹支付医疗费金额近 3000 万元，人均大病医疗费 6350 元，其中为 21 名 5 万元以上的特大病患者支付医疗费 137 万元。

西城区饮食公司职工钟金秀，患白血病，需进行骨髓移植治疗，要预付一般企业无力负担的押金 15 万元。由于实行大病统筹，及时为其垫付了住院押金，并按规定为其报销医疗费 11.1 万元；西城区服装公司退休职工岳文玲过去患心脏病需要安装心脏起搏器，由于所在企业困难，一直未能实现，实行大病统筹后她顺利地安上了起搏器，她激动地说："是大病统筹给了我第二次生命！"

企业职工大病医疗费用社会统筹（简称大病统筹）是对企业职工大病医疗费实行统一筹集、调剂、支付和管理的一种社会医疗保险办法。

大病统筹规定职工和退休人员患病、非因工负伤一次性住院的医疗费用或者 30 日内累计医疗费用超过 2000 元的，属于大病医疗费统筹范围。其原则是互助互济、风险共担；保证基本医疗、克服浪费；国家、企业、个人三者合理负担。

实行大病统筹后，职工患大病不再仅由所在企业负担，而是由参加统筹的所有企业共同负担。这样就可以把企业为职工提供医疗保险的职能逐步分离出来，使之向建立比较完善的社会医疗保险制度过渡。

大病统筹基金本着"以支定收,略有节余,国家、企业、个人三者合理负担"的原则进行筹集。企业(不含外商投资企业)以上年度全市职工月平均工资的 6%,按企业在职职工人数缴纳大病统筹费。职工和退休人员个人以上年度全市职工月平均工资的 1%按月缴纳大病统筹费(北京市西城区在试行"大病统筹"中,职工每人每月缴纳 5.45 元)。职工个人适当负担一部分医疗费的作法,增强了职工的费用意识,大大减少了医疗费浪费现象。

大病医疗实行定点医院制度。除紧急抢救外,职工患病必须凭《医疗保险卡》在指定医院就诊。医院对患者转诊治疗、使用贵重药品、进行特种检查等履行相应的审批手续。这一做法的实施,初步形成了医患双方的约束机制。

北京市西城区以大病统筹为突破口,经过一年半的探索和实践,成功地迈出了企业劳保医疗转向社会医疗保险的重要一步。今年春季,经北京市政府批准,在北京市范围内全面推行企业职工及退休人员大病医疗费社会统筹办法。因大病统筹从保障职工的基本医疗利益出发,提倡在职职工对退休职工的帮助,健康职工对患病职工的帮助,暂时没有大病负担的企业对大病负担重的企业的帮助,使长期以来困扰企业的医疗难题终于找到了新的解决途径。截至今年 7 月,全市参加大病统筹的企业已达 6038 个,职工达 142 万人。城近郊区参加大病统筹的企业和基金到位率均达到了 90%以上。

选自《人民日报》1995 年 9 月 28 日

〰〰〰〰〰〰〰〰〰〰〰〰〰〰〰〰〰〰〰〰〰〰〰

生　词

1. 统筹	(动)	tǒngchóu	统一筹划。
			plan as a whole
2. 劳保	(名)	láobǎo	劳动保护的简称;劳动保险的简称。
			labour insurance
3. 超支	(动)	chāozhī	支出超过规定或计划。
			overspend
4. 启示	(动)	qǐshì	启发指示,使有所领悟。
			enlighten
5. 提取	(动)	tíqǔ	从有关单位中取出(存在或应得的财物)。
			draw; collect
6. 债台高筑	(成)	zhàitái gāo zhù	形容欠债极多。
			be heavily in debt

226

7. 白血病	（名）	báixuèbìng	血癌。
			leukaemia
8. 骨髓	（名）	gǔsuǐ	骨头空腔中柔软像胶的物质。
			marrow
9. 移植	（动）	yízhí	将肌体一部分组织或器官补在同一部位或另一个部位上,使其逐渐长好。
			transplant
10. 垫付	（动）	diànfù	暂时替别人付钱。
			pay for sb. and expect to be repaid later
11. 心脏起搏器		xīnzàng qǐbóqì	能模拟心脏自然跳动、改善病人病情的医疗器具。
			(cardiac) pacemaker
12. 履行	（动）	lǚxíng	实践(自己答应的或应该做的事)。
			perform; fulfil; carry out
13. 审批	（动）	shěnpī	审查批示(下级呈报的计划、报告等)。
			examine and approve
14. 到位		dào wèi	到达适当的位置或预定的地点。
			to the desired degree or position

练 习

回答问题:

1. 北京西城区区属企业为什么要进行医疗体制改革?
2. 什么叫做大病统筹? 其范围和原则是什么?
3. 大病统筹的基金是怎样进行筹集的?
4. 大病统筹的主要优点有哪些? 请具体地加以说明。

阅 读（二）

中医药：让世界为你喝彩

沈志祥

我国的中医药与海外交流已有 1000 多年的历史。由于种种原因，中医药虽然随着我国与世界经济文化交流而传到亚洲、非洲、欧洲一些国家，但大多数只限于华人圈子内，一些国家只准许作为原料进入，很难在这些国家形成气候。本世纪 70 年代起，随着我国与世界各国交往增加，针灸首先得到美国等西方国家的重视与运用。这成为一个转折点，带动了中医中药逐步由东方进入西方国家，同时又促进了中医药在基础比较好的东南亚国家的发展与重视。

中医药在许多国家已完成从民间应用到官方重视的转变。70 年代前后除少数国家外，各国传统医药大多数在民间应用。但随着现代科技发展，疾病谱发生了改变，单纯的西药治疗出现了许多问题，人们认识到目前的西医药模式已不完全适合人们防病治病的需要，发现传统医药特别是中医药对于一些疑难病、慢性病、老年病，如心脑血管病、肿瘤、糖尿病、免疫性疾病等有独到的疗效。另外，昂贵的医疗费用已成为经济发达的美国、日本和欧洲国家的沉重负担，使政府部门也转向传统医药找出路。美国国会于 1992 年批准在国立卫生研究院成立替代医学办公室，把研究传统医学的费用正式纳入政府财政预算，第一年为 500 万美元。1994 年 10 月美国参众两院分别通过了一项关于把草药列为"食品补充剂"而非"食品添加剂"的法案。此法案规定这类补充剂接近药类，在产品说明中可提及此产品有防病治病和改善人体机能的作用，为中药进入美国放宽了条件。另外，美国的药品食品管理局正研究把中成药作为美国注册药品的可能性。德国、澳大利亚药品管理部门也已开始对我国的中药进行考察，审核后合格的产品准其销往他们国内。在德国和澳大利亚已有 50 种中成药获准进入。更重要的是，一些国家政府开始考虑对传统医药、中医药进行立法管理，正式承认作为一种治疗方法并加以管理，为中医药进入世界医学主流体系打开了一个通道。

世界卫生组织对传统医学的认可和支持，促进了各国政府和学术机构逐步对传统医药的重视。第 29 届世界卫生大会首次将传统医学列入议程；第 31 届世界卫生大会形成了培训传统医学人才和开展传统医学研究的两个决议。世界卫生组织总部成立了"传统医学规划署"，以联络、支持、促进各国传统医学的发展。80 年代初，传统医学规划署在联合国开发计划署协同下，在五大洲建立了 26 个合作中心，其中中国有 7 个。

传统医学逐步被医药学术机构所重视，国际中医药科研合作逐步扩大。据统计，现在西方国家约有 40 家植物药研究机构，共有 500 个研究项目。各国开始用中药治疗一些疑难病。中药出口贸易也不断扩大。

当前中医药走向世界既有契机，又面临着严峻的挑战。中医药在世界上大部分国家仍被排除在正规医学之外，没有法定的地位保障，而是以替代医学方式存在。中药进入欧美市场目前大都以食品、保健品名义，降低了中医药在国际上的地位，同时也影响了中药在世界草药市场上的竞争能力。全球草药销售额中我国的中药出口所占比例仅为 10%，与我国的中医药大国的地位极不相称，同时反过来也制约了国内中药制药工业的发展。由于中西方文化背景不同，影响了中医药在这些国家的接受和应用。

面对当前中医药在世界发展的机遇和挑战，我们要在认真做好国内工作的基础上，研究中医药高水平走向世界的战略方针和具体措施，一步一步地实现中医药扩大开放，使之成为世界医药学的目标。

关于中药高水平进入世界可在三个方面考虑。一是要在国内加强中药质量意识，增加科技投入，稳定传统出口品种的质量，开发新产品，增加在国际市场上的竞争力。二是在对国际交流合作方面重视世界各国医药、中医药法律、科技、市场信息的研究。三是要加强中药对外贸易的宏观管理与指导，创造中药出口的良好环境。

中医药走向世界，使之成为世界医学的一个重要组成部分，是一个长期艰巨的任务。相信我们经过坚持不懈的努力，一定能实现这一理想。

选自《人民日报》1996 年 12 月 13 日

生　词

1. 喝彩		hè cǎi	大声叫好。 cheer
2. 圈子	（名）	quānzi	指集体的范围或活动的范围。 circle
3. 气候	（名）	qìhòu	指成就。 climate
4. 针灸	（名）	zhēnjiǔ	针法和灸法的合称，中医学的宝贵遗产。 acupuncture and moxibustion
5. 疾病谱	（名）	jíbìngpǔ	宿主(病毒、细菌等寄生的地方，如植物、动物、人体)接触致病因子后，到死亡或痊

瘤期间所发生的一系列表现。

Spectrum of disease

6. 疑难病	（名）	yínánbìng	有疑问而难于判断和处理的疾病。

chronic and stubborn disease

7. 肿瘤	（名）	zhǒngliú	有机体的某一部分组织细胞长期不正常增大所形成的危害机体的新生物。

tumor

8. 糖尿病	（名）	tángniàobìng	慢性病。病因是胰腺的胰岛素分泌不足，食物中的碳水化合物的代谢不正常，变成葡萄糖从尿中排出体外。

diabetes

9. 独到	（形）	dúdào	与众不同的(指好的方面)。

original

10. 参众两院		cān-zhòng liǎng yuàn	参议院和众议院。

Senate and House of Representatives

11. 剂	（名）	jì	药剂；制剂；某些有化学作用的物品。

a pharmaceutical or other chemical preparation

12. 添加	（动）	tiānjiā	增添；加多。

add

13. 中成药	（名）	zhōngchéngyào	药店或药房里已配制好了的各种中药药品。

ready made Chinese medicine

14. 审核	（动）	shěnhé	审查核定。

examine and verify

练 习

根据课文内容填空：

1. 中医药与外国交流的历史已有____多年,但 20 世纪 70 年代以前只限于_____,促使中医药进入西方国家并在东南亚国家得到重视和发展的是_____。

2. 当前中医药走向世界的契机有：

(1)_____；

(2)_____；

(3)_____。

其面临的困难有：

(1)_____；

(2)_____；

(3)_____；

(4)_____。

3. 中医药在许多国家能完成从民间应用到官方重视的转变,其原因是:

(1)_____;

(2)_____。

4. 为了中药能高水平进入世界,应考虑的三个主要方面是:

(1)_____;

(2)_____;

(3)_____。

第 16 课

中国电视享誉海外

石　炜

近年来,随着中国电视节目在国际上频频获奖,一张以卫星传播为手段的中央电视台国际频道全球电视网,一条以中央电视台中国电视节目代理公司为"龙头"、向海外出口国产电视节目的"当代丝绸之路"也迅速地扩展、延伸开来,不断向海外传递着来自文明古国的最新信息。

一张网、一条路,映衬着熠熠生辉的座座奖杯,把中国和世界越来越紧密地联系在一起,正用中国自己的声音和形象向世界宣传着真实的中国。

这,就是令无数国内外电视观众所津津乐道的跨世纪热门话题之一——中国电视节目正走俏海外。与十几年前相比,中国电视上了一个台阶,为数不少的电视剧、综艺节目和专题片在台湾、香港、澳门、东南亚受到欢迎,并冲出亚洲,走向世界,影响越来越大,前景较好。

国际获奖　蜚声宇内

实施精品战略,向世界级大台迈进,关键是节目质量,特别是在重大的国际性节目评比中,能否做到榜上有名,直至拿到最高奖项。近十年来,中央电视台的节目一次又一次地登上世界领奖台,显示了中国电视的水平和实力。

今春伊始,从遥远的欧洲法国传来喜讯:中央电视台与西藏文化传播公司联合摄制的电视纪录片《八廓街 16 号》,在有各国 32 部节目参加的法国第 19 届"真实电影"国际纪录片电影节上脱颖而出,获得该届电影节大奖——"真实电影奖"。这是中国电视纪录片到目前为止在国际上获得的最高奖项。该片的获奖,是中国电视事业近年来实施精品战略的结果。

与许多国家相比,中国的电视事业起步较晚,但 1983 年就站上了国际领奖台。当年,由中央电视台为主拍摄的电视剧《大鸟在中国》荣获第 35 届美国电视艺术科学院奖中的"最佳儿童节目奖",翌年,又获加拿大比乃夫国际电视节"最佳儿童节目奖",实现了中国电视在国际大奖方面零的突破,为中国电视打开了通向世界领奖台的大门。此后,中央电视台陆续又有一些节目在国际上获奖。

随着中央电视台实施精品战略力度的加大,1995 年和 1996 年是中央电视台建台以来在国际上获奖最多、影响最广的两年。据不完全统计,有十多部节目载誉而归:《伶仃小岛》获第 2 届野生动物电影节"水星奖";《小猫王》获第 30 届亚广联大会"儿童节目奖";《猴子趣谈》获慕尼黑国际电视节特别奖;《体育——我心中的太阳》获亚广联首次设立的体育电视节目大奖;音乐电视专辑《乡风乡韵》在保加利亚第 6 届"金天线"国际节上获"音乐的纪实和印象"特别奖;《黄河源头》获第 9 届罗马尼亚国际流行音乐"金鹿杯"大赛 MTV 作品奖第一名;《长城》在捷克第 34 届国际技术农业环境影视节上获 D 类(增进知识类)二等奖;电视系列节目《中国民居趣谈》获第 25 届 FNS 国际电视片头作品大赛银奖……两年中,中央电视台就获得如此多的国际大奖,着实让国外同行刮目相看,大长了中国人的志气。

通过越来越多叫响海外的中国电视节目,外国观众不仅以全新的视角来观察、了解飞速发展的中国,而且对中国电视纪录片的创作手法产生了浓厚的兴趣。几乎在《八廓街 16 号》获奖的同时,中央电视台《东方时空·生活空间》栏目将于今年 7 月举行国际纪录片学术会议的消息,在国际间不胫而走。《生活空间》用特有的纪录短片的方式获得成功的经验已引起了国际同行的关注,一些国际纪录片界的权威人士届时将携片而至,与中国电视纪录片工作者进行学术交流。

过去,我们关注国外电视,如今,越来越多的国家关注中国的电视。这种变化,说明中国电视的长足进步得到了国外同行的认可。

节目外销　步入海外

随着中国电视节目在国际上频频获奖,中国电视节目外销工作也迈出了坚实的步伐,取得了可喜的成绩。

电视连续剧《西游记》在东南亚和日本播出后获得了空前的成功,"师徒四众"的饰演者几乎在一夜之间成为当地家喻户晓的明星级人物。电视连续剧《红楼梦》1987 年在内地和香港同时播出后,成了整个港岛的话题,掀起了一股规模不小的"红楼热"。

前不久,海外电视界又爆出一个大冷门:在香港,亚洲电视台(ATV)在竞争最激烈的黄金时段上超过强劲对手电视广播有限公司(TVB)。原因很简单,亚洲电视台在该时段率先播出了中央电视台拍摄的大型电视连续剧《三国演义》,轰动香港。亚洲电视台随即又趁热打铁,陆续播出了内地拍摄的连续剧《西游记》、《孔子》、《苍天在上》等,均收到了良好的收视效果。亚视的对手——电视广播有限公司(TVB)在这场竞争中意识到了内地电视剧的重头戏分量,于是未雨绸缪,预先买断了尚在拍摄中的《水浒》的播映权。

同香港电视观众相比,由于台湾当局一直禁止引进祖国大陆的影视作品,直到 1996 年当局被迫"开禁"之后,宝岛观众才有缘欣赏到大量来自祖国的电视节目。据悉,1996 年至今,台湾片商不仅引进了诸如《三国演义》、《唐明皇》一类的古典题材节目,而且还购买了《周恩来》、《香港沧桑》等一批革命、现实题材节目,以及《十二生肖》、《地球神童》等动画片。

此后,《唐明皇》、《三国演义》等一批投资更大、制作更精良的电视剧也相继在海外市场打响,令海外观众大饱眼福。在泰国,《唐明皇》播出后,当地连续三次邀请该剧组赴泰进行访问演出。在越南,除《西游记》、《红楼梦》等历史题材电视剧外,《情满珠江》、《一村之长》等现实题材电视剧也大受欢迎。

《三国演义》进入美国华语电视网后，很多观众觉得跟着电视看太慢，不过瘾，干脆买来录像带，让全家先睹为快。一位旅美工程师一天之内竟看了近 20 集。

随着中国改革开放的深入，中国对海外的吸引力和影响力也越来越大。据统计，全球有5000 多万外籍华人和华侨，他们既是对祖国的发展最为关注、向国内投资最为积极的群体，又是现阶段中国电视中文节目向海外传播的主要对象。

海外观众不仅喜欢看中国的电视剧，而且也关注中国经济的发展、社会生活的变化，以及各地的风土人情。中央电视台拍摄的《让历史告诉未来》、《望长城》、《毛泽东》、《邓小平》、《香港沧桑》、《中华之剑》等纪录片也纷纷在海外找到了市场，成为畅销片。

今年初，大型文献纪录片《邓小平》在海外播出后引起强烈反响，尤其是香港观众对该片的感触更深。香港回归，是近年来港人最为关注的热点，《中英联合声明》刚刚签署时，很多港人对"一国两制"心存疑虑。该片在香港的播出，使他们通过一代伟人的革命生涯，看到了以邓小平同志为代表的中国共产党人务实、求是的一贯作风，很多人疑窦顿开，那种"回家"的亲切感也更深了。

《让历史告诉未来》是为庆祝建军 60 周年而摄制的纪录片。该片 1988 年在美国播出，很多旅美的台湾人和前国民党人当看到此片所记叙的国共合作、共同抗日的部分时都唏嘘不已，或歉疚，或感慨，无不为中国共产党的坦荡胸怀所折服。

近年来，中央电视台的综艺节目在海外也异军突起，颇受青睐。

以华人为主体的新加坡，对来自中国的综艺节目情有独钟。目前该国已成为中央电视台每年春节晚会等大型综艺节目的固定客户。香港、台湾也将祖国大陆的春节晚会节目以录像或插播等方式在当地反复播出。

为了进一步扩大我国电视在海外华人圈中的影响，1994 年，中央电视台开始尝试把春节晚会最后彩排录像带及时送到海外华人电视网播出；1996 年，又首次派演出团奔赴海外与洛杉矶华人共庆春节，拍摄了《祝福你，中国》综艺晚会，和《'96 春节联欢晚会》一道通过卫星向全球播出；1997 年，中央电视台再接再厉，于 1 月底派团飞抵加拿大多伦多，与当地华人华侨一起录制了以"心向祖国，情系中华"为主题的《枫雪桑梓情》春节晚会。当地一些有事外出的华人华侨为了能亲眼看看这台来自祖国的晚会，竟不顾路途遥远，冒着严寒驱车赶到现场。

海外关注飞速发展的中国，同时也看好中国电视的发展。自 1993 年以来的历届电视节（周）上，中国代表团及其电视节目都成为与会各国关注的焦点、热门话题。

1994 年国庆 45 周年之际，中央电视台准备了包括电视剧、纪录片、动画片在内的 20 多小时的节目，计划向 50 个国家和地区推出"中国电视周"活动。消息传出，要求参加这一活动的竟有 127 个国家和地区的 150 个电视台，大大出乎预料。事实说明，越来越多的国家和地区看好中国的电视节目。

在 1995 年和 1996 年的戛纳国际电视节上，有关中国电视发展和现状的研讨会引来了与会的各国代表，会场上座无虚席。连续两年的电视节，中国电视节目的外销量接连上两个台阶，节目总销售量随着节目影响的扩大直线上升：

1993 年向海外输出各类电视节目 919 小时；1994 年升至 1386 小时；1995 年达到 1518 小

时;到了 1996 年,一跃升至 2879 小时,加上当年发行的 2300 多小时录像节目,一共签订了价值 650 多万美元的电视节目外销合同。这虽然不是一个很大的数字,但上升速度之快、发展势头之猛,确实令一些电视强国赞叹不已,显示出了中国电视节目在海外市场上的勃勃生机与巨大潜力。

卫星转播　信号覆盖全球

能否将本国的电视节目用最快捷的方式进入国际电视网络,进而覆盖全球,是衡量一个国家电视发展水平的重要标志。

"八五"计划以前,我国向海外输出电视节目主要依靠航空邮寄、特快专递等方式,输出的节目数量少、成本高、时效差,很难和我国的世界大国地位相匹配。

1992 年 10 月 1 日,以卫星传播为手段,主要向海外播出新闻、专题类节目的中央电视台国际频道正式开播。当时,节目信号仅能覆盖 80 多个国家和地区。经过我国电视工作者的不懈努力,加上中国电视节目在海外影响的逐步扩大,仅用 4 年多的时间,中央电视台国际频道不断落地开花,结出了累累硕果。到目前为止,已先后与香港九仓电视台、泰国 UTV、美国洛杉矶、澳大利亚、日本、新加坡、菲律宾、韩国、台湾、澳门等国家和地区的 20 余家电视机构签订了节目转播合同,节目信号已通过 5 颗卫星覆盖了全球 98% 的地区,全世界已有上百个国家和地区可以及时收看到中央电视台国际频道的最新节目。该频道的《中国新闻》、《中国报道》、《中国投资指南》和《天涯共此时》等栏目已成了海外华人中颇具知名度的精品栏目。

在扩大节目覆盖面的过程中,中央电视台还进行了在海外投资办台的有益尝试。1993 年,中央电视台联合国内 20 余家电视台与美国 3C 公司联合创办了"美洲东方卫星电视",使国际频道当时每天 12 小时的节目得以覆盖美国、加拿大、墨西哥等国。

经过一年的发展,"美洲东方卫视"就覆盖了全美 70% 的华人聚居区,并实现了国内春节联欢晚会在美洲的转播和直播。很多旅美的台、港、澳同胞看了该台播出的春节晚会节目后都很激动,希望有朝一日能举办一台"阖家团圆"的大型晚会,让内地、香港、台湾、澳门的所有华夏儿女都能通过这台晚会团聚在一起。

如何报道国际性的重大体育比赛,集中反映了一个国家电视的水平和实力。在这方面,中央电视台 1996 年取得了重大突破。

亚特兰大奥运会期间,中央电视台派出了有史以来阵容最强大、设备最精良的电视报道团,在当地 IBC 租用的 300 平方米制作中心里配备了世界一流的设备,在历时 17 天的盛会上共制作、播出了 600 多小时的节目,并跻身各国报道团十强之列。对此,海外同行称羡不已,纷纷把摄像机和话筒对准了这个国际电视报道中的新兴大国。与此同时,国际频道在国内则通过卫星向海外发送了大量关于中国健儿奋勇拼搏、夺取奖牌的比赛实况和新闻评论节目,令海外那些关心中国运动员赛况的观众度过了一个令人振奋、难忘的奥运之夏。

过去的十年,是中国电视工作者忘我拼搏、在海外荧屏上披荆斩棘、获得累累硕果的十年。物换星移,1998 年,中国电视事业将迎来她 40 周岁的生日。四十而不惑,40 岁,是人生中收获最丰的季节,也将是中国电视事业在海外赢得更多荣誉、开辟更多沃野的季节。未来是美好的,肩负跨世纪使命的中国电视人将用自己的实力和信心向世人证明:已经在海外叫响的中国电视,将迎来更加灿烂辉煌的明天!

选自《中国电视报》1997 年第 15 期

生　词

1. 享誉	（动）	xiǎngyù	享有很高的声誉。 enjoy great prestige
2. 映衬	（动）	yìngchèn	衬托。 set off
3. 熠熠生辉	（成）	yìyì shēng huī	闪闪发光。 sparkle; glitter
4. 津津乐道	（成）	jīnjīn lè dào	兴致勃勃地说个没完。津津：很有兴趣的样子。 take delight in talking about
5. 走俏	（动）	zǒuqiào	此指非常受欢迎。 be in great demand
6. 蜚声	（动）	fēishēng	驰名。 become famous
7. 脱颖而出	（成）	tuō yǐng ér chū	指充分显露出才能。 the point of an awl sticking out through a bag—talent showing itself
8. 翌年	（名）	yìnián	第二年。 next year
9. 力度	（名）	lìdù	力量的强度。 dynamics
10. 叫响	（动）	jiàoxiǎng	此指名声大震。 enjoy a good reputation
11. 视角	（名）	shìjiǎo	指看问题的角度。 angle of view
12. 不胫而走	（成）	bù jìng ér zǒu	没有腿却会跑。指消息等传播得很快。 get round fast
13. 家喻户晓	（成）	jiā yù hù xiǎo	家家户户都知道。形容非常有名。 known to all
14. 趁热打铁	（成）	chèn rè dǎ tiě	在铁被烧热时及时锻打。比喻抓住时机做事情。 strike while the iron is hot

236

15. 未雨绸缪	（成）	wèi yǔ chóumóu	没下雨时就把房屋的门窗修好。比喻事先做好的准备工作。
			repair the house before it rains
16. 开禁	（动）	kāijìn	解除禁令。
			lift a ban
17. 先睹为快	（成）	xiān dǔ wéi kuài	以尽早看到为快事。形容很盼望看到。
			consider it a pleasure to be among the first to read（a poem, article, etc.）
18. 疑窦顿开	（成）	yí dòu dùn kāi	马上解开了疑团。
			the suspicions were cleared up at once
19. 唏嘘	（动）	xīxū	指哭泣。
			sob; sigh
20. 坦荡	（形）	tǎndàng	形容心地纯洁,胸怀宽广。
			magnanimous; bighearted
21. 折服	（动）	zhéfú	信服。
			be convinced
22. 异军突起	（成）	yì jūn tū qǐ	一支新的军队突然崛起,比喻一种新事物突然兴起。
			a new force suddenly coming to the fore
23. 青睐	（动）	qīnglài	指注意、欢迎。
			favour; good graces
24. 情有独钟	（成）	qíng yǒu dú zhōng	此指非常喜爱。
			love; be fond of
25. 彩排	（动）	cǎipái	戏剧、舞蹈等正式演出前的化装排演。
			dress rehearsal
26. 桑梓	（名）	sāngzǐ	故乡的桑树和梓树。比喻故乡。
			one's native place
27. 累累	（形）	lěilěi	连接成串。形容很多。
			clusters of
28. 硕果	（名）	shuòguǒ	丰硕的果实。
			rich fruits; great achievements
29. 阖家	（名）	héjiā	全家。
			the whole family
30. 称羡	（动）	chēngxiàn	称赞。
			express one's admiration
31. 荧屏	（名）	yíngpíng	即荧光屏。
			fluorescent screen

32. 披荆斩棘	（成）	pī jīng zhǎn jí	砍去各种灌木。比喻克服前进道路上的重重障碍。
			break through brambles and thorns—hack one's way through difficulties
33. 物换星移	（成）	wù huàn xīng yí	景物改变了，星辰的位置也移动了，指节令有了变化。
			change of the seasons

报刊词语、句式示例

一、近年来,随着中国电视节目在国际上频频获奖,一张以卫星传播为手段的中央电视台国际频道全球电视网,一条以中央电视台中国电视节目代理公司为"龙头"、向海外出口国产电视节目的"当代丝绸之路"也迅速地扩展、延伸开来,不断向海外传递着来自文明古国的最新信息。

"随着……,……也……"表示后一事物伴随着前一事物相继产生和发展。例如:

1. 随着中国电视节目在国际上频频获奖,中国电视节目外销工作也迈出了坚实的步伐,取得了可喜的成绩。

2. 随着中国改革开放的深入,中国对海外的吸引力和影响力也越来越大。

3. 随着我国经济和社会发展,国内旅游业也迅速兴起,来势很猛,规模宏大。

二、通过越来越多叫响海外的中国电视节目,外国观众不仅以全新的视角来观察、了解飞速发展的中国,而且对中国电视纪录片的创作手法产生了浓厚的兴趣。

"不仅……而且……"是递进复句的典型标志,表示后面的意思比前面更进一层。例如:

1. 海外观众不仅喜欢看中国的电视剧,而且也关注中国经济的发展、社会生活的变化,以及各地的风土人情。

2. 为了早日完成这项试验,他不仅在工作时间加倍努力地干,而且业余时间也不肯休息。

3. 女性不仅可以是事业的主人,而且应该是贤淑的妻子、温良的母亲。女性解放的过程实际上就是一个女性自身不断完善的过程。

三、全球有5000多万外籍华人和华侨,他们既是对祖国的发展最为关注、向国内投资最为积极的群体,又是现阶段中国电视中文节目向海外传播的主要对象。

"既是……又是……"表示并列关系,说明某一事物同时具有两种地位、特征等。例如:

1. 城市集中供暖既是节约劳动力的好办法,又是减少大气污染的有力措施。

2. 组织学生开展棋类活动,既是对学生智力和应变能力的培养,又是对学生群体意识和奋勇拼搏精神的培养。

3. 因打架、偷盗被判处劳教三年的黄钧既是文盲,又是"法盲"。指导员给他读《民主与法制》,耐心地教他认字学文化。

练 习

一、解释词语:

1. 龙头——

2. 当代丝绸之路——

3. 热门话题——

4. 精品——

5. 走俏——

6. 叫响——

7. 冷门——

8. 畅销片——

9. 热点——

10. 健儿——

二、选择恰当的汉字填空:

1. 这,就是令无数国内外电视观众所津津____道的跨世纪热门话题之一——中国电视节目正走俏海外。

2. 实施精品战略,向世界级大台迈进,关键是节目质量,特别是在重大的国际性节目评比中,能否做到____上有名,直至拿到最高奖项。

3. 中央电视台与西藏文化传播公司联合摄制的电视纪录片《八廓街16号》,在有各国32部节目参加的法国第19届"真实电影"国际纪录片电影节上脱____而出,获得该届电影节大奖——"真实电影奖"。

4. 两年中,中央电视台就获得如此多的国际大奖,着实让国外同行____目相看,大长了中国人的志气。

5. 几乎在《八廓街16号》获奖的同时,中央电视台《东方时空·生活空间》栏目将于今年7月举行国际纪录片学术会议的消息,在国际间不____而走。

6. 电视连续剧《西游记》在东南亚和日本播出后获得了空前的成功,"师徒四众"的饰演者几乎在一夜之间成为当地家____户晓的明星级人物。

7. 亚洲电视台随即又____热打铁,陆续播出了内地拍摄的连续剧《西游记》、《孔子》、《苍天在上》等,均收到了良好的收视效果。

8. 亚视的对手——电视广播有限公司在这场竞争中意识到了内地电视剧的重头戏分量,于是未雨____缪,预先买断了尚在拍摄中的《水浒》的播映权。

9. 《三国演义》进入美国华语电视网后,很多观众觉得跟着电视看太慢,不过瘾,干脆买来录像带,让全家先____为快。

10. 近年来,中央电视台的综艺节目在海外也异军____起,颇受青睐。

11. 以华人为主体的新加坡,对来自中国的综艺节目情有独____。

12. 在1995年和1996年的戛纳国际电视节上,有关中国电视发展和现状的研讨会引来了与会的各国代表,会场上座无＿＿席。

三、选词填空:

1. 与十几年前相比,中国电视上了一个＿＿＿。 （阶段 台阶）

2. 实施精品＿＿＿,向世界级大台迈进,关键是节目质量。 （战略 战绩）

3. 与许多国家相比,中国的电视事业＿＿＿较晚,但 1983 年就站上了国际领奖台。

（同步 起步）

4. 随着中央电视台实施精品战略＿＿＿的加大,1995 年和 1996 年是中央电视台建台以来在国际上获奖最多、影响最广的两年。 （强度 力度）

5. 两年中,中央电视台就获得如此多的国际大奖,＿＿＿让国外同行刮目相看,大长了中国人的志气。 （着重 着实）

6. 通过越来越多＿＿＿海外的中国电视节目,外国观众不仅以全新的视角来观察、了解飞速发展的中国,而且对中国电视纪录片的创作手法产生了浓厚的兴趣。 （叫响 影响）

7.《生活空间》用特有的纪录短片的方式获得成功的经验已引起了国际同行的＿＿＿。

（关注 倾注）

8. 随着中国电视节目在国际上频频获奖,中国电视节目＿＿＿工作也迈出了坚实的步伐,取得了可喜的成绩。 （外贸 外销）

9. 亚洲电视台在该时段率先播出了中央电视台拍摄的大型电视连续剧《三国演义》,＿＿＿香港。 （打动 轰动）

10. 近年来,中央电视台的综艺节目在海外也异军突起,颇受＿＿＿。 （招徕 青睐）

11. 为了进一步扩大我国电视在海外华人圈中的影响,1994 年,中央电视台开始＿＿＿把春节晚会最后彩排录像带及时送到海外华人电视网播出。 （试验 尝试）

12. 当地一些有事外出的华人华侨为了能亲眼看看这台来自祖国的晚会,竟不顾路途遥远,冒着严寒驱车赶到＿＿＿。 （现场 当场）

13. 海外关注飞速发展的中国,同时也＿＿＿中国电视的发展。 （看好 看重）

14. 自 1983 年以来的历届电视节(周)上,中国代表团及其电视节目都成为与会各国关注的＿＿＿、热门话题。 （试点 焦点）

15.(这)显示出了中国电视节目在海外市场上的勃勃生机与巨大＿＿＿。 （能力 潜力）

16. 能否将本国的电视节目用最快捷的方式进入国际电视网络,进而＿＿＿全球,是衡量一个国家电视发展水平的重要标志。 （覆盖 涵盖）

17. 如何报道国际性的重大体育比赛,集中反映了一个国家电视的水平和＿＿＿。

（实力 威力）

18. 过去的十年,是中国电视工作者忘我＿＿＿、在海外荧屏上披荆斩棘、获得累累硕果的十年。 （搏斗 拼搏）

四、判断正误:

1. 近年来,中国电视已通过各种渠道走向世界。（ ）

2. 中国电视之所以能走向世界是因为实施了精品战略。（ ）

240

3. 电视纪录片《八廓街 16 号》所获的"真实电影奖"是中国电视纪录片到目前为止获得的最高国际大奖之一。（ ）

4. 虽然中国电视事业起步较晚，但是进步很快。（ ）

5. 中国第一部获得国际大奖的电视剧是《大鸟在中国》。（ ）

6. 中央电视台在 1995 和 1996 两年中共有十多部电视节目获得国际大奖。（ ）

7. 中国电视节目从内容和创作手法都引起了外国电视界和观众的重视。（ ）

8. 电视连续剧《西游记》的演员们访问了东南亚和日本的许多地方。（ ）

9. 电视连续剧《红楼梦》在中国大陆播出时很受欢迎，而后在香港播出时也同样受到了欢迎。（ ）

10. 亚洲电视台首先在香港播出了电视连续剧《三国演义》，并预先买断了正在拍摄的电视连续剧《水浒》的播映权。（ ）

11. 现在台湾观众也能欣赏到大陆的电视片。（ ）

12. 电视连续剧《唐明皇》剧组曾应邀三次去越南访问。（ ）

13.《三国演义》进入美国华语电视网后很受欢迎，一天之内就播放了 20 集。（ ）

14. 许多外籍华人、华侨投资支持中国电视事业。（ ）

15. 在海外深受欢迎的中国电视节目不仅是电视剧，而且还有纪录片和综艺节目。 （ ）

16. 为了扩大影响，中央电视台不仅把春节晚会的彩排录像带送到海外华人电视网播出，而且派团赴海外拍摄综艺晚会节目。（ ）

17. 中国 45 周年国庆之际，世界上有 150 多个国家和地区要求参加"中国电视周"活动。（ ）

18.1996 年中国电视节目外销量猛增，所签订的外销合同价值达 650 多万美元。（ ）

19. 中国向海外输出电视节目过去是靠航空邮寄或特快专递，现在则靠卫星传播。
（ ）

20. 为扩大节目覆盖面，中央电视台准备将来在海外投资办台 。（ ）

21. 中央电视台曾经举办了一台由内地、香港、台湾、澳门所有华夏儿女参加的大型晚会"阖家团圆"。（ ）

22. 创立于 1958 年的中国电视事业将会获得更大的发展。（ ）

五、回答问题：

1. 为什么说与十几年前相比中国电视上了一个台阶？

2. 什么是中国电视的精品战略？

3. 为什么说中国电视发展迅速？

4. 举例说明中国电视节目外销的情况。

5. 中国向海外输出电视节目主要使用过哪几种手段？目前使用的是哪一种？

6. 谈谈你们国家电视节目输出与输入的情况。

"灰 狗"长 途 客 车

黄 家 双

美国人把长途公共汽车都叫作"灰狗"。灰狗是一种原产于非洲埃及的猎犬。它是目前世界上最善跑的一种猎犬。美国著名的"灰狗客运公司"就以此命名，把灰狗作为这家公司的标志。

"灰狗客运公司"创办 80 多年，现已基本垄断了全美的长途客运业。在美国四通八达的高速公路网中，"灰狗"客车往来如梭，每隔一小时或数小时就有一趟客车准时发出。车身两旁彩绘的灰狗好像正奋力飞奔，给高速行驶的客车更增添了动感的豪迈。

"灰狗"客车车体宽大，车速快而平稳。座位像飞机座位一样可以自由调整，走道两旁只各安放了两个座位，十分宽松，车厢后部还有一个小洗手间。虽然，每辆车只配有一名司机兼做售票员，但车内秩序井然。旅客们自觉地将废弃物放在专用的垃圾袋内。车站无论大小，一律设施齐全，服务周到。候车大厅的一侧摆有成排的供旅客休息的座椅；另一侧立着成排的自动售货机，供应冷饮、糖果点心、热咖啡、热鸡汤等食品，还设有专供旅客存放行李的保险柜。大型电子时刻表上显示着车次时间的变化。

"灰狗客运公司"乘车制度非常独特。它的票价便宜，购买方便。既可现买，又可预订。提前一周预订车票的，有 6.5 折的优惠。为吸引旅客，"灰狗客运公司"还推出了一种旅游月票。旺季价400 美元，淡季价仅 100 美元。一个月内不论何时、何地，只要是"灰狗公司"的车就可乘坐。"灰狗客车"的车票只标明了起乘时间，而没有标明具体的乘车时间和车次，其目的是为了方便旅客随时可以上下车游玩。许多乘客每到一地，将行李往车站的保险柜里一放，就自由自在地去探望亲友、游览观光……等自己的事办理好了，然后再上车继续旅行。

选自《光明日报》1997 年 3 月 4 日

问题：

谈谈美国"灰狗"长途客车的优点。

阅 读 (一)

电视频道多了意味着什么?

庹 震

中央电视台新近开辟了"电影频道"、"体育频道"等,引起了广大观众的关注。

电视频道多了,当然是好事情。最明显的好处,是三个。第一,增加了更加吸引观众的内容,电视节目整体上容量大了,同样的时间里,可安排播出的节目增多了。第二,观众选择的余地大了,想看什么,喜欢看什么,频道越多,观众主动权越大。第三,电视节目内容分类更加合理了,过去的"混合状态"得到了初步调整,每个频道"个性特征"明显了。

电视增加频道,犹如报纸扩版,是一种趋势。观众看惯了原有几个频道,对增加的新频道有一种新奇感、新鲜感、充实感。尽管如此,电视频道的增加,除了会带来许多好处,也会向人们提出一些值得注意的问题。当然,这是"前进中的问题"。

什么样的问题呢?粗想了一下,主要是四个。

首先,有个量与质的问题。电视频道增加之后,容量大了,内容多了,为了让每个频道的每个时间段都有节目,电视工作者就要付出更多的辛劳。这一点,是毫无疑问的。同时,量的扩大,又必须有质的保证,也就是说,节目量增大后,节目总体质量要保证稳定提高。

其次,有个频道与频道之间的竞争问题。

电视频道多了,就观众群而言,存在多种可能。一是频道增多观众总量也增多,二是频道增多而观众总量维持原状。无论观众总量增加与否,一个显而易见的事实是,观众"分散"在更多的频道里了。这里,当然哪个频道吸引人哪个频道观众多了。客观上,形成了各个频道争夺观众的局面。

第三,有个电视内容与观众逐渐"定位"的问题。电视频道增多,刚开始,有种"跑马圈地"的效果,或者说是通过"开荒"而先拥有"领地"。初始阶段,内容未必是充实的,未必是精细的,未必是丰富的。观众呢,看见刚开辟的频道,惊喜之后也会抱着"试试看"的想法"观察"一段时间。这个过程,实质上是个电视内容和观众"对号入座"过程。

最后,有个频道扩到什么程度与什么时候扩到什么程度的问题。电视频道增加,涉及许多方面,如开播经费、播传技术制作力量、广告来源,等等。当然,还有一个多与少的"适度点"的把握问题。客观条件允许,观众又有需要,多增加频道是恰当的。如果客观条件不允许,观众暂时需求不迫切,那么,增加频道的节奏便可放慢些,待条件具备时再增加。这与报纸扩版有同样的道理。报纸扩版速度过快,报道质量、广告来源、采编力量跟不上,就会遇到麻烦。电视增加频道与报纸扩大版面,都有个"适度点",找准了,效果就好,找不准,就会产生副作用,甚至会事与愿违。

　　总而言之,电视频道的增加,是件引人注目的大事情。电视工作者,为了满足数以亿计的广大观众的需要;为了繁荣电视事业,做出了艰苦的努力。电视频道的增加,凝结着广大电视工作者的无数心血和汗水。在这里,作为观众,应当向他们表示衷心的感谢。

　　电视频道增加了,这种增加,意味深长。由此,可想可办的事情很多,可做可写的文章也很多。这里,发几句粗浅的议论,权作"引玉之砖"。

选自《经济日报》1996 年 1 月 24 日

生　词

1. 混合	(形)	hùnhé	搀杂在一起。 mix; blend
2. 个性	(名)	gèxìng	事物的特性。 individuality
3. 犹如	(副)	yóurú	好像。 just as; as if
4. 充实	(形)	chōngshí	丰富,充足。 substantial; rich
5. 辛劳	(名)	xīnláo	辛勤的劳动。 hard work; pains
6. 竞争	(动)	jìngzhēng	为了自己方面的利益而跟人争胜。 compete
7. 维持	(动)	wéichí	保持。 keep; maintain
8. 显而易见	(成)	xiǎn ér yì jiàn	可以明显地看出。 obviously; evidently
9. 开荒		kāi huāng	开垦荒地。 open up wasteland
10. 领地	(名)	lǐngdì	奴隶社会、封建社会中领主占有的土地。 territory
11. 恰当	(形)	qiàdàng	合适、妥当。 proper; suitable

12. 采编	（动）	cǎibiān	采访、编辑。
			cover and edit
13. 副作用	（名）	fùzuòyòng	随着主要作用而附带发生的不好
			的作用。
			side effect
14. 事与愿违	（成）	shì yǔ yuàn wéi	事情与愿望相反。
			things go contrary to one's wishes
15. 繁荣	（动）	fánróng	使经济或事业昌盛。
			make sth. prosper
16. 凝结	（动）	níngjié	此指聚集。
			coagulate; congeal
17. 粗浅	（形）	cūqiǎn	浅显，不深奥。
			superficial

专　　名

庹震	Tuǒ Zhèn	人名。	name of a person

练　习

判断正误：

1. 尽管目前中央电视台增加了一些频道,但是人们并没有注意到。（　）

2. 电视频道的增加可以使观众在同样的时间里看到更多的电视节目。（　）

3. "观众选择的余地大了"是指观众可以支配电视台播放某些电视节目。（　）

4. 电视频道的增加使每个频道都更有自己的特点了。（　）

5. 电视频道的增加有许多好处,但也带来了一系列问题。（　）

6. 要使电视节目量的增加获得应有的效果,必须保证节目总体质量稳步提高。（　）

7. 尽管电视频道增多了,但是各频道之间的竞争不会更激烈。（　）

8. "电视内容与观众逐渐'定位'"是指某些观众会固定地选看某个频道。（　）

9. "跑马圈地"在这里是指大力发展电视生产行业。（　）

10. "对号入座"是指让广大观众到固定的场所收看电视节目。（　）

11. 增加电视频道是一件好事,所以要大干快上。（　）

12. 本文着重谈到了电视频道增多带来的三种好处和四个问题。（　）

阅 读（二）

除 了 电 视

刘继光

　　大街上熙熙攘攘的人群,他们到底在忙些什么?高楼上闪闪烁烁的窗户,他们到底在做些什么?如果说疾步的人儿在忙于生计,那么忙完之后回到家里应该是享受生活了吧?可又是如何享受的呢?告诉你,跟你一样,大家都在看电视。

　　推开沉重的防盗门,每到一户,朋友们都在聚精会神地看电视。对你的到来,主人腾出好位置,让你舒舒服服看电视,招待客人的主要任务就算完成了一半,剩下的事就让你自己去看吧。如果你试图去倾诉或者聊天,那注定是自作多情。满堂欢笑,只为肥皂剧中的庸俗笑料。遍地歌声,却是人人高唱卡拉 OK。如今全城喧嚣,实则满街寂寞。

　　既然到谁家都是看电视,还不如呆在自家看呢!所以,慢慢地,大家都懒得串门。

　　感觉开始跟着电视走。女人在许多夜晚都跟着剧情流下一些廉价的泪水,第二天就在办公室聊上一阵,感叹一番,伤心一回。

　　在乡村,随着夜幕降临,电视的声音同时响起,从头至尾,直到画面一片雪花点,人群方才散去。老人的故事已经没人在听,田园的安逸已打破,夜晚的安宁已消逝。电视在灌输新思想新潮流,填充并洗涤质朴的心灵。

　　人人都渴望理想,个个都懒得说话,于是就把目光盯在屏幕上。渐渐地,我们习惯了让电视带动自己情绪的生活方式。好歹作为一种精神食粮,电视快餐多少满足了我们最初的饥渴感。只是,如今许多人都得了电视病,如果哪天没有电视,他们就魂不守舍,无所适从。电视节目的制造者摸透了众人的心理,在设下了扑朔迷离的悬念,播下了要死要活的感情种子后,就适可而止地打住,让你且看下回分解。就像许诺给孩子的糖果,隔夜就告诉了消息,让他去忍受整夜煎熬般的等待,好让那些希望的肥皂泡在梦中越变越大,让那些感情的种子在廉价的泪水中浸泡然后发芽。导演设下了圈套,让不少观众成了电视的精神病患者,不看电视就会病情发作。以致于导演和演员成了他们的精神医生,这些年明星的膨胀,不就是众多电视精神病患者制造出来的吗?

　　电视展示最新潮的事物,倡导最时髦的东西,大家惟恐落后于时代的队伍,于是紧跟电视的步伐,可到头来他们抓住的仅仅是一袭霓裳,躯体却不知在何方。

　　或许我们不该苛求电视,作为一门新的艺术,电视毕竟太年轻了。只因它的威力如此,其缺点才如此的显而易见。今天,领导们看到了电视的这种无形威力,所以连区乡一级都在兴办电视台,到电视上露一露光辉形象就成了新患的一种时髦病。也难怪,如今他们难得和普通群众见上一面,就只好通过电视这一现代化的传媒手段了。数一数中国的电视台,是美国的 10 倍日本的 25 倍,而且仍在蓬勃发展之中。可见,作为一种重要的宣传手段,电视的地位也受到了高度重视,看来不仅是顺乎民意也是时势使然。电视劳苦功高,它渗透到了上层建筑和平常百姓的毛细血管中了。

　　事实上,我们没有理由贬低电视本身。在这个信息时代,电视充当了最重要的传媒工具。问题是,在电视迷日益增多的同时,我们能否问一声,除了电视,还有什么令他们如此喜爱呢?

选自《中国青年报》1996 年 6 月 9 日

生　词

1. 熙熙攘攘	（成）	xīxī rǎngrǎng	形容人来人往,非常热闹。 bustling with activity
2. 闪闪烁烁		shǎnshǎn shuòshuò	光亮动摇不定,忽明忽暗。 twinkle; glimmer
3. 聚精会神	（成）	jù jīng huì shén	集中精神。 concentrate one's attention
4. 试图	（动）	shìtú	打算。 attempt; try
5. 倾诉	（动）	qīngsù	诉说。 pour out (one's heart, troubles, etc.)
6. 自作多情	（成）	zì zuò duōqíng	此指一厢情愿。 proffer a love or affection which is not reciprocated
7. 肥皂剧	（名）	féizàojù	一种摄制成本较低、轻松幽默的电视连续剧。 soap opera
8. 笑料	（名）	xiàoliào	可以拿来取笑的资料。 laughingstock
9. 喧嚣	（形）	xuānxiāo	声音杂乱,不清静。 noisy
10. 填充	（动）	tiánchōng	填补、充实。 fill up
11. 洗涤	（动）	xǐdí	此指净化。 wash; purify

12. 好歹	（副）	hǎodǎi	不管怎样，无论如何。
			in any case; whatever happens
13. 魂不守舍	（成）	hún bù shǒu shè	此指心神不安。
			be scared out of one's wits
14. 无所适从	（成）	wú suǒ shì cóng	此指不知道应该干什么。
			be at a loss as to what to do
15. 扑朔迷离	（成）	pūshuò mílí	比喻事物错综复杂，难以辨别。
			complicated and confusing
16. 悬念	（名）	xuánniàn	作者在文艺作品中有意设计的能引起读者好奇心的部分或内容。
			suspense
17. 适可而止	（成）	shì kě ér zhǐ	到了适当的程度就停止。
			stop before going too far
18. 打住	（动）	dǎzhù	停止。
			stop
19. 许诺	（动）	xǔ nuò	答应，应承。
			make a promise
20. 浸泡	（动）	jìnpào	放在液体中。
			soak; immerse
21. 圈套	（名）	quāntào	使人上当受骗的计策。
			snare; trap
22. 惟恐	（动）	wéikǒng	只怕。
			for fear that
23. 苛求	（动）	kēqiú	过严地要求。
			make excessive demands
24. 贬低	（动）	biǎndī	故意降低对人或事物的评价。
			belittle; play down

练　习

回答问题：

1. 电视在人们的业余生活中占有什么样的地位？
2. 电视的普及对人与人之间的交流有什么影响？
3. 为什么说"如今全城喧嚣，实则满街寂寞"？
4. "感觉开始跟着电视走"是什么意思？
5. 电视对农民的生活有什么影响？
6. 什么叫"电视病"？其表现是什么？
7. 应当怎样看待电视的普及？
8. 你认为在现代人的生活中，除了电视还应该有什么？

第 17 课

课　文

～～～～～～～～～～～～～～～～～～～～～～～～～～～～

　　改革开放 18 年来，国家颁布规范经济活动的法律、法规 200 余部，其中直接涉及消费者权益保护的 60 余部。

　　去年全国近 1/4 的家庭消费者受到侵害，涉及 5000 万城市消费者，4 成以上受到人身和心理伤害；98.5% 的消费者蒙受经济损失，共计 68 亿元。请详读——

消费者权益保护
状况调查报告

　　国家统计局、劳动部、全国总工会、民政部、卫生部、中国人民银行总行最近采用入户问卷方式共同完成的中国职工生活进步调查，涵盖了全国 6250 万户、2 亿城市居民，样本抽选了全国 30 个省、自治区、直辖市 71 个城市的 15360 户居民家庭。消费者权益保护状况是这次调查的重要内容。在由国家部委组织的全国范围的调查中，有关消费者权益保护状况的调查是建国以来首次。体现了党和政府对消费者权益的关注。调查结果反映了中国城市消费者权益的基本状况。

改革开放 18 年，消费者权益保护工作快速发展

　　改革开放 18 年，人民的生活水平显著地提高了。据国家统计局统计，1996 年全国社会消费品零售总额为 24614 亿元，比 1978 年改革开放之初增长了 18.5 倍。进入 90 年代，更是

以平均每年 22.6% 的速度增长。预计 1997 年,全国社会消费品零售总额将达到 29000 亿。与消费能力快速增长同步,消费者不再仅仅满足于能够买到商品,享受满意的服务已成为消费者追求的目标。

随着改革开放的深入,党和政府对消费者权益保护工作越来越重视,做了大量工作。据不完全统计,十一届三中全会以后,国家颁布的有关经济方面的法律、法规 200 余部,其中直接与消费者权益相关的法律、法规 60 余部,逐步形成了以民法为基础的由《消费者权益保护法》、《产品质量法》、《食品卫生法》、《反不正当竞争法》等一系列法律、法规组成的保护消费者权益的法律体系,使消费者权益在法律上有了切实保障。

在消费者权益保护法律保护体系逐步完善的同时,消费者权益保护组织蓬勃发展。1984 年中国消费者协会成立以来,十余年间已经成立了从国家到省、市、县等各级消费者协会,为维护消费者权益做出了巨大贡献。1996 年,全国消费者协会接到的投诉突破 50 万件,为消费者挽回经济损失 3 亿多元。此外,还涌现出像北京自律中心这样民间的公益性消费者权益保护组织。1996 年,该中心及其下属的天天 3·15 热线共受理消费者投诉 5930 件,结案率达 88.7%,为消费者挽回经济损失近 400 万元。

《消费者权益保护法》的普及宣传取得可喜成绩。《消费者权益保护法》颁布 4 年,已成为广大消费者保护权益的有力武器。中国职工生活进步调查的结果显示,虽有 50.1% 的城市消费者对《消费者权益保护法》有所了解,但仍有 36.2% 的消费者不太了解,更有 13.7% 的消费者不知道消法,普及消法仍是一个重要课题。

消费者自我保护意识也迅速提高。调查中,有 5.65% 的消费者毫不含糊地说:"消费者权益保护"是他们最关心的话题,由不知消费者权益为何物到消费者权益保护成为热门话题,这是消费者自我保护意识的觉醒,是社会的进步。

总结十几年的发展历程,消费者权益保护工作起步较晚,发展很快,成绩巨大,任务艰巨。进一步提高消费者权益保护水平,还需要全社会的共同努力。

1996 年城市消费者权益受侵害状况

(一) 1996 年全国有近 1/4 的家庭消费者受到侵害,涉及到 5000 万城市消费者。调查结果显示,1996 年 1—11 月,全国城市有 24.4% 的家庭消费者权益受到不同程度侵害。其中,直辖市、省会、计划单列市的比例为 25.1%,中小城市的比例为 24%。

据此推算,仅全国城市市区就有 1525 万个家庭消费者权益受到侵害,涉及的消费者达 5000 万人以上,占全国家庭消费者的 1/4。

(二) 伪劣产品是侵害消费者权益的主要祸首。调查结果显示,1996 年 1—11 月,5000 万受侵害的城市消费者中,受到伪劣产品侵害的占 93.9%,约 4700 万人;受到劣质服务侵害的占了 14.8%,约合 740 万人;其中,同时受到伪劣产品和劣质服务伤害的消费者比例为 8.8%,约合 440 万人。伪劣产品是侵害消费者权益的祸首,打假打劣对保护消费者权益意义重大。

(三) 受侵害的消费者中 98.5% 的消费者蒙受了经济损失。调查结果显示,在

250

5000 万受侵害的消费者中,98.5%的消费者蒙受经济损失,约为 4900 万人。这些消费者可以分两类,90.3%的消费者是购买伪质产品而蒙受经济损失,另外的 9.7%则是因受到劣质服务而蒙受经济损失。

(四)侵害消费者权益的行为给消费者造成的经济损失达 68 亿元人民币。调查结果显示,1996 年中国城市消费者权益受侵害造成的经济损失约合 68 亿元人民币,这些经济损失如果用来资助失学儿童,以每人每年 300 元计,那么可供 378 万儿童读完六年小学。遭受经济损失的消费者,每户平均损失为 447 元,相当于一个普通职工 1 个月的基本工资。平均到每个城市消费者身上达到了 34 元。

蒙受经济损失的消费者中,遭受 3000 元以上经济损失的,占 1.8%,约有 90 万人。

(五)被侵害的消费者中有 4 成以上受到人身和心理伤害。调查结果显示,1996 年在全部受到侵害的消费者中,43.6%的消费者遭受到不同程度的心理伤害和人身伤害,约 2180 万人。

在受人身和心理伤害的消费者中,80.5%的家庭遭受过严重的心理伤害;17.9%的家庭发生过家庭成员轻伤;1.6%的家庭发生过家庭成员重伤、致残、毁容、死亡等严重人身伤害。

1996 年消费者权益保护状况

(一)维护消费者权益的途径多样化。调查结果显示,消费者受侵害后寻求解决的途径多样化。多数消费者权益受侵害后到商店、服务单位投诉并得到解决,占全部得到解决的投诉的 72.3%,挽回经济损失 8 亿元人民币。

在城市市区,通过各级消协及有关部门得到解决的占全部得到解决的投诉的 17.9%,挽回经济损失 2 亿元以上。各级消协和有关部门在维护消费者权益方面发挥了巨大作用。

向生产厂家投诉得到解决的占全部得到解决的投诉的 8.7%,挽回经济损失 1 亿元。

消费者越来越懂得运用法律武器维护自己的权益。1996 年消费者通过法律途径挽回的经济损失达 1200 万元左右。

(二)法律在维护消费者权益中的力量。《消费者权益保护法》的贯彻实施,为保护消费者权益提供了法律保障。调查结果显示,是否知法、懂法在解决受侵害问题时,效果明显不同。对消法毫不了解的消费者中,只有 11.5%的人解决了权益被侵害问题。对消法有所了解的消费者,这一比例上升到 18.0%。而对消法比较了解和非常了解的消费者成功率则高达 25.9%,远远高于 16.5%的平均值,是不了解消费者权益保护法的消费者成功率的 2.3 倍。这充分显示了在维护消费者权益时法律的力量。

(三)知识在维护消费者权益中的力量。中国职工生活进步调查结果显示,遭到侵害后主动寻求解决的消费者,73.8%的人最终解决了问题,维护了自己的合法权益。这一比例在不同文化程度的消费者当中差异明显。小学以下文化程度的消费者的维权,成功率只有 65.9%,而大学本科以上文化程度的消费者,维权成功率则高达 87.7%,其中在硕士以上文化程度的消费者中,维权成功率比例更高达 100％。这一结果表明,消费者在维护自己的合法权益时,知识就是力量。

中国城市消费者保护工作任重道远

（一）消费者主动维护自身权益的意识有待进一步提高。调查结果显示,消费者主动维护自身消费权益的意识尚不高。受到侵害的消费者当中,主动寻求解决的比例仅为 22.3％,而近 70％的消费者在权益受到侵害后自认倒霉。

消费者的权益在相当程度上依靠消费者自身去主动捍卫,因损失小、怕麻烦或其它原因放弃自己的权益,是对侵权行为的放纵。

（二）消费者维护自身权益意识的主动与否直接影响到维权效果。中国职工生活进步调查结果显示,消费者权益受到侵害后,不同的解决态度获得截然不同的结果。

受侵害后主动寻求解决的 22.3％的消费者当中,通过各种渠道,有 73.8％的人挽回了损失。挽回的金额为约 11 亿元。

（三）全面提高消费者的文化素质是增强消费者自我保护意识的重要途径。调查结果显示,不同文化程度的消费者对《消费者权益保护法》的了解程度有着明显差异。小学、初中文化程度的消费者对消法有所了解的比例分别为 24.3％和 40.3％,而大专、本科以上文化程度的消费者,该项比例则分别为 71.4％和 74.7％。

全面提高消费者的文化素质,是增强消费者自我保护意识的重要途径。

（四）消费者保护体系进一步扩大。消费者权益保护工作任重道远。我国消费者每年消费支出超过 30000 亿元,千分之一的侵害就超过 30 亿元。消费者权益保护直接关系到民族工业的未来,关系到市场机制的成熟,关系到人民生活水平的提高,这已经逐步成为全社会的共识,消费者保护体系不断扩大。在政府、法律和消费者保护组织的基础上,媒体已成为维护消费者权益极为重要的力量,保护消费者的工作已从每年一天的 3·15 消费者权益日向全年扩展。调查机构亦开始加入到保护消费者权益的洪流中,将逐步完善消费者保护调查指标体系,反映消费者心声。消费者个人有意识的买假打假活动亦将逐步成熟,成为一支重要力量。

在日益成熟的市场经济体制下,越来越多的企业更加注意企业的产品质量、服务质量、形象质量,注重企业自律,认识到维护好消费者权益的重要性。

选自《经济日报》1997 年 3 月 14 日

252

——他们都是本地区的打假英雄　米森林

选自《人民日报》漫画增刊 1997 年 11 月 5 日

生　词

1. 涵盖　　　（动）　hángài　　　　包容，包括。
   contain
2. 直辖市　　（名）　zhíxiáshì　　　由中央直接领导的城市。
   municipality directly under the Central Government
3. 同步　　　（形）　tóngbù　　　　指互相关联的事物在进行速度上协调一致。
   in step with

4. 蓬勃	（形）	péngbó	繁荣、旺盛。
			vigorous; flourishing
5. 投诉	（动）	tóu sù	向有关部门申诉。
			appeal
6. 挽回	（动）	wǎnhuí	改变已形成的不利局面。
			retrieve
7. 下属	（名）	xiàshǔ	下级。
			lower level; subordinate
8. 热线	（名）	rèxiàn	此指为便于马上联系而设置的电话线路。
			hot line
9. 受理	（动）	shòulǐ	接受并审理。
			accept a case
10. 结案		jié 'àn	对案件做出判决或最后处理，使其结束。
			wind up a case
11. 颁布	（动）	bānbù	发布（法律、条令等）。
			promulgate; issue
12. 起步	（动）	qǐbù	开始。
			begin; start
13. 含糊	（形）	hánhu	模糊，不清楚。
			ambiguous; vague
14. 省会	（名）	shěnghuì	一个省的首府。
			provincial capital
15. 祸首	（名）	huòshǒu	引起灾祸的主要人物。
			chief culprit
16. 任重道远	（成）	rèn zhòng dào yuǎn	任务很重，道路很长。
			the burden is heavy and the road is long— shoulder heavy responsibilities
17. 倒霉		dǎo méi	形容运气很坏。
			have bad luck
18. 捍卫	（动）	hànwèi	保卫。
			defend; guard
19. 侵权	（动）	qīnquán	侵犯别人的权利或权益。
			tort
20. 放纵	（动）	fàngzòng	纵容，不加约束。
			let sb. have his own way; indulge
21. 截然不同	（成）	jiérán bù tóng	完全不同。
			completely different

254

专　名

1. 国家统计局　　　　　Guójiā Tǒngjìjú　　　　机构名。
State Statistical Bureau, name of an organi-zation

2. 劳动部　　　　　　　Láodòngbù　　　　　　机构名。
Ministry of Labor, name of an organization

3. 全国总工会　　　　　Quánguó Zǒnggōnghuì　机构名。
All-China Federation of Trade Unions, name of an organization

注　释

1. 十一届三中全会

即中国共产党第十一届中央委员会第三次全体会议,1978 年 12 月在北京举行。会议讨论和解决了一系列重大理论、政治、经济和组织问题,并提出把全党工作的重点转移到社会主义现代化建设上来。

2. 中国消费者协会

中国保护消费者权益的组织,简称"消协"。1984 年 12 月在北京成立。该组织由各方面的消费者组成,领导机构是理事会,受理消费者的投诉是该组织履行职责的主要手段之一。

3.《消费者权益保护法》

全称为《中华人民共和国消费者权益保护法》,也简称"消法"。该法于 1993 年 10 月 31 日由第八届全国人民代表大会常务委员会第四次会议通过,1994 年 1 月 1 日起实行。

4. 3·15消费者权益日

每年的 3 月 15 日为"国际消费者权益日",不同的年份有不同的主题,本文报道的是 1996 年中国消费者权益保护的状况,该年份的主题是"所有消费者享受安全食品"。

报刊词语、句式示例

一、在由国家部委组织的全国范围的调查中,有关消费者权益保护状况的调查是建国以来首次。

"在……中"表示事物存在的范围或事情经历的过程。例如:

1. 在激烈的市场竞争中,每一种商品问世,总是要伴随一场广告轰炸。

2. 他在几十年的记者生涯中,采访过不知多少个这样的人物,但不知为什么,这一次采访令他格外激动。

3. 在一个不允许劳动力自由流动的世界中,突发的大批难民流动对其他国家或地区,对现行国际秩序将构成严重后果。

二、中国职工生活进步调查的结果显示,虽有 50.1% 的城市消费者对《消费者权益保护法》有所了解,但仍有 36.2% 的消费者不太了解。

"虽……但……"用于转折复句,表示前后两句话在意思上是转折关系。例如:

1. "华丰皮"的价格虽比其他皮革的价格贵一些,但许多厂家还是要买"华丰皮",他们觉得"华丰皮"质量稳定,买得放心。

2. 我们虽不太了解事情的经过,但仅就我们知道的一些情况,已能看出他们的做法是不太妥当的。

3. 世界上一些重大贩毒集团虽先后瓦解,但其他的贩毒集团仍没停止罪恶活动,有的地区还十分猖獗。

三、这些经济损失如果用来资助失学儿童,以每人每年 300 元计,那么可供 378 万儿童读完 6 年小学。

"如果……那么……"用于假设复句,说明在假设的情况下会有什么样的结果。例如:

1. 如果没有超人的付出,那么就不会有惊人的收获。

2. 如果不大力培养我们自己的服装人才,那么民族服装就不可能走出新路。

3. 我国劳动力供大于求的矛盾十分尖锐。目前城镇登记失业人数超过 550 多万人,下岗职工已达 1100 万人,如果加上 1.3 亿农村剩余劳动力需要城镇消化,那么城镇就业压力极大。

练 习

一、选词填空:

1. 与消费能力快速增长____,消费者不再仅仅满足于能够买到商品,享受满意的服务已成为消费者追求的目标。 (同步 起步)

2. 据不完全统计,十一届三中全会以后,国家____的有关经济方面的法律、法规 200 余部,其中直接与消费者权益相关的法律、法规有 60 余部。 (颁发 颁布)

3. 1996 年,全国消费者协会接到的____突破 50 万件,为消费者挽回经济损失 3 亿多元。 (投诉 起诉)

4. 《消费者权益保护法》颁布 4 年,已成为广大消费者保护权益的____武器。

(有利 有力)

5. 由不知消费者权益为何物到消费者权益保护成为____话题,这是消费者自我保护意识的觉醒,是社会的进步。 (热烈 热门)

6. 总结十几年的发展历程,消费者权益保护工作____较晚,发展很快,成绩巨大,任务艰巨。 (起步 进步)

7. 1996 年全国有近 1/4 的家庭消费者受到____,涉及到 5000 万城市消费者。

(侵害 侵蚀)

8. 在 5000 万受侵害的消费者中,98.5% 的消费者____经济损失,约为 4900 万人。

(经受 蒙受)

9. 各级消协和有关部门在维护消费者权益方面____了巨大作用。　　（发扬　发挥）

10.《消费者权益保护法》的贯彻实施,为保护消费者权益提供了法律____。
（担保　保障）

11. 受到侵害的消费者当中,主动____解决的比例仅为22.3%,而近70%的消费者在权益受到侵害后自认倒霉。　　（追求　寻求）

12. 消费者的权益在相当程度上依靠消费者自身去主动____,因损失小、怕麻烦或其他原因放弃自己的权益,是对侵权行为的放纵。　　（捍卫　保卫）

13. 消费者权益受到侵害后,不同的解决态度____截然不同的结果。（赢得　获得）

14. 受侵害后主动寻求解决的22.3%的消费者当中,通过各种渠道,有73.8%的人____了损失。　　（挽回　挽救）

15. 全面提高消费者的文化素质,是增强消费者自我保护意识的重要____。
（道路　途径）

16. 消费者权益保护直接关系到民族工业的未来,关系到市场机制的成熟,关系到人民生活水平的提高,这已经逐步成为全社会的____。　　（共识　共性）

二、解释句中划线的词语:

1. 国家统计局、劳动部、全国总工会、民政部、卫生部、中国人民银行总行最后采用<u>入户问卷方式</u>共同完成的中国职工生活进步调查,涵盖了全国6250万户、2亿城市居民。

2. 样本抽选了全国30个省、<u>自治区</u>、<u>直辖市</u>71个城市的15360户居民家庭。

3.1996年,全国消费者协会接到的投诉突破50万件,为消费者挽回经济损失3亿多元。此外,还涌现出像北京自律中心这样民间的<u>公益性</u>消费者权益保护组织。

4.1996年,该中心及其下属的<u>天天3·15热线</u>共受理消费者投诉5930件,<u>结案率</u>达88.7%,为消费者挽回经济损失近400万元。

5.(现在)有13.7%的消费者不知道<u>消法</u>,普及消法仍是一个重要课题。

6. 由不知消费者权益为何物到消费者权益保护成为<u>热门话题</u>,这是消费者自我保护意识的觉醒,是社会的进步。

7. <u>伪劣产品</u>是侵害消费者权益的祸首,<u>打假打劣</u>对保护消费者权益意义重大。

8.1996年中国城市消费者权益受侵害造成的经济损失约合68亿元人民币,这些经济损失如果用来资助失学儿童,以每人每年300元计,可供378万儿童读完6年小学。

9. 遭受经济损失的消费者,每户平均损失为447元,<u>相当于</u>一个普通职工1个月的基本工资。

10. 调查结果显示,消费者受侵害后寻求解决的途径<u>多样化</u>。

11. 在城市市区,通过各级<u>消协</u>及有关部门得到解决的占全部得到解决的投诉的17.9%,挽回经济损失2亿元以上。

12. 在硕士以上文化程度的消费者中,<u>维权成功率</u>比例高达100%。

13. 受到侵害的消费者当中,主动寻求解决的比例仅为22.3%,而近70%的消费者在权益受到侵害后<u>自认倒霉</u>。

14. 在<u>日益成熟的</u>市场经济体制下,越来越多的企业更加注意企业的产品质量、服务质

257

量、形象质量,注重企业自律,认识到维护好消费者权益的重要性。

三、用指定词语改写句子:

1. 改革开放 18 年来,国家颁布规范经济活动的法律、法规 200 余部,其中直接涉及消费者权益保护的 60 余部。(与……有关)

2.1996 年全国社会消费品零售总额为 24614 亿元,比 1978 年改革开放之初增长了 18 倍。(是……倍)

3. 在消费者权益保护法律保护体系逐步完善的同时,消费者权益保护组织蓬勃发展。(与……同步)

4. 中国职工生活进步调查的结果显示,虽有 50.1% 的城市消费者对《消费者权益保护法》有所了解,但仍有 36.2% 的消费者不太了解。(尽管……然而……)

5. 消费者权益保护直接关系到民族工业的未来,关系到市场机制的成熟,关系到人民生活水平的提高,这已经逐步成为全社会的共识。(不但……而且……甚至……)

四、概括段意:

1. 改革开放 18 年,人民的生活水平显著地提高了。据国家统计局统计,1996 年全国社会消费品零售总额为 24614 亿元,比 1978 年改革开放之初增长了 18.5 倍。进入 90 年代,更是以平均每年 22.6% 的速度增长。预计 1997 年,全国社会消费品零售总额将达到 29000 亿。与消费能力快速增长同步,消费者不再仅仅满足于能够买到商品,享受满意的服务已成为消费者追求的目标。

2. 在消费者权益保护法律保护体系逐步完善的同时,消费者权益保护组织蓬勃发展。1984 年中国消费者协会成立以来,十余年间已经成立了从国家到省、市、县等各级消费者协会,为维护消费者权益做出了巨大贡献。1996 年,全国消费者协会接到的投诉突破 50 万件,为消费者挽回经济损失 3 亿多元。此外,还涌现出像北京自律中心这样民间的公益性消费者权益保护组织。1996 年,该中心及其下属的天天 3·15 热线共受理消费者投诉 5930 件,结案率达 88.7%,为消费者挽回经济损失近 400 万元。

3. 调查结果显示,1996 年中国城市消费者权益受侵害造成的经济损失约合 68 亿元人民币,这些经济损失如果用来资助失学儿童,以每人每年 300 元计,那么可供 378 万儿童读完六年小学。遭受经济损失的消费者,每户平均损失为 447 元,相当于一个普通职工 1 个月的基本工资。平均到每个城市消费者身上达到了 34 元。

4.《消费者权益保护法》的贯彻实施,为保护消费者权益提供了法律保障。调查结果显示,是否知法、懂法在解决受侵害问题时,效果明显不同。对消法毫不了解的消费者中,只有 11.5% 的人解决了权益被侵害问题。对消法有所了解的消费者,这一比例上升到 18.0%。而对消法比较了解和非常了解的消费者成功率则高达 25.9%,远远高于 16.5% 的平均值,是不了解消费者权益保护法的消费者成功率的 2.3 倍。这充分显示了在维护消费者权益时法律的力量。

5. 中国职工生活进步调查结果显示,遭到侵害后主动寻求解决的消费者,73.8%的人最终解决了问题,维护了自己的合法权益。这一比例在不同文化程度的消费者当中差异明显。小学以下文化程度的消费者的维权,成功率只有 65.9%,而大学本科以上文化程度的消费者,维权成功率则高达 87.7%,其中在硕士以上文化程度的消费者中,维权成功率比例更高达 100%。这一结果表明,消费者在维护自己的合法权益时,知识就是力量。

6. 消费者权益保护工作任重道远。我国消费者每年消费支出超过 30000 亿元,千分之一的侵害就超过 30 亿元。消费者权益保护直接关系到民族工业的未来,关系到市场机制的成熟,关系到人民生活水平的提高,这已经逐步成为全社会的共识,消费者保护体系不断扩大。在政府、法律和消费者保护组织的基础上,媒体已成为维护消费者权益极为重要的力量,保护消费者的工作已从每年一天的 3·15 消费者权益日向全年扩展。调查机构亦开始加入到保护消费者权益的洪流中,将逐步完善消费者保护调查指标体系,反映消费者心声。消费者个人有意识的买假打假活动亦将逐步成熟,成为一支重要力量。

五、根据课文内容填空:

1. 1996 年城市消费者权益受侵害状况如下:

(1)_____;

(2)_____;

(3)_____;

(4)_____;

(5)_____。

2. 1996 年消费者权益保护状况如下:

(1)_____;

(2)_____;

(3)_____。

3. 中国城市消费者保护工作任重道远;因为:

(1)_____;

(2)_____;

(3)_____;

(4)_____。

六、回答回题:

1. 中国职工生活进步调查的方式是什么?

2. 中国是否经常组织全国范围的消费者权益保护方面的调查?

3. 90 年代中国社会消费品零售总额的增长速度是多少?

4. 中国实行改革开放政策以来颁布了多少部与消费者权益有关的法律和法规?

5. 中国除了消费者协会之外还有什么保护消费者权益的组织？

6. 中国消费者权益保护工作发展的特点是什么？

7. 1996年中国有多少消费者受到了侵害？其中多少人受到了经济上的损失？多少人受到了身心的伤害？

8. 保护消费者权益主要有哪些方式？

9. 为什么说消费者在维护自己的合法权益时知识就是力量？

10. 为什么说中国城市消费者保护工作任重道远？

七、快速阅读：（限时3分钟）

汉城"民俗村"

贾 春

汉城，处处是高楼林立，超级公路交错纵横。而位于城南40公里处的"民俗村"，却情趣盎然地向人展示着数百年前韩国乡村恬静生活的景象——

身穿传统外套，头戴宽边马尾帽，手持竹烟袋的老翁，悠闲漫步在低矮的稻草屋檐下；当你向宅内望去，一道铺着木板的门廊内，一位妇女正用棒槌捶打衣物；另一位妇女正在从煮在开水锅里的蚕茧上抽丝……在村中央广场，走绳索、传统婚礼、放风筝比赛和民族舞蹈表演，美不胜收。在民俗村里，脑后留着一根长辫的小伙子，意味着他尚未娶亲，到他成亲之日，会将长辫剪去，戴上一顶新马尾帽，标志着已步入成年。

民俗村是了解韩国过去的窗口，南山公园则是发人深省并使人深受教益的去处。公园内的宝塔下面，建有一口意义不寻常的井，井盖系汉白玉雕刻的碑。据介绍，碑文大意是：井下存放记录着公元1985年韩国政治、经济、文化、教育等社会各方面成就的档案资料，希望500年之后，公元2485年时，子孙后代开启井盖，取出历史档案，与那时的社会各方面成就相比较，并告知民众。相信自己的国家和民族定会取得难以估量的进步、发展。

另外，汉城郊区竖立着许多广告牌，书写着"身土不二"4个大字，其意为：一方水土养一方人，人的生活、生长都离不开自己的乡土，要喝本乡的水，要吃本乡的菜。韩国政府就是用这样的种种举措倡导爱国主义精神，激励、鞭策国民团结一致，奋发图强的。

正如其国歌中所唱："无论痛苦还是快乐，都要爱我们可爱的国家"。

选自《北京日报》1996年10月3日

问题：

汉城为什么要建"民俗村"？

阅 读（一）

〰〰〰〰〰〰〰〰〰〰〰〰〰〰〰〰〰〰〰〰〰〰

买了假货怎么办？许多人会立即想到去找消费者协会。自 60 多年前一些发达国家开始开展消费者权益保护运动以来，越来越多的消费者认识到并开始使用自己的权益，在一定程度上引导了市场的健康发展。在这一过程中，国际消费者协会起了很大的作用。

国际消费者协会成立于 1960 年，该协会在英国伦敦、马来西亚槟榔屿、智利圣地亚哥和津巴布韦哈拉雷设有 4 个分支机构，其中伦敦为其总部。该组织成员目前包括 85 个国家的 240 个消费者组织。中国消费者协会于 1987 年加入该组织。

国际消费者协会总部座落在伦敦北部一座别致的三层乳白色建筑中，简朴的大门旁悬挂着该协会的标志——以地球为背景的五位手拉手的人，象征着全球五大洲的消费者联合起来维护自己的权益。在 3 月 15 日"国际消费者权益日"前夕，国际消费者协会总干事朱利安·爱德华兹接受了记者的采访。

爱德华兹先生称赞中国近年来在维护消费者权益方面取得了很大成绩。他说："近年来中国制定了《消费者权益保护法》，在全国范围内建立了各级消费者协会，这表明中国已具有了保护消费者权益的基本条件，中国在如此短的时间内取得这些成绩是不简单

为消费者奔走
——访国际消费者协会
姜 岩

的。"

针对目前中国市场上假冒伪劣产品泛滥问题，爱德华兹先生认为，这是市场完善这一特殊过程中出现的一种很难避免的现象。发达国家开展消费者权益保护运动已有五六十年历史，但也没有杜绝消费者权益受侵犯的现象。要解决这一问题，必须拥有健全的法律体系和消费者权益监督网，经济应发展到使得厂商必须靠质量取胜的阶段，消费者受教育程度也应达到一定水平，知道如何使用自己的权利，还要建立使消费者及时了解各种新产品的信息网络等。

在这些客观条件尚不完全具备的情况下，爱德华兹建议："消费者必须坚持自己的权益，买到假冒伪劣产品坚决要求退货并要求赔偿，最终达到迫使厂商制造高质量产品的目的。"

国际消费者协会自成立以来一直为全世界的消费者奔走，它的宗旨是支持各成员组织的活动和消费者权益保护运动，促进制定各种维护消费者权益的国际政策法规。该协会总结的消费者 8 条基本权利已成为全世界保护消费者权益活动的准则。这 8 条基本权利是：满足基本需求的权利、安全消费的权利、消费时被告知基本事实的权利、选择的权利、呼吁的权利、公正解决纠纷的权利、掌握消费基本知识的

权利以及在健康环境中生活和工作的权利。

国际消费者协会机构非常精简，目前全世界的工作人员只有 80 多人，伦敦总部只有 15 人。爱德华兹说，该协会是通过各成员组织以及其他机构的协助开展活动的。它是一个非盈利机构，经费来源主要是成员组织的会费、各国政府及其他组织和企业的赞助、本协会出版刊物以及组织活动的收入。

对于即将到来的 1996 年"国际消费者权益日"，爱德华兹介绍说，今年的主题是"所有消费者享受安全食品"。他指出，食品是消费者最基本的需求之一，这方面存在的问题很多，发达国家的问题主要是饮食方式不安全，发展中国家主要问题是食品供应不足，目前全世界仍有 8 亿人营养不良。他特别指出，中国以及其他一些发展中国家过多地消费进口食品既浪费金钱，又危害健康。他说，中国的传统饮食很值得提倡。

爱德华兹说，中国是消费大国，尽管在保护消费者权益方面起步较晚，还需要做进一步的努力，但他相信随着经济的发展和法制健全，中国能在这方面取得成功。

选自《法制日报》1996 年 3 月 15 日

生　词

1. 总部　　（名）　zǒngbù　　指某一组织的最高领导机构。
general headquarters

2. 别致　　（形）　biézhì　　新奇，不同寻常。
unique; unconventional

3. 简朴　　（形）　jiǎnpǔ　　简单朴素。
simple and unadorned

4. 干事　　（名）　gànshi　　专门负责某项具体事务的人员。
a secretary（或 clerical worker）in charge of sth.

5. 宗旨　　（名）　zōngzhǐ　　主要目的和意图。
aim; purpose

6. 准则　　（名）　zhǔnzé　　言论、行动等所依据的原则。
norm; standard

7. 呼吁　　（动）　hūyù　　向个人或社会申诉，请求援助或主持公道。
appeal; call on

8. 纠纷　　（名）　jiūfēn　　争执的事情。
dispute

9. 精简　　（动）　jīngjiǎn　　去掉不必要的，留下必要的。此指机

262

构不庞杂。
simplify；reduce

10. 赞助　　　　（动）　　　　zànzhù　　　　赞同并用钱财支持。
support；assist

练　习

判断正误：

1. 国际消费者协会在引导市场健康发展的过程中起了很大的作用。（　）

2. 中国有国际消费者协会设立的分支机构。（　）

3. 国际消费者协会的标志说明了该协会的宗旨。（　）

4. 国际消费者协会总干事朱利安·爱德华兹先生充分肯定了中国近年来在保护消费者权益方面所做的一切。（　）

5. 发达国家由于开展消费者权益保护运动比较早,现在已杜绝了消费者权益受侵犯的现象。（　）

6. 要想使消费者权益真正得到保护必须首先健全法律、发展经济和提高教育水平。
（　）

7. 消费者买到假冒伪劣产品坚决要求退赔可以促进厂家提高产品质量。（　）

8. 国际消费者协会认为消费者有许许多多的权利,不是几句话就能说清楚的。（　）

9. 国际消费者协会机构遍布全世界,拥有众多的工作人员。（　）

10. 国际消费者协会的社会效益和经济效益都很好。（　）

11. "国际消费者权益日"的主题是"所有消费者享受安全食品"。（　）

12. 中国没有必要进口那么多的外国食品。（　）

阅 读（二）

随着城市生活节奏的加快，人们的购物方式发生变化，省时、便捷、新颖的电视直销应运而生，它把人们从"逛商店"的辛劳中解脱出来，享受"在家购物"的惬意——

电视直销：
零售业一朵小花

孙德安

一天上午，在北京东城区地安门安乐堂胡同的张勇先生家里，一名电视直销送货员如约而至，送来了一台张先生在电视直销节目里选中的桑普电暖气，送货员安装调试好，再收款告辞而去。

这就是在我国一些城市中悄然兴起的一种新型商品销售方式——电视直销。

电视直销是利用电视媒体向潜在的顾客传递商品信息，最终达到商品销售目的的一种无店铺销售方式。消费者只需在家中通过电视屏幕即可与商品"见面"，做到"此求彼有两相知"。电视直销的出现，使消费者足不出户便可买到商品的愿望变成现实，省去了人们逛商场挑商品耗去的大量时间和精力。在生活节奏明显加快的现代城市里，的确给忙碌碌的人们带来了极大便利。

电视直销在我国出现仅有一年多时间，和1995年底初兴起时应者寥寥的境况相比，现在已有了较大发展。据统计，北京电视台电视直销节目在北京地区的收视率一年间从0.1%跃升到3.5%，按1100万人口计算，仅北京地区就有至少35万人收看电视直销节目，一年内观众人数增加了30多倍。北京电视台商品直销中心的安辉经理介绍说，该中心在京城首家推出这一业务12个月以来，电视直销业务量增加了5倍，销售额逐月递增，经营品种也从2种扩大到100多种。目前，我国已有中央电视台、北京、上海、辽宁、湖北、威海等地29家电视台开展这种业务，所成立的购物中心58个，年成交额5—7亿元。

并已建立了电视直销联系网络,电视直销在一些城市中渐成一种时尚。这一新兴购物方式已逐渐走入城市部分家庭,成为我国零售业的一朵小花。

电视直销,何以"大行其道"?

在激烈竞争的零售行业,一种商品其销售价格的高低和购物过程方便与否,常常成为这种商品是否能吸引消费者实现购买行为的关键性因素。业内人士指出,电视直销正是抓住了人们的这种消费心态,凭借其直销商品的低售价、直销服务的周到、购物的便捷打动了众多消费者。直销中心安经理说,由于直销商品采用无店铺经营方式,减少了店铺经营方式下包含在商品售价中的房屋折旧、水电等费用,再加上电视直销节目购买电视台低价位时段重复播出,因而大大降低了商品用于广告宣传和中间环节流通时所需的费用。所以,一般情况下,电视直销商品的价格反而略低于同种商品在商场零售的价格。另外,直销商品在"上电视"前都要进行严格的质量检查,并且做出了"七日内包退包换"的服务承诺,保证了直销商品的质量,提高了消费者对直销商品的信任度。

现在,小到电脑辞典、儿童玩具,大到家庭健身器械、净水器、电暖气,特别是中低档价位的新奇特优产品成了电视直销的热销商品。

放眼国外,在美国、日本、加拿大和西欧一些发达国家里,电视直销自80年代问世后迅速普及开来,成为人们的一种购物手段。1995年美国电视购物总额为43亿美元,占全国各大百货公司和专卖店销售额的1%,1996年上升至2%。近年来,在一些国家还出现了利用计算机网络和对话式有线电视网进行的商品直销。作为零售业的新兵,我国电视直销业刚刚起步,其前景如何?

一些专家认为,根据国外经验,发展电视直销业务除了必须拥有便利的通信设施和相对发达的交通运输手段外,还要求具备现代化的电子信息管理系统和高水平的广告制作技术,就我国而言,能够达到这种要求的城市并不多,所以,电视直销业的发展势头不宜过猛,应适时适度,量体裁衣。同时,受电视直销业本身的限制,电视直销经营的商品品种只能局限在大型家电、办公设备等较小范围内,因而,电视直销在今后一段时间内只能是零售业其他销售方式的一种有益补充,无法担纲主角;如果不切实际,一哄而上,只会适得其反。

中国人民大学工商管理学院吕一林副教授认为,我国电视普及率高,收视率高,消费者对国家电视台普遍很信任;而且,电视直销覆盖面广,成本低廉,销售效果又可直接测量,这是我国电视直销业的优势所在。但他同时提醒,由于消费者购买前不能直接接触到商品,对直销商品缺乏足够信任度,这是电视直销最不利的因素。所以,严把进货关,保证商品质量,严格执行商品退换制度,对电视直销业能争取到更多的消费者显得尤为重要。另外,电视直销使电视这种具有良好社会形象的大众传播媒体被引入到商界中来,亟需尽早建章立制,在其起步阶段就对直销节目制作和引导消费方面的具体操作予以规范化管理,以确保产品介绍的客观公正,维护电视的公众形象。只有这样,我国的电视直销业才有可能在既有竞争又有约束的有序环境中得到良性发展。

选自《经济日报》1997年3月19日

生　词

1. 应运而生　　（成）　yìng yùn ér shēng　　指顺应时机而产生。
   arise at the historic moment; ewerge as the times demand

2. 惬意　　　　（形）　qièyì　　满意;舒服。
   be pleased; be satisfied

3. 大行其道　　　　dà xíng qí dào　　此指有市场,很受欢迎。
   have a ready market

4. 折旧　　　　（动）　zhéjiù　　补偿固定资产所损耗的价值。
   depreciation

5. 价位　　　　（名）　jiàwèi　　指价格标准。
   price

6. 热销　　　　（动）　rèxiāo　　畅销。
   sell well

7. 量体裁衣　　（成）　liàng tǐ cái yī　　按照身材做衣服。此指根据实际情况处理问题。
   cut the garment according to the figure—act according to actual circumstances

8. 担纲　　　　（动）　dāngāng　　担任(主要角色)。
   hold the post of

9. 一哄而上　　（成）　yì hōng ér shàng　　大家盲目地做某事。
   rush headlong into mass action; hop on the bandwagon

10. 适得其反　　（成）　shì dé qí fǎn　　结果跟希望正好相反。
    run counter to one's desire

练　习

选择正确答案:
1. 电视直销的顾客一般是——
   A. 电视观众
   B. 电视工作者
   C. 喜欢逛商店的人
   D. 行动不便的人

2. 电视直销这一商品销售方式在中国出现以后的情况是——
   A. 很快就夭折了
   B. 一直不受欢迎
   C. 发展得很快
   D. 至今看不出结果

3. 关于电视直销，下面哪一项内容说的不是北京的情况？
   A. 收视率一年间从 0.1% 上升到 3.5%
   B. 电视直销业务量增加了 5 倍
   C. 经营品种从 2 种增加到 100 多种
   D. 年成交额达到 5—7 亿元

4. 下面哪一项内容不是电视直销的优点？
   A. 售价低廉
   B. 环境优美
   C. 服务周到
   D. 购物方便

5. 电视直销的热销商品一般是——
   A. 高档的产品
   B. 积压的产品
   C. 物美价廉的新特优产品
   D. 在商店里买不到的产品

6. 电视直销这一购物方式初创于——
   A.80 年代
   B.1995 年
   C.1996 年
   D. 文章中没有提到

7. 国外近年来新出现的电视直销手段是——
   A. 利用计算机网络
   B. 利用对话式有线电视网
   C. 包括以上两者
   D. 以上两者都不是

8. 中国发展电视直销业应该是——
   A. 越快越好

B. 越慢越好

C. 循序渐进

D. 适可而止

9. 中国发展电视直销业的优势有——

A. 一种

B. 两种

C. 三种

D. 四种

10. 这篇文章对电视直销这一中国新兴的产品销售方式的基本态度是——

A. 批评

B. 赞赏

C. 观望

D. 怀疑

注 释 索 引

条目后面的数字表示课数,有横线的表示该课的阅读部分。

270

Z

词 汇 表

词后的数字表示课数,有横线的表示该课的阅读部分。

A

B

C

D

F

G

H

287

S

292